中国文字学会　主办

中国文字学报

第九辑

中国文字学会《中国文字学报》编辑部　编

商務印書館
创于1897 The Commercial Press
2018年·北京

图书在版编目(CIP)数据

中国文字学报.第9辑/中国文字学会《中国文字学报》编辑部编.—北京:商务印书馆,2018
ISBN 978-7-100-16818-2

Ⅰ.①中…　Ⅱ.①中…　Ⅲ.①汉字—文字学—丛刊
Ⅳ.①H12-55

中国版本图书馆CIP数据核字(2018)第258885号

ZHŌNGGUÓ WÉNZÌ XUÉBÀO
中国文字学报
第九辑
中国文字学会《中国文字学报》编辑部　编

商务印书馆出版
(北京王府井大街36号　邮政编码100710)
商务印书馆发行
北京冠中印刷厂印刷
ISBN 978-7-100-16818-2

2018年12月第1版　　开本787×1092　1/16
2018年12月北京第1次印刷　　印张16¼

定价:50.00元

目　录

论汉字的历史分期

陆锡兴

提要 汉字具有悠久历史，它的演变是多种因素作用的结果，其中最主要的是形体的变化，所以把形体作为分期的主要标准是合适的。20世纪初以来古文字学和敦煌学兴起，如何正确地看待汉字的分期产生了分歧。古文字是否包括秦篆？近代文字的说法是否合理？本文就此做了一些探讨，希望引起文字学界的争鸣。

关键词 汉字历史分期　今文　近代文字　中古文字

汉字发展历史的演进是有阶段性的，可以用分期来体现。古代的文字学体现在经学和书学之中，不谈分期，只谈字体更替。西晋卫恒《四体书势》以古文、篆、隶、草为次第来讲述汉字历史。现在无论书学还是语文教材基本上沿袭了这个传统。

汉字发展分期是一个最根本的问题，各种文字学论著、各种教材都会涉及这个内容，但是各说各的，不相一致。分期是一个科学问题，如果差距过大，是不合理的。以下例举代表性的几家说法：

1931年，容庚以时代为序，一古文，凡殷周之文字统属之；二小篆，秦刻石及《说文》所载属之；三隶书，秦汉器铭，视小篆为方整者属之，东汉后石刻文字有波磔者亦属之。益以汉以来世所通行之正书。[①]

1941年，刘延涛分期为篆、隶、草。篆分为三期，创造期（殷）、整理期（周）、统一期（秦汉），再是→隶书→草书。[②]

1959年，蒋善国古今文字分期：古文字时代：大篆（商周）、小篆（秦）→过渡时代：秦隶，即古隶（秦）→今文字时代：今隶，即汉隶（汉）、真书（魏到现在）。[③]

---

① 容庚：《中国文字学》，中华书局2012年，第35页。

② 刘延涛：《中国文字之演进——篆——隶——草》，《草书月刊》1941年第1期，第10页。

③ 蒋善国：《汉字形体学》，文字改革出版1959年，第15页。

1982 年，胡小石分期：古文→大篆→小篆→隶→八分→真（今隶）。[①]

2011 年，陈世辉、汤余惠认为：汉字历史分为三大阶段：篆体——隶体——楷体。“它们各自以自己的字体为特点，相互间呈现明显的差异。”分三个阶段：先秦篆书体系、隶书系统、隋唐真书，也就是楷体字。[②]

2014 年，黄德宽分成四阶段：史前文字阶段（新石器晚期到夏代）、古汉字阶段（夏代到秦代）、近代汉字阶段（汉代到清代）、现代汉字阶段（20 世纪初叶以来）。

特别要介绍黄简在 1985 年发表的观点。

黄简认为字体和书体具有共同性。二十世纪八十年代他总结了书法史上的分期，分作单线式和双线式，单线引用了唐代虞世南《书旨述》、张怀瓘《十体书断》，清代冯武《书法正传》，当代胡小石《书艺略论》、邓散木《中国书法的来龙去脉》、潘伯鹰《中国书法简论》，指出上述各家没有科学分析，看不出真、草、隶、篆系统之间的内在关系。双线式比单线式更加科学，引用了刘熙载《艺概》“书凡两种：篆、分、正为一种，皆详而静者也；行、草为一种，皆简而动者也。”认为郭绍虞《从书法窥测字体的演变》着眼字体而不是书体，“就文字形体讲，只需分为正草二体。”并比较了郭沫若《古代文字之辩证的发展》。最后黄简提出了自己汉字发展分期表[③]：

<table>
<tr><td rowspan="2">时代</td><td rowspan="2">商</td><td rowspan="2">西周</td><td colspan="2">东周</td><td rowspan="2">秦</td><td rowspan="2">西汉</td><td colspan="2">东汉</td><td rowspan="2">魏晋</td><td rowspan="2">唐</td><td rowspan="2">宋元</td><td rowspan="2">明</td><td colspan="2">清</td></tr>
<tr><td>春秋</td><td>战国</td><td>桓、灵前</td><td>桓、灵后</td><td>前期</td><td>中后期</td></tr>
<tr><td rowspan="2">文字分期</td><td colspan="5">古文系统</td><td colspan="9">今文系统</td></tr>
<tr><td>甲骨文</td><td>籀文</td><td colspan="2">大篆</td><td>小篆</td><td colspan="3">隶书</td><td colspan="6">楷书</td></tr>
<tr><td>书法分期</td><td colspan="2">无</td><td colspan="3">发生期</td><td colspan="2">形成期</td><td colspan="7">成熟期</td></tr>
<tr><td>正体系统</td><td colspan="2">无</td><td colspan="2">大篆</td><td>小篆</td><td>西汉古隶</td><td>汉隶</td><td>汉隶早期楷书</td><td>魏碑南方真书</td><td>虞欧褚薛颜柳</td><td>→</td><td colspan="2">馆阁体</td><td>篆隶碑学</td></tr>
<tr><td>草体系统</td><td colspan="2">无</td><td colspan="2"></td><td>秦隶</td><td></td><td>章草</td><td>今草行书</td><td>二王新体</td><td>李孙张素</td><td colspan="3">帖学</td><td></td></tr>
</table>

① 胡小石：《书艺略论》，载《胡小石论文集》，上海古籍出版社 1982 年，第 210 页。

② 陈世辉、汤余惠：《古文字学概要》，福建人民出版社 2011 年，第 10 页。

③ 黄简：《中国古代书法史的分期和体系》，载《书学论集》，上海书画出版社 1985 年，第 102 页。

诸家的分期有断代和名称的差别。

断代问题，只是传统方法以形体论发展的话，如古今分野，没有原则的分歧，而小篆有争议。

秦篆的背景比较特殊，形体与金甲文、战国简牍有明显距离。

唐兰认为秦篆在古文字之内，是古文字的下限。“小篆是古文字中间最后的一种，在小篆以前的文字，变革虽很多，但在小篆里，我们还能看到一些象形象意的遗痕，所以不失为同一系统。”①朱德熙认为甲骨文到小篆是一个阶段，小篆属于古文字阶段。② 我赞同小篆属于古文字系统，小篆与大篆是古文字一系，比较小篆与秦公一号大墓石磬铭文，大致相同。如果否定小篆，秦公磬铭文也可以从古文字中划出了。古文字界有些人不承认秦文字属于古文字范畴，其理由秦用隶书。我认为秦隶并非是汉隶，它是秦篆的行书，而秦代依然是以篆书为正体，这正是把秦篆阑入古文字的依据。

问题在于今文字长达2000多年，居然是铁板一块，没有分期探索。这点我在后文再讨论。

值得讨论的是名称问题。

《汉书》言张敞好古文字，《说文》云山川鼎彝“其铭皆前代之古文”，此二书亦称战国壁中书为古文。这个古文与汉代通行的今文相对。采用古本的经学是古文经派，采用今本的经学称为今文经学。这个说法对传统的文字学影响至大，后来人们就用古文和今文作为分野之标志。

唐兰在1935年完稿的《古文字学导论》放弃古文、今文的说法，而改为上古文字、近古文字与近代文字。“上古文字是用绘画来表现的象形和象意字，近古文字里虽还有象形和象意的留存，但是最重要的部分却是新兴的形声文字。由上古到近古的重大转变是由绘画转到注音。”③上古文字到近古文字的重大转变是绘画到形声；“近古文字和近代文字在文字的构造上是没有什么分别的，近古期以形声文字为主体，一直到现代，还是沿袭着。但近古文字在形式上渐渐简单，草率，讹误因而自成一种形体和古文字隔离。”④“从隶书到今隶——即现代通行的正书，变异不多，所以我把隶书以后划归近代文字，而小篆以前都归古文字的范围里去。有些人以为古文字只是卜

---

① 唐兰：《古文字学导论》，齐鲁书社1981年，第312页。

② 朱德熙：《在“汉字问题学术讨论会”开幕式上的发言》，载《汉字问题学术讨论会论文集》，语文出版社1986年，第15页。

③ 唐兰：《古文字学导论》，齐鲁书社1981年，第110页。

④ 同上书，第124页。

辞或铜器文字等地下资料的总名，这是错误的。在古文字里还可以分为上古近古两期，这是以形声文字的兴起来区别的。”[①]近古文字和近代文字在文字的构造上是没有什么区别的（形声），近代文字形式上渐渐简单、讹误，渐变为单纯的符号了。以上论述可以看出唐兰的近代文字就是传统的今文，在古文字中特别分出近古文字，为秦篆安排一个“近古”位置。

唐兰的分期：

古文字（包括：上古文字不包括小篆以前的古文字——近古文字即小篆）——近代文字（从汉隶到今）

改革开放以来，“近代文字”说法大放异彩，特别在敦煌文献研究和俗字研究领域流行，逐步为学界接受。许长安说近代汉字是“秦汉以后至20世纪初叶使用的以隶书和楷书为主体的汉字书写符号系统”，在总结前人的基础上，提出把汉字划分为古代、近代和现代三个阶段。[②]

许长安又提出，近代汉字可以分为汉代隶书、魏晋南北朝楷书、隋唐五代汉字、宋元汉字、明清汉字、现代汉字六个时期，但是没有展开说明分期的理由。

刘金荣认为：“汉字的历史应划分为上古汉字、近代汉字和现代汉字三个时期，近代汉字是指自汉代初年到‘五四’时期这一历史阶段的汉字。近代汉字的研究，包括近代汉字的特点、近代汉字形体、结构、字义的演变等。近代汉字正字历代研究得较多，且与现代汉字没有多大的区别，因此不应该成为研究的重点。近代汉字俗字是一大特色，俗字形体演变是沟通上古汉字形体与现代汉字简化字形体的重要桥梁，所以，近代汉字的研究，应该以近代汉字俗字为重点，由此探索近代汉字在形音义的演变，将上古汉字与现代汉字贯穿起来。”[③]近代汉字的上下限存在争议。张鸿魁将近代汉字界定为以楷书作为书写规范的汉字系统，明确指出近代汉字历史分期的上限在唐朝初年。[④] 这比汉初要晚600多年。事实上汉代简牍、石刻文字研究者很少会把这段文字称作近代文字。

语言学也有近代汉语说法，同样存在分歧：王力《汉语史稿》认为近代汉字指宋元（13世纪到19世纪）；吕叔湘以晚唐五代往后为近代汉语，现代汉语是近代汉语内的一个分期；胡明扬则认为隋末唐初到明末清初为近代汉语。

---

① 唐兰：《古文字学导论》，齐鲁书社1981年，第313页。

② 许长安：《近代汉字学刍议》，《语文建设》1990年第5期，第32页。

③ 刘金荣：《“近代汉字”刍议》，《浙江社会科学》2005年第4期，第165页。

④ 张鸿魁：《近代汉字研究的几个问题》，《东岳论丛》1994年第4期，第97页。

汉代之“今”是汉之当代，不是20世纪之当代。“近代文字”首倡者唐兰，可能意识到汉人的今古文字中今文字，对现代社会来说表述不合适，如果用当代或者现代来替换“今”显然不甚妥当，所以采用了不古不今的“近代”，这是情有可原的。可是当今社会近代的概念是明确的。《现代汉语词典》解释“近代”：“是过去距离现代较近的时代，在我国多指近代历史是离开现代较近的时代。我国历史分期中近代多指19世纪中叶到“五四”运动之间的时期。”①可见“近代”这个词意义清晰，历史科学上是明确的，也是社会常识。语言学文字学的近代概念离开“近代”概念太远。语言学“近代”早者早1200年，晚者早900年。文字学的“近代”近者早2000年，晚者也早1200年。

汉语传统的说法，古代汉语分为：上古、中古、近代、现当代。古汉语中分两个层次，文言和白话，古代汉字分为上古、中古，也分两个层次，正字和俗字。正确把握两者关系，有助于正确断代。在文史研究领域，再袭用这个“近代”名词难免造成误会，可以考虑采用更加贴切的名词。

汉字发展历史分期是从事文字形体研究的最核心问题，学术界各个方面都给予关注，也有不错的研究成果，文字学界、书学界、传统金石学界都有贡献。

各家分期的实质性差异，判断标准不同是重要原因。

黄德宽认为：“对汉字发展阶段划分首先应该明确划分的依据。”②

2000年，刘又辛发表了汉字史上的重要著作，是早期国家社科项目。他把汉字分为三阶段：图画文字阶段（商代以前）、表音文字阶段（甲骨文到秦代）、形音文字阶段（秦到现代）。③ 他的立足出土普通文字学的学术概念，是西来的图画文字、表意文字和标音文字的三段论，这对判断文字系统的性质是有利的。我在1989年发表的《从划分标准看文字类型》一文中把文字分为标形、标意、标音三类，按照标准，汉字只有标形、标意两类，也就是两个阶段，没有标音阶段。④ 我的划分标准是“文字组成功能”，即原字与组成方式。这样功能标准判断文字类型，并不适合历史悠远、纷繁复杂汉字形体的历史演变。

汉字分期只能是形体标准，是以铭刻体还是书写体？正体还是俗体，楷体还是行草体？例如秦篆，是以正体（铭刻体）为准，还是秦隶为准？汉隶是以日常行草体为准，还是以史书、八分（铭刻体）为准？我们不能随意取舍，随意选择。一个时期不仅

---

① 中国社会科学院语言研究所词典编辑室：《现代汉语词典》第5版。商务印书馆2005年，第713页。

② 黄德宽等：《古汉字发展论》，中华书局2014年，第8页。

③ 刘又辛：《汉字发展史纲要》，中国大百科全书出版社2000年，第321—322页。

④ 陆锡兴：《从划分标准看文字类型》，载华东师范大学中文系《语言文字学刊》，汉语大词典出版社1989年。

有正俗之分，而且多体并存。这里产生两个问题，其一，他们是否可以作为分期标准？其二，如何在各分期中体现他们的存在和古今关系？例如鸟虫书，春秋战国与汉代不一样，汉代与南北朝不一样。是否可以把他们也作为一种断代标准呢？再如魏碑体，我称之为元氏铭刻体，是正体还是俗体？是否可以作为北魏的分期标准？总之形体标准确定不是轻而易举的。

分期问题归根到底是一个学术问题，它需要学术研究的支撑。

为什么古文字分期比较一致？因为研究成果多。秦汉时期，秦强而汉弱，南北朝时期，石刻铭文、俗字富有成果，而南朝形体研究比较沉闷。唐以下文献整理不少，但是能提炼结论不多，宋元以来关注了六书，忽略了正体字的变化。这样形成古文字分期清楚，中古文字研究不振，中古之后期几乎是空白。

民国时期文字学家关心两头，要么上古三代，要么俗字简体，对汉代以来 2000 年发生的历史并不关心。唐兰说："明朝是文字学最颓废的时候，连一本始一终亥的《说文》都没有刻过。"[①]古代从篆文角度判断汉字的进步与否，他由此得出的结论。其实明代是汉字历史上非常重要的时代，这就是版刻印刷的匠体字出现。匠体字是科技发展、印刷手工业规模生产的必然结果。匠体字也叫老宋体，横平竖直，字形千篇一律，没有个性，没有变化，在一定程度内做到一字一形，达到空前高度的统一。匠体字通过印刷物传播，起到规范作用，它不仅是印刷体，还为官方文字的特定字体。这是亘古未有的文字变革，是现代规范字的直接源头。[②]

汉字分期的名称没有统一，用什么名词表示文字历史时期？是历史朝代，如商周、秦汉；是历史时期，如上古、中古、近代；还是形体，如古文字、隶楷；还是具体其他？最好是综合的，能完整体现汉字的发展时代和内容

有关汉字形体历史分期，关键点有二：1. 秦篆的划分，有人倾向于划入今文字，我认为应该划在古文字阶段。2. 中古与近代的划分，我把匠体字形成作为两者分界线，把明代中期到现代之间称为近代期，属于今文字的一个阶段。

汉字形体史的主要几个阶段：

上古期。商代到秦。先秦古文字，以象形为主，战国为过渡期。

中古期。汉到明代中期。汉代到明。

近代期。明代中期到清代终止。明代中期匠体字形成，确立了近代印刷规范

---

① 唐兰：《中国文字学》，上海古籍出版社 1979 年，第 22 页。

② 陆锡兴：《宋体字产生及其在文字史上的意义》，《南昌大学学报》2007 年第 3 期，第 126 页。

字体。

现代期。1911 年到现在。俗字学兴起，大陆以俗体字为基础，推行简化字，出现简体、繁体（传统正字）二元系统。

我拟的汉字形体分期如下：

汉字历史分期	上古	中古	近代	现代
朝代	商周到秦	汉代至明代中期	明中期到清末	辛亥革命至今
形体名称	象形字、大篆、小篆	汉隶、真书	匠体字使用	以印刷体为标准之现代汉字

（陆锡兴：Luxixing@126.com）

论汉字的书写性变异
——以今隶时期的汉简文字为中心

赵立伟

提要 文章以今隶时期的汉简文字为中心，对汉字书写性变异相关问题进行深入调查。书写性变异的主要表现包括笔形的变化、笔画数量的变化、笔画交接方式的变化。追求简化、追求美化、汉字构形系统的影响是书写性变异的主要原因。书写性变异的影响包括部件类化现象的产生、形义关系的疏离、字形简化和理据重构四个方面。

关键词 书写性变异 今隶 汉简 原因 影响

汉字自产生以来，便始终不断地在运动变化着，而所有的形体变异都在书写活动中实现，因此书写变异是导致汉字形体变异的直接原因。唐兰指出："写字的人，偶然在笔下有一些轻微的变异，往往就可以在字体上发生影响，甚至于产生新字。"[①]书写过程中由于书写习惯、追求简化、追求速度等因素的影响，往往会造成某些笔形、笔画数量及组合方式的变化。从个体字形来看，这些笔画层面的变化往往比较细微，变异现象复杂，细致的分析和描述比较困难，因此往往被研究者所忽视；然而书写的变异积少成多，由细微而致显著则往往会导致部件甚至是整字结构的变异，因而书写变异又恰恰是必须给予关注的。在汉字发展的各个历史时期，书写变异对结构变化的影响在隶变过程中表现得最为显著，无论是古隶到今隶的变化还是今隶时期字形结构的调整，汉字形体无论在外部形态还是在内部结构上，都呈现出巨大的差异，因此我们以今隶时期的汉简文字为中心，探讨书写性变异的主要表现以及书字性变异对结构变化的影响。

一 变异的表现

（一）笔形变化

笔形变化无异是隶变及之后相当长的一段时期内汉字形体的最重要变化，几乎

---

① 唐兰：《中国文字学》，上海古籍出版社 2001 年，第 112 页。

所有字形在隶变过程皆经历了由圆转屈曲到方折平直的过程，虽然隶书对篆书的改造在多数情况下有规律可循，亦不排除其中有相当数量的部件或字形在隶变之后发生了构形属性的变异。如：

居新 50.200 额 2000ES7SF 武医 86 乙 武医 16

居新 EPT56.189 敦煌 345 居新 EPT68.51 居新 EPT6.7 14

居新 EPT4.5 居新 EPT65.26B 肩水 73EJT15:8A3 居新 EPF22.24

居延 82.11 居新 EPT57.57 居新 ESC.11A 居新 EPS4.21

上述字例“以”字所从的部件“厶”与“和”字所从的部件“口”本是封闭性的部件，形义皆不相同，因书写导致形体变异，后来两个部件相混。第三、四例所从的部件“大”本来只是对表示两侧上臂线条作拉直处理。在某些字例中表示上臂和下肢的线条均拉直为横画，部件“大”遂讹变为“土”，两种写法在后代皆有流传，只是有了正俗的区别。

（二）笔画数量的变化

一般情况下笔画的增减并不影响汉字的构形属性变化，但是在今隶时期的汉简文字中，笔画增减常常会导致部件变异的发生甚至与形近部件混同，从而改变汉字的构形属性。如：

居新 EPT53.152 敦煌 98 居新 ESC.73 居延 485.7

肩水 73EJT9:148 居新 EPT52.104 居新 EPT27.8 居新 EPT59.38

居延 137.16 肩水 73EJT4:87 东 12 居新 EPT59.64

肩水 73EJT24:148 武医 84 乙 香 132 居延 123.26

上述字例中，“劳”字顶端的部件“炏”省简后类化为部件“艹”。同样部件“長”省简重复出现的横画而简化为“长”。“布”字所从的部件“父”因形近部件的影响而省简撇画而类化为“又”。“根”字所从的部件“㫐”同样因形近部件的影响而改变笔画的数量。

（三）笔画间交接方式的变化

笔画交接方式的变化是指笔画间交接位置的变异，字形演变过程中相邻部件之兼并、黏连，部件的离析与重组等变异现象皆与笔画间交接方式的改变有关。不仅如此，部件内部笔画间组合关系的改变也常常会引起部件形体的变异并进而导致汉字构形属性的变化。如：

肩水 73EJT21:162A 肩水 73EJT23:317 居延 293.7 居延 7.7A

额 99EST1:11A 敦煌 1162b 居延 332.5 居新 EPT44.30A

肩水 73EJT9:81　肩水 73EJT8:7　肩水 73EJT6:48　肩水 73EJT7:3

敦煌 982　肩水 73EJT23:362　居新 EPT68.23　敦煌 84

武医 80 乙　肩水 73EJT3:15　肩水 73EJT4:19　肩水 73EJT9:84

上述字例中“在”“并”“邑”三字因笔画间组合关系的改变而导致部件的黏合，而“亡”和“温”则是因笔画间组合关系的改变而导致部件的变异或混同。

需要指出的是，对于具体某一笔画而言，书写变异的影响也许并不显著，然而在很多情况下细微的书写性变异却往往会导致汉字构形属性的变化。笔形的细微变化往往会引起一系列笔画变化的连锁反应，一种书写要素的改变往往会引起其他书写要素的递相变异，多种因素相互叠加，最终影响部件的变异并引字形结构的变化。如：

“头”字本作（敦煌 26）、（肩水 73EJT10:246A），省简笔画作（武医 31）、（肩水 73EJT24:248），左右两侧的部件笔画相连作（居延 505.19）、（居延 4.4A），笔形发生变化作（肩水 73EJT7:116 B）、（居延 140.30），笔画省简后相连并最终导致笔形的变化，书写方式不断发生变异并进而导致结构变化。

再如“得”字秦篆作（泰山刻石），古隶作（睡・效 18）、（张・二 205），造字本意尚存。由于隶书扁平化的要求，故“得”字或作（北大・老子 18）、（北大・老子 26），撇捺几乎拉直与横画相类，或径直作（北大・老子 56）、（张・奏 9），撇和捺连接为横画。右上侧的部件类化为“目”作（肩水 73EJT24:121）、（肩水 73EJT10:63），部件“目”的笔画交接方式发生细微改变作（武威・甲服 27）。字形右侧的两个部件共用横画作（武威・甲服 30）、（武威・士相 3），受文字构形系统的影响右上端的部件类化为部件“日”作（武威・甲服 30）、（武威・甲服 27）。

上举“头”“得”两字构形属性的改变皆是三种书写因素递相变异、相互影响的结果。

二　变异的原因

（一）追求简化

汉字作为书写工具的性质决定了在其所处的每个历史阶段都会朝简化的方向发展，因此，简省笔画和部件是汉字发展的重要特征。另外，汉字还往往会通过对书写方式的改进达到提高书写速度的目的。小篆所使用的线条虽然粗细一致而且有一定的书写规律，但线条要求匀称整齐，书写费时费力，加之逆笔大量存在，书写运笔不便。因此，隶变过程中除了把圆转的线条改变为方折的笔画之外，对笔画组合方式、笔画书写顺序等书写属性的改变无不实现了书写的便利、笔势的贯通，从而达到了简化字形、提高书写速度的目的。如：

"丘"字《说文》小篆作，隶变后笔画变曲为直作（睡·封47）、（张·二460），今隶承古隶字形作（居延159.001）、（肩水73EJT21：107），因笔程的缩短提高了书写速度，但第一笔的收笔处与第二笔的落笔处之间仍有一段距离。故"丘"字又或作（居新EPT53.67）、（肩水73EJT10：122），第一笔和第二笔之间变为首尾相连，前后笔画之间的距离缩短，有利于提高书写速度。

再如，"奉"字《说文》小篆作，古隶承小篆字形作（张·奏98）、（张·引21），今隶承古隶字形作（居延458.3）、（居延50.23），为提高书写速度上下两个竖画相连、笔势贯通作（肩水73EJT3：109）、（居延84.14），字形呈现出隶书典型的中轴对称、左右相分之势，但是竖画过长并且与左侧撇画的衔接距离的加大无形中影响了书写速度的提高，加之此类部件较少使用，系统归纳性不强。上部竖画与撇画相连为长撇作（肩水73EJT9：5）、（居新EPF22.63A），此类写法不但提高了书写速度，而且增强了与"秦""春"等字所从部件"𡗗"的可归纳性，故一直为后世沿用。

"之"字古隶作（张·二63）、（张·二86），造字的本意尚存，或作（张·二4）、（张·奏65），为提高书写速度而将曲线拉直；由于第三笔运笔的方向正是第四笔开始的方向，故笔画相连作（张·奏159）、（肩水73EJT24：148）；或作（肩水73EJT21：60A）、（居新EPT68.51），第二笔笔形由点改变为横画，笔势的贯通从而有利于书写速度的提高；贯通后的笔画或相连作（肩水73EJT24：104）、（肩水73EJT24：402A）。由此，"之"字通过笔形的改变、笔画的连接，不仅实现了笔势的贯通、提高了书写速度，而且改变了整字的平面结构。

通过上字例不难看出，对于今隶时期的汉简文字来说，字形的简化大多不再向之前那样以省简部件等剧烈方式进行，而是代之以渐变方式悄无声息地展开，这种细微的简化方式不断积累、递相增加，经过长期的演变，最终促进了书写的便捷并且达到简化字形的目的。

（二）追求美观

汉字作为视觉的符号系统，自然会有追求美观的要求。在字形演变过程中，人们往往会从审美的要求出发，对原来的字形作出适当的调整，以达到平衡、对称、整齐或有意识的变化美，这种调整往往会改变原构件的性质，从而使整字结构发生变化。如：

“并”字本作（泰山刻石）、（马·老甲后 364），在腿部把两个人绑在一起以会合并之意，今隶承古隶字形作（肩水 73EJT23：244）、（武医 56）。在汉隶中轴对称，左右相分文字体势的影响下，字形右上撇改为捺画作（武威·有司 5）、（居延 290·4），左上的撇改为点或作（居新 EPS4. T2：105），笔画的细微改变遂致部件人的构形本意渐失，字形结构因此改变，形义关系疏离。

与此同类者又如“兼”字古隶作（张·二 140）、（马·老甲 50），手持二禾之意犹在，今隶或承古隶字形作（居新 EPT50. 19）、（居延 109. 11），右上表示禾穗的撇画改变方向作（武威·有司 32）、（武威·少牢 2），撇变为点作（武威·有司 15）、（居延 224. 2），同样因点画的改变导致形义关系的变化。

三 变异的影响

（一）部件类化现象大量产生

原本形义互不相关的两个部件，在形体上有某些相同或相似的特征，由于上下文语境、字内其他部件或书写变异等诸多因素的影响，往往会趋于一致，我们称为部件类化。类化是汉字形体在长期演变过程所呈现出的重要变化之一，而书写变异则是这一时期部件类化的直接动因。

如“牢”字《说文》小篆作，字形外面的部件为圈养牛马的圈栏，古隶或有承小篆字形者作（睡·日甲 103）、（马·老乙 235），两部件由相交变为相离，表示圈栏的部件类化为“宀”作（马·老甲 129）、（张·二 437），形义关系丧失。今隶“牢”字多作（武威·少牢 1）、（石经·仪礼），因“宀”“冖”形近常常相混，故“牢”字又或从“冖”作（居新 EPF22. 186）、（居新 EPF22. 197）。

与此相类者又有“军”字古隶作（秦·编 53）、（张·奏 41），本从匀得声，或作（张·二 446）、（张·二 471），部件“勹”类化为“冖”。今隶承古隶字形作（居新 EPF22. 65）、（居延 504. 10）。因“冖”“宀”形近常常混同，故“军”字或从“宀”作（肩水 73EJT6：174）、（肩水 73EJT24：36）。

“宜”字古隶作（睡·律 185）、（张·二 252），或作（张·二 455）、（张·二 516），象俎之边缘的弧形线条与下边的横画分形变短而类化作“冖”。今隶承古隶字形作（武威·少牢 33）、（肩水 73EJT23：782），或从“宀”作（肩水 73EJT9：122）、（肩水 73EJT22：129）。

上述诸字象形部件被分割后，相对独立的部件分别朝着形近部件变化，并最终形变为高频部件或常见的成字部件，殊途而同归。

“爵”字西周金文作(爵祖丙尊)、(史兽鼎)，古隶作(睡·秦153)、(睡·法113)、(睡·秦115)，整字被离析为相对独立的四个部件，杯口的立柱形讹作，爵身的流形变作，或省简作，再省简则作，爵身和腹部讹变，或省变类化为，持爵的手形加点画则讹变作“”。上述四个部件交叉组合，从而形成今隶“爵”字的多个变体，主要有如下三类字形：

(1)武威·少牢39 肩水73EJT23：619 (2)武威·少牢34 武威·少牢3

(2)武威·少牢34 武威·少牢37

上述各类变体中，因组成第三类异写字的各个部件使用频率较高，系统归纳性更强，故此类字形的使用频率也最高，如汉碑中规范的“爵”字多作(曹全碑)、(石经·仪礼)，后代以至当今通行的楷书字亦承此类形体而来，只不过部件“”类化为更为通行的“罒”。

通过对“爵”字形体演变过程的梳理后我们不难发现，古人往往会根据自己对字形的个人理解及书写习惯的不同，对字形作出差异化的处理，经过一段时间的优化选择，最终留下一种或几种形体在社会通行。

(二)形义关系疏离

汉字是用来记录汉语的，个体汉字的原初字形多是以语言中词的音义为根据构造形体的，因而字形与音义是基本相符的，在整个古文字阶段，字形与音义之间保持了较高的一致性。然而字形与音义关系的统一因隶变的发生及完成受到了严重的冲击，由于书写快捷的驱动，汉字为了顺应书写生理机制对原有的组字线条进行了一系列趋直、反逆的改造，最终使汉字形义之间的关系淡化，有些字的形义关系甚至完全或部分丧失，变成记号或半记号字。形义关系的疏离主要表现在以下几个方面。

(1)形义联系模糊

汉字经过隶变之后，隶书字形沿承了古文的结构，构形属性没有发生变化，但是由于隶变对原有书写线条的改造，字形原有的象物性消失，字形与音义之间的联系被淡化。如：

肩水73EJT24：101	肩水73EJT9：114	武医23	武医84甲
敦煌336	敦煌321	居新PDF22.22	居新PDF22.24
武医91甲	肩水73EJT7：1	肩水73EJT21：58	肩水73EJT23：878
武医7	肩水73EJT24：100	居延495.15	肩水73EJT9：3

上述字例中，屈曲的线条被平直的笔画所代替，从而使汉字的象形功能消失，字形与字义之间的联系被淡化。

同样，有相当一部分会意字隶变之后完成了由以形会意到以义会意的转变，形义之间的联系淡化。如：

尹湾 6D15	肩水 73EJT5:13	肩水 73EJT4:26	居延 163.15A
武医 29	居新 EPT40.53	居延 560.24	武威·特牲 42
居延 273.3	肩水 73EJT21:11	肩水 73EJT9:5	居延 458.3
武威·泰射 63	肩水 73EJT24:131	居延 126.26	肩水 73EJT24:269A

（2）形义联系丧失

许多字形在古文字阶段是以形表意的，后来随着汉字形体的不断演化，一些部件失去了原有的造字理据，变得不可说解，从而变成了仅有构形作用而无表音表意作用的记号。汉字记号化的进程自甲骨文时代便已开始，然而古文字阶段真正的记号部件还比较少见，记号字或记号部件的大量涌现发生在古今文字转变的隶变阶段。隶变过程中由于书写的变异，原有的表意字形或者被离析为若干部分，或者是原本互相独立的部件由于寻求书写的便捷而人为黏合，部件与物象之间的联系割裂。形义联系的模糊更加剧了字形讹变的速度及剧烈程度，最终字形与音义之间的联系全部或部分丧失，大量的记号字或半记号字因此产生。在今隶时期的汉简文字中，记号字的产生及形义关系逐渐疏离的原因大致有以下三类。

第一，因笔画转写而导致形义关系丧失。

古文字阶段的汉字是因物赋形的，字形和物象之间密切相关，隶变过程中笔画变曲为直的需要势必会对原有的线条进行改造，于是原来描摹轮廓的线条被分割为笔画，改造后的部件失去了与物象之间的联系，丧失了原有的构形理据，变成了记号。

如“泉”字秦篆作（商鞅方升）、（重泉丞印），泉水流出之意尚存，古隶作（睡·日甲 37 背）、（张·二 448），今隶将其离析从“白”从“小”作（敦煌 47）、（居延 403.12），字形与音义关系尽失而变成记号字。

“它”古隶作（睡·杂 38）、（张·奏 1000），象形之意犹存，笔画拉直作（肩水 73EJT23:360）、（敦煌 243B），或形变类化作（居延 56.35）、（居延 6.13），整字离析为两个部件，形义关系丧失而变为记号字。

“言”字《说文》小篆作“”，舌上加一直线表示言语生于舌，古隶将曲线拉直作（睡·律 118）、（睡·乙 157）、（里 J1134），今隶又将最上端的横线变为点作（武医 8）、（肩水 73EJT23:350），字形与音义关系尽失而变成记号字。

第二，因部件黏合而造成形义关系丧失。

隶变过程中为了书写便捷的需要，走向一致的线条常常被连接在一起，相应地它们所隶属的部件亦因此而黏合在一起形成新的部件，新的部件没有表音表义功能，与原有的部件之间不再有形体上的联系。

如“差”字秦印作(路差)、(赵差)，汉印作(贾差)、(赵差)，皆从左从来，会以手搓麦之意。部件“来”笔画拉直并与表示手形的“𠂇”黏合为“⺶”，如“差”字作(肩水 73EJT10：131)、(居新 EPF22.70)，字形与音义之间的关系丧失而变为半记号字。

再如“昔”字秦篆作(秦峄山碑)，古隶作(马・老甲 5)、(老子 6)，昔日洪水泛滥之意犹存，今隶作(东 35 正)、(东 39 背)，上边的笔画群黏合作“龷”，洪水之意尽失，“昔”变为半记号字。

“畏”字甲骨文作(乙 669)，西周金文作(毛公鼎)，象鬼手执杖之形，古隶作(睡日甲 24)、(天简 35 乙)，或变作(北大・老子 43)、(北大・老子 101)，表示鬼头形的部件离析后与表示手杖的部件黏合。今隶作(居延 41.9)、(敦 418)，或受“衣”字的影响类化作(武威・泰射 69)、(尹湾 YM6J115)，字形与音义之间的联系荡然无存。

第三，因字形离析而造成形义关系丧失。

古文字阶段的汉字大多是因形构意，因物赋形，通过各种线条的组合，对客观事物或其状态作形象的描摹，因此，其线条形态丰富而多样，隶变后用平直且形态有限的笔画去改变复杂多变的线条时，线条的分割自然不可避免，而线条变连为断的后果则是部件的离析。

“鹿”字《说文》小篆作，鹿的角、头、身、足等各个部件依稀存在，隶变后原像鹿足的部件与整字分离形变类化为“比”作(武威・燕礼 50)、(武威・泰射 36)，从“鹿”之字“麇”作(武医 68)、(武威・甲服 4)，“麃”字作(武威・士相 9)，“尘”作(居新 EPT6.9)等皆其类。表示鹿角的笔画与表示肢体的部件割裂后重新组合而类化为“广”，如“鹿”字或作(居新 EPT40.207)，“麤”字作(居新 EPT40.201)等，这一形变过程于三国时期最终完成，如三国吴简“鹿”字作(莂・5276)、(壹・8327)。

“每”字《说文》小篆作，妇女发饰盛美之意，古隶作(马・缪 2)、(帛书・病方 444)，虽然屈曲的线条被拉直，但发饰与躯体仍然作为一个整体存在，今隶将字形割裂为上下两个部件分作(武威・泰射 59)，从“每”之字“海”字作(居新

EPF22.69)、(居延 33.8)等皆其类，部件割裂之后形义关系丧失。

(三)理据重构

隶变后由于笔变曲为直等一系列改造，原来的字形表意功能逐渐消失。受汉字所记录词的音义影响，一些本来表形或表义的部件，逐渐演变成与该词音义相关、形体相近的另一个部件，从而完成理据重构的过程。如：

“弦”字本作(肩水 73EJT21:66)，从弓从糸为丝质之弦，其上端连于弓，犹有象形意味，笔画变连为断作(居延 522.10)、(居延 509.5)，或省简笔画作(肩水 73EJT23:145)、(武威・泰射 36)，笔画间组合方式的改变作(敦煌 1856B)、(居新 EPF22.308)，部件“糸”变形声化作“玄”。

“羞”字古隶作(睡・语 11)、(马王堆・周 043)，从又持羊以会进献之意，今隶承古隶字形作(武威・有司 41)、(武威・有司 33)，部件“又”或声化为“丑”作(武威・特牲 19)、(武威・特牲 42)。“羞”字《说文》小篆作，许慎谓“从丑，丑亦声”，然而今隶“羞”字多从又不从丑，相对规范的石经“羞”作(仪礼・既夕礼)亦不从丑，与《说文》相左。

“氐”字《说文》小篆作，会以氏抵物之意，古隶承小篆字形作(睡・甲 11)、(关简 164)，今隶承古隶字形作(居新 ESC.81)、(肩水 73EJT23:288)，“一”类化为“土”作(肩水 73EJT4:63A)、(肩水 73EJT11:11)、(居延 247.34)，从土氏声，字形理据重构。

四 结语

书写性变异的主要表现包括笔形的变化、笔画数量的变化、笔画交接方式的变化。追求简化、追求美化、汉字构形系统的影响是书写性变异的主要原因。书写性变异的影响包括部件类化、形义关系疏离、字形简化和理据重构四个方面。书写性变异往往比较细微，因此并不容易受到研究者重视，但是持续性的书写变异往往引起汉字结构的变化；书写性变异不仅发生在隶变过程中，而是贯穿于汉字发展史的始终，因此全面认识汉字发展史，需要对汉字的书写性变异给予足够的关注。

(赵立伟：聊城大学文学院，252000，聊城)

殷墟甲骨文动词“以”研究
——兼论殷墟甲骨文“以”是否作虚词的问题

张 玉 金

提要 殷墟甲骨文中的“以”有“[glyph]”“[glyph]”两种写法，两者是繁简体的关系。“以”是率领、带领和携带、带、带来的意义，都用作动词，可以构成以“以”为谓语中心的单动句，也可以构成以“以”为谓语中心之一的复杂谓语句，还可以作定语。“以”在卜辞中没有介词、连词等虚词用法。

关键词 甲骨文 以 动词 虚词

一 引言

殷墟甲骨文中“以”的意义和用法如何？是否已有虚词的用法？对于这个问题，学术界还有争议。郭锡良先生(1998)认为“以”在甲骨文中是一个动词，而陈年福先生(2002)、刘兴隆先生(2005)则认为“以”在甲骨文中已有虚词的用法。

“以”是上古汉语中的一个常用词，它在殷墟甲骨文中到底有哪些意义和用法？有无用作虚词的确证？其虚词用法是否起源于殷商时代？这是汉语史上的一个重要问题，对于这个问题有必要进行深入的研讨。

本文以目前所能见到的所有殷墟甲骨文为语料来探讨这个问题。

二 甲骨文中的动词“以”

裘锡圭先生(1992:106—110)在以往专家学者考释的基础上，释“[glyph]”为“以”，认为像人手提一物；释“[glyph]”为“㠯”，认为“[glyph]”是由“[glyph]”简化而成的；认为“[glyph]”和“[glyph]”是繁简体的关系，两者代表的是同一个词。裘先生认为，甲骨文中的“以”有时是携带、带领的意义，有时当致送讲；这两种意义关系密切，“致送”也可以说是带来或带去的意思。裘先生之说可从。

(一)动词“以”的宾语

殷墟甲骨文中的“以”一般用作动词，它的宾语有以下几种情况（当然，它的宾语有时省略）。

一是表人名词语，如“人、众、羌、刍、女、妇、系、伐、射、戍、戈、曼、老、臣、史、巫、万、宰、马、惊、大、画、沚、族、瞽、戠、黄、嫀、逸、夌、执、启、石、由、臾、虎、旋、正、文、周、方、黄、何、辰、田、疢、鞫、□、□、□、众人、戈人、曼人、束人、垦人、束尹、新射、射何、多射、多马、多伯、多甸、多方、多寇、多伐、沚或、族旃、小母、臣正、㞢正、商臣、乃史、乃邑、爵瞽、王族、子尹、召方、䰜方、帚好、㱿妾、子方、多马亚、省伯由、多子族、小臣口、小臣剌、㞢族尹、㞢元臣、省伯由、帚妇子、帚鼠子、羌罘它、雝罘奠、多甸亚任、㞢自罘㞢邑、王族罘黄[示]王族”等。例如：

(1)叀自般㠯人？（合集 32273）

(2)丁未卜，争贞：弓令𡧊以众伐𢀛？（合集 26）众：众人。

(3)癸未卜，𡧊贞：疢以羌？

贞：疢不其以羌？（合集 274）羌：羌人。

(4)王其田，㠯万，弗悔？吉。

弜㠯万？吉。（屯南 2256）万：主要从事乐舞工作的一种人。

这种用法的“以”，徐中舒先生（1988：1592）、孟世凯先生（2009：164）均训为“用”，似不可从。这种“以”的意义，应该是率领、带领、带。这种用法的“以”在传世文献中可以见到，例如“（富辰）乃以其属死之。”（《国语·周语中》）韦昭注：“帅其徒属，以死狄师。”

用作“以”宾语的表人名词语，有些是由动词指称化而来的，如“逸、射、伐、戍、执”等。例如：

(5)甲寅卜，争贞：㪿以逸于垂？

贞：㪿以逸于垂？

贞：㪿弗其以？（合集 838）

(6)贞：□以射？（合集 5762）

(7)甲寅卜：乙王其田于丰，以戍，禽？（怀特 1444）

(8)贞：往西多𦀚不其以伐？（合集 880）

例(5)中的“逸”，一般用作动词，指逃逸。例如“贞：逸刍得？不其得？”（合集 133）“逸”还可以用作名词，指逃逸的奴隶。这种用法的例子在卜辞中可以见到，例如

“辛卯卜，宂贞：以子徕逸不殟？辛卯卜，宂贞：子徕逸有疾？”（合集 6）这是问带给子徕的逃逸奴隶不会暴死吗？子徕的逃逸奴隶会有病吗？上引例（5）中的“逸”就是动词用作名词，指逃逸的臣奴（参见陈年福 2007:166）。例（5）是卜问：由㪅这个人把逃逸的臣奴带到垂地好不好。这种句式在卜辞中常见，例如“辛未贞：萬目新射于斳？”（合集 32997）例（6）中的“射”本是动词，指开弓放箭，如“贞：其射鹿，获？”（合集 10320）但在例（6）中用作名词，指弓箭手。“𡗜以射”是问由𡗜这个人率领弓箭手好不好。由于这种“射”已转成名词，所以可以受数词修饰，例如“贞：勿令𠂤以三百射？”（合集 5769）“射”前还可加“多”，构成“多射”一词。“射”还可以跟人名构成同位短语，例如“射何”“射亩”。例（7）中的“戍”、例（8）中的“伐”也都是由动词转为名词的，不再赘述。

二是表动物（包括祭牲）的名词语，如“牛、羊、犬、豕、彘、𣪊、马、象、鹿、猴、龟、黾、鲔、鹿、麋、岁、小宰、岁宰、白马、马子”等。例如：

（9）戊辰卜：雀以象？

戊辰卜：雀不其以象？（合集 8984）

（10）己巳卜：雀以猴？十二月。

己巳卜：雀不其以猴？（合集 8984）

（11）贞：[僃]不其以龟？（合集 8998）

这种意义的“以”，孟世凯（2009:454）训为进献，崔恒昇（2001:128）训为“致”。其实，这种“以”的意义也应是带、带来的意思。

卜辞中有些“以”是以祭牲名词语为宾语，例如：

（12）贞：王以勿牛四于[丁]，用？（合 8973）此条卜辞或释为：贞：王以勿牛四于用？

（13）弜以小宰？（合集 29668）

（14）乙丑卜，贞：王其又彳于文武帝升，其以羌五人，正，王受有祐？（合集 35356）

（15）丁未卜，争贞：弓退先以岁，𢦏才涂？（合集 15483）

这种“以”，陈年福先生（2007:168）解释为“用、持用”，这不太准确。例（12）中的“以”显然不是用的意思，而是带来的意思。例（13）是说不宜带来小的经过特殊饲养的羊。例（14）是问：要“又彳”祭文武帝了，如果带来五个羌俘，是否合适，王能否得到祐助。卜辞中的“×以羌”常见，都是某人带来羌或某人所带来的羌之义，例如“乙未卜，贞：㚔只鲔？十二月。允只十六，以羌六。”（合集 258）“以羌六”显然也是指带来了六个羌俘。"羌"前的"以"应该都是一个意思。例(15)中的"岁"应该是指用来岁祭的牺牲。

三是表具体事物(有形的)的名词语。如"黍、鬯、酉(酒)、齿、戚、圭、琡、絎、辛、束、奉、㫃、示、成、岳、奭、丁、璧琡、新鬯、旧示、大示、丁示、有示、小示、伊示、祖乙、下乙、小乙、小丁、大庚、母庚、兄辛、黄奭、父丁示、毓祖乙、圭罘冃璧、高祖王亥、祖丁罘父乙"等。例如:

(16)壬午卜,贞:吕㫃,立于河?(怀特 1636)

(17)甲申卜,㱿贞:弖乎帚姘以[illegible]先于𩁹?(合集 6344)

(18)[甲子卜],旅[贞:翼(翌)乙]丑其舌于祖乙,其以毓祖乙?(合集 22939)

(19)贞:王往于田,弗以祖丁罘父乙,隹之?

王弗以祖丁罘父乙,不隹之?(合集 10515)

上引例(16)中的"㫃"可能是指旗帜。例(16)是问:应该把旗帜带来,然后树立在黄河边上吗?例(17)中的"[illegible]",张玉金(2010)释为"奉",这里也应该是动词用作名词,指奉献之物。例(18)、例(19)中的"以",徐中舒(1988:1592)、崔恒昇(2001:128)都解释为祭名,似不可从。这两例中的"毓祖乙""祖丁罘父乙"都应该是指这些先王的神主。在殷商时代,进行战争、田猎、祭祀时,可以带着先王的神主去。如在与羌人的作战中,殷商时代的人就带着先王的神主出行,作战取胜获得羌俘,在回到商都时,还要卜问是神主先进入好,还是羌俘先进入好。例如"示其先羌入?示其配羌?"(合集 32029)上引例(18)是卜问将要舌祭祖乙,是否应该带来毓祖乙的神主,以便一同祭祀。例(19)是卜问:殷王前去田猎,没有带祖丁和父乙的牌位,灾祸是否由此产生?由此看来,这些先公先王名前的"以",并不是祭祀之义,仍然是携带、带来之义。在甲骨卜辞中,这些先公先王名词,有时是指这些先公先王的神灵,有时则是指他们的神主。

四是表抽象事物的名词,如"娸、齿、徦、灾、祐、若"等。例如:

(20)贞:㞢不以娸?(东京 403)

壬子卜,王贞:不以娸?(合集 140)

(21)王固曰:不吉,其以齿。(合集 5658)

(22)□兹雨以徦。(合集 12896)

(23)□妫,以帚灾?(东京 1075)

上引例(20)中的"娸"即"艱",是灾难的意思。"以娸"是说带来灾难。例(21)中的"齿"有祸害之义,例如"今五月亡其来齿?"(合集 721)。例(21)是说不会吉利,会带来祸害。例(22)中的“戠”有灾害之义,“兹雨以戠”是说这场雨带来了灾害。例(23)中的“以帚灾”是说给某位妇人带来了灾难。

五是表天象的名词,如“雨、风、雹、易日”等。例如:

(24)贞:矫不以雨? 三月。(合集 12540)

癸丑卜:往擭,㠯雨?(合集 34182)

(25)二月丙子隹夕大㲋人雨自北,㠯风。丁丑雨,戊寅不雨。(合集 21013)

(26)□宁征马二丙,辛巳雨,以雹。(合集 21777)

例(24)中的“以雨”在《诗经》中也可以见到,例如“习习谷风,以阴以雨。”(《邶风·谷风》)马持盈先生(1984:57)译为“和舒的谷风,带来了阴雨”,这种译文是正确的。例(24)是问:矫不会带来雨吗? 矫([illegible])是人名,应该是这个人举行了某种求雨的活动,然后问会不会带来雨。例(25)中的“雨自北,以风”应该是说从北下起了雨,带来了风。例(26)是说辛巳下起了雨,带来了雹子。

六是数词宾语。如“千、卌(四十)、五十、十朋、三丙”等。例如:

(27)我以千。(合集 116)

(28)[illegible]以五十。(合集 715)

(29)龟以卌。(合集 17397)

(30)贝不其以十朋?(合集 11442)

(31)□跻以马自辥? 十二月。允以三丙。(合集 8984)

上引例(27)至例(29)都是数词作“以”的宾语,这应该是中心语省略的用法,数词原作定语,中心语省略后数词处于宾语位置上,这些数词都是表示事物的,所以这种“以”的意义跟前面几种“以”的意义是一致的。例(30)、例(31)都是数量短语作“以”的宾语,这也是中心语省略的用法,例(30)的中心语应该是“贝”,例(31)的中心语应该是“马”。

七是代词“之”。例如:

(32)贞:祝以之:疾齿鼎肙(蠲)?(合集 6482)

(33)贞:王以之?(合集 7426)

上引两例中的“之”,应该指代人或事物,“之”前的“以”仍然可以译为率领、带领或携带、带来。

(二)动词“以”的否定副词状语和焦点标记

动词“以”前的副词状语比较复杂,本文只考察“以”的否定副词状语和焦点标记。如果“以”所表示的动作是辞主能够控制的,则用“勿(勿)”“弜”来否定,用“叀”作焦点标记。例如：

(34)贞：弓目丁示？(合集 14908)

(35)弜目万？兹用。雨。(合集 27310)

(36)壬戌贞：叀亚㐱目人？(合集 32274)

如果“以”所表示的动作不是辞主所能控制的，就用“不”“弗”否定，用“隹”作焦点标记。例如：

(37)辛丑卜，宂贞：旃罘㱿以羌？

贞：旃罘㱿不其以羌？(合集 267)

(38)贞：爯以巫？

贞：爯弗其以巫？(合集 946)

(39)庚子卜，衍贞：□来，隹衔目？(合集 21586)

所谓能否控制，与“以”所表示的动作行为的主体有关。殷王的行为，殷王能左右的人的行为，就是可控的；否则是非可控的。能控制的“以”是说要领来或带来；不能控制的“以”是说会/能领来或带来。

上面，笔者全面地考察了动词“以”后所带的宾语情况，也考察了“以”前否定副词和焦点标记使用的情况。由此可以看出，在甲骨卜辞中，“以”的意义就是率领、带领和带、带来的意义。虽然有的“以”可以解释为致送，但其实也是带、带来的意义，只不过是特定的上下文使它可以这样翻译罢了。

(三)动词“以”所构成的句式

主要有两大类，一是单动句，二是复杂谓语句。由“以”作谓语中心构成的单动句主要有以下五种：

一是“以＋O”句式。其主语可以出现，也可以省略，例如：

(40)戊申卜：医侑以人？(合集 1026)

(41)辛巳贞：目伊示？

弜目伊示？(合集 32848)

二是“以”句式。这种句式中“以”的宾语省略；其主语可以出现，也可以省略，例如：

(42)妥以？二告。

弗其以？(合集 945)

(43)贞：弗其以？

妇弗其以？(英藏 181)

在一条卜辞中，这种“以”句式常常出现在“乎取”句的后面，“乎取”句和“以”句式前后照应，构成承接复句。例如：

(44)贞：𠂤乎取白马，以？（合集945）

(45)庚子卜，亘贞：乎取工刍，以？（英藏757）

(46)戊午卜，㱿贞：乎取牛百，以？王固[曰]：吉，以，其至。（合集93）

(47)壬辰卜，亘贞：㞢䰜巫，乎取，以？（合集5647）

(48)□□[卜]，[㱿]贞：乎𡘲取冎任伐，以？

己酉卜，㱿贞：㢟乎𡘲取[冎]任伐，弗其以？（合集7854）

“乎取”是说叫人去取，而“以”是说能领来或带来。上引例(44)至例(47)中“乎”后的兼语一般省略，例(48)“乎”后的兼语“𡘲”出现了。

三是“叀＋O＋㠯”句式。其主语可以出现，也可以省略。例如：

(49)王叀万㠯，亡𢦏？（合集28686）

(50)庚辰贞：㞟㠯大示？

叀父丁示㠯？（合集32848）

四是“隹＋O＋以”句式。其主语可以出现，也可以省略，如前引例(39)。

五是“以＋O_1＋O_2”句式。这是双宾语句，其主语可以出现，也可以省略。例如：

(51)辛酉卜，内贞：往西[多]䊵其以王伐？

贞：往西多䊵不其以伐？（合集880）

(52)辛亥卜，㱿贞：𤰈正化以王係？

辛亥卜，㱿贞：𤰈正化弗其以王係？（合集1100）

(53)贞：自般以疒又（祐）？（合集5785）

上引例(51)、例(52)两例，沈培先生(1992：85)分析为双宾语句，可从。例(53)亦然，这是问师般会不会带给疒以帮助？

由“以”构成的复杂谓语句主要有两种，一是连谓句，二是兼语句。由“以”作谓语中心之一构成的连谓句，如果从“以”的宾语角度来看，主要有三种情况。

一是“以”的宾语出现在“以”之后，例如：

(54)乙丑贞：叀亚㞟㠯人獸（狩）？（屯南961）

(55)己丑卜，贞：𠷎㠯沚或伐猷，受祐？（合集33074）

二是“以”的宾语前置，构成“叀＋O＋以＋VP”这样的句式，例如：

(56)辛丑贞：㞟叀疒㠯𤰈？

㞟叀朿匕㠯𤰈？（合集34240）

三是"以"的宾语省略，例如：

(57)壬戌卜，犾贞：有出方，其㠯來奠？(合集 28011)

(58)乙丑卜：又(有)吉辛，子具㞢，其㠯入，若泳又(有)㞢值？用。(花园 6)

例(57)是问，发现了来犯的方人，应该把他们带来，然后加以处置吗？例(58)中的"㠯入"是说带着(吉辛)进入。

"以＋O"一般作连谓短语的第一个动词语。有时也可以作连谓短语的第二个动词语，但这种例子很少见。例如：

(59)贞：弓隹王往以众？(合集 34)

(60)壬寅卜，穷贞：王往以众黍于囧？(合集 10)

卜辞中有一种常见的连谓句，即"以……于……"句式，它表示带着谁或什么带到某地去，例如：

(61)辛未贞：蓐㠯新射于斲？(合集 32997)

(62)祥以刍于敼？(合集 104)

(63)丁巳卜：叀小臣剌㠯汇于中室？

丁巳卜，叀小臣口㠯汇于中室？(合集 27884)

例(61)是问：蓐这个人带着新的射手到斲地去好不好？例(62)是问：祥这个人带着打草奴隶到敼地去好不好？例(63)中的"汇"，王子扬先生(2013:326)读为"粱"，认为其意思是粱米。这是卜问：是由小臣剌把粱米带到中室好，还是由小臣口把粱米带到中室好？

这种句式中的"以"可能会有人把它看成介词，但从下两例来看，还是看成动词好。例如：

(64)贞：自般以絎，弓于章？(合集 2246)

(65)允以人，弓于章？(合集 40005)

由动词"以"构成的兼语句，在卜辞中也较常见，"以＋O"一般作兼语句中的第二个动词语或第二个动词语中的一部分。这种兼语句的使令动词，一般是"令"和"乎(呼)"，还有"曰"。可以构成三种兼语句式。

一是兼语在使令动词之后，构成"$V_{使令}$＋OS＋VP"句式(OS 代表兼语)。例如：

(66)丙申卜，王：令蓐㠯多马？(合集 32994)

(67)己亥卜，㱿贞：曰戈以齿王？

曰戈以齿王？

贞：弓曰戈以齿王？(合集 17308)

(68)甲辰卜，贞：气令𡆥以多马亚省才南？（合集 564）

(69)癸未卜，争贞：令𠂤以多子族璞（撲）周，山（堪）王事？（合集 6814）

上引四例"以"都出现在使令动词之后，例(66)兼语后是由"以"作动词的动宾短语，例(67)兼语后是由"以"作动词的双宾语短语，例(68)、例(69)兼语后是由"以"作动词之一的连谓短语。

二是兼语出现在使令动词之前，构成"叀＋O＋$V_{使令}$＋VP"式句。例如：

(70)□寅卜，□贞：叀自令以众？（合集 36）

(71)辛丑卜，宾贞：叀羽令以戈人伐𢀛方，𢦏？（英藏 564）"羽"为人名。

试比较："令羽以𢦏。"（怀特 958）

上引两例"以"都出现在使令动词之后，例(70)使令动词后是由"以"作动词的动宾短语，例(2)使令动词后是由"以"作动词之一的连谓短语。

三是兼语省略，构成"$V_{使令}$＋VP"式句。例如：

(72)贞：弓乎以曼人？（合集 1031）

(73)辛未贞，王：令𠂤𢦏于𢿌？（合集 32997）

(74)其乎𠂤于家？（合集 30346）

(75)辛酉卜，争贞：弓乎以多寇伐𢀛方，弗其受有祐？（合集 547）

上引四例"以"都出现在使令动词之后，"以"后的兼语省略了。例(72)使令动词后是由"以"作动词的动宾短语，例(73)、例(74)、例(75)使令动词后是由"以"作动词之一的连谓短语。

(四)动词"以"作定语和宾语

"以"除了作谓语中心或谓语一部分之外，还可以作定语，例如：

(76)庚午贞：射𠇍𠂤羌用自上甲，叀甲戌？

于乙亥用射𠇍𠂤羌？

癸酉贞：射𠇍𠂤羌自上甲乙亥？

癸酉贞：射𠇍𠂤羌用自上甲于甲申？（合集 32023）

(77)弓用卢以羌？（合集 259）

(78)癸卯卜贞：翼（翌）辛亥王寻𡆥以㯱？（合集 803）

(79)辛丑卜，贞：𡆥以羌王于门寻？（合集 261）

(80)己丑卜，𣪊贞：即以刍其五百隹六？

贞：[即]以刍不其五百隹六？（合集 93）

上引例(76)中的"射𠇍𠂤羌"，可训为射𠇍所以之羌，就是指射𠇍所带来的羌。"射𠇍㠯羌”可以作受事主语，也可以作宾语，在这两情况下其意思应该是一样的。例(77)中的“卢以羌”、例(78)中的“𠂤以𣪠”类此。例(79)中的“𠂤以羌”也是𠂤所以之羌的意思。“𠂤以羌”在句中作主语，它的谓语是个主谓短语，整个句子是一个主谓谓语句。例(80)中的“即以刍”也是即所以之刍的意思。

少数的“以”可能是用作宾语或宾语一部分的。例如：

(81)☐弗其有以？（合集 9141 反）

(82)辛巳卜：新騂于㠯萑才麓入？用。子扂曰：奏莫厄？（花园 259）

(83)辛丑卜曰：缶亡以豕，㞢艮？（合集 20224）

(五)动词“以”用法频率统计

关于甲骨文“以”各种用法的频率，详见下面的统计表：

甲骨文中“以”“㠯”的用法

<table>
<tr><th colspan="4">用法</th><th>以</th><th>㠯</th></tr>
<tr><td rowspan="12">作谓语或谓语一部分</td><td rowspan="5">单动句</td><td colspan="2">“以/㠯+O”句式</td><td>337</td><td>105</td></tr>
<tr><td colspan="2">“以/㠯”句式</td><td>235</td><td>42</td></tr>
<tr><td colspan="2">“以/㠯+O_1+O_2”句式</td><td>12</td><td>0</td></tr>
<tr><td colspan="2">“叀+O+以/㠯”句式</td><td>0</td><td>3</td></tr>
<tr><td colspan="2">“隹+O+以/㠯”句式</td><td>0</td><td>1</td></tr>
<tr><td rowspan="7">复杂谓语句</td><td rowspan="4">连谓句</td><td>“以/㠯+O+VP”句式</td><td>24</td><td>56</td></tr>
<tr><td>“以/㠯+VP”句式</td><td>8</td><td>7</td></tr>
<tr><td>“叀+O+以/㠯+VP”句式</td><td>0</td><td>4</td></tr>
<tr><td>“V+以/㠯+O+(VP)”句式</td><td>5</td><td>1</td></tr>
<tr><td rowspan="3">兼语句</td><td>“$V_{使令}$+OS+VP”句式</td><td>25</td><td>39</td></tr>
<tr><td>“$V_{使令}$+VP”句式</td><td>21</td><td>7</td></tr>
<tr><td>“叀+O+$V_{使令}$+VP”句式</td><td>2</td><td>2</td></tr>
<tr><td>作定语</td><td colspan="3"></td><td>36</td><td>74</td></tr>
<tr><td>作宾语</td><td colspan="3"></td><td>4</td><td>2</td></tr>
<tr><td>残　辞</td><td colspan="3"></td><td>216</td><td>78</td></tr>
<tr><td>总　计</td><td colspan="3"></td><td>860</td><td>421</td></tr>
</table>

裘锡圭先生(1992:106)指出，自组卜辞里“以”“㠯”两字都使用，宾组卜辞、出组卜辞只用“以”，历组卜辞、无名组卜辞只用“㠯”，可见它们所出现的卜辞类别是不同的。卜辞里“以”的出现频率高，有 860 次；卜辞里“㠯”的出现频率较低，有 421 次，前者的出现频率是后者的两倍多，这当然与不同类别卜辞的数量多少有关。卜辞中“以”“㠯”两者的用法基本相同，如“以”构成的常见句式是“以+O”句式、“以”句式、“以+O+VP”句式、“$V_{使令}$+OS+VP”句式，它又常作定语，卜辞中的“㠯”亦然。但

它们也有一些差别，如"以"可以构成"以＋O_1＋O_2"式句，而"㠯"没有这样的用法；"㠯"可以构成"叀＋O＋㠯"式句、"隹＋O＋㠯"式句、"叀＋O＋㠯＋VP"式句，而"以"没有这样的用法。

三　甲骨文中的"以"是否用作虚词

全面考察殷墟甲骨文中"以"(包括"㠯"，下同)的语法位置，可知只有两种情况容易看成介词，一是"以"(其后往往带宾语，下同)出现在连谓短语中第一个动词语的位置上，如"以人狩"；二是"以"出现在连谓短语中后一个动词语的位置上，如"往以众人"。但是，这两种情况"以"都不能看成介词。理由有三：

一是同样意义的"以"除了与别的动词语构成连谓短语之外，还经常单独作谓语的中心，如"以人""以众"。单独作谓语中心的"以"(不是省略句)和连谓短语中的"以"是同义的，也就是说，"以＋O"(这种"以"意义都是率领、带领或带、带来)不具纯状语性，也不具有纯补语性。例如：

(84)甲申卜，亘贞：臬以人？(天理6)"臬"是人名。

(85)辛卯卜：[illegible]不其以人？(合集1029)"[illegible]"是人名。

(86)其㠯人椒？(合集28904)"椒"是动词。

上引例(86)中的"以人"，似可以看成介词，也可以看成动词，但是由于例(84)和例(85)中的"以人"都能单独作谓语，所以即使例(86)中的"以人"也应该看成动词，这三例中的"以人"意思应该是一样的。

二是同样意义的"以"还可以作定语，如"射[illegible]以羌"(可训为射[illegible]所以之羌)。如果"以"是介词，那么它是不可能单独作定语的。

三是单独作谓语中心的"㠯"还可以构成"叀＋O＋㠯"句式，连谓短语中的前一个动词"㠯"，其宾语也可以前置，前置后其前再加焦点标记"叀"，构成"叀＋O＋㠯＋VP"句式。这说明"㠯"是动词，因为在卜辞中动词可以构成"叀＋O＋V"句式。如果"㠯"是介词，那么它是不能构成上述句式的。

另外，前面说过"以……于……"句式中的"以"不能看成介词，因为在这种句式中的"于"前还可以加否定副词。

陈年福先生(2002)认为甲骨文中的"以"有介词和连词的用法。他所举的"以"作介词的用例有四个(下面所引的例子，释文和标点都依据陈文)：

例1：壬午卜贞：㠯㲋立于河？(怀特1636)

例 2：…王其田㠯万，湄日亡灾？（合集 29397）比较：戊王其田于䢼，擒大狐？（合集 28319）

例 3：王占曰：不吉。其以齿。（合集 5658 正）

例 4：…兹雨以𢼸。（合集 12896）

陈年福认为，例 1 中的“以”相当于“把”“将”；例 2 中的“以”相当于“于”；例 3 中的“以”相当于“因为”，例 4 中的“以”相当于“以至于”。

以上陈文的说法似不可从。上引例 1 前面已经引过，可以在“㫃（原作𠂒）”后加逗号，也可以不加。不管是否加逗号，“以𠂒”的意思都应该是把“𠂒”带来（“𠂒”应该是旗帜的意思），“立于河”应该是树立在黄河边的意思。卜辞或言“弜其立㫃”（合集 28207），是说不宜树立旗帜，可以与例 1 相参照。例 2 的正确释文或标点应该是“王其田，㠯万，湄日亡灾？”（合集 29397）卜辞中的“万”表示从事乐舞工作的一种人。“田”是田猎的意思。整条卜辞是问：王去田猎，带着万这种人去，整天不会有灾祸吗？同样的例子如“王其田，㠯万，弗悔？｜弜㠯万？”（屯南 2256）所以不应该把“以”看成介词。如果是介引动作的处所，在卜辞中一般是用“于”的。例 3 中“以齿”的“以”、例 4 中“以𢼸”的“以”都是带来的意思，这在前面已经说过了。由上述看来，陈年福所举的四个“以”作介词的例证都不可靠。所以卜辞中的“以”还不能说有介词的用法。

陈年福（2007）后来举了下引三个用作介词的例子：

例 1：壬午卜贞：㠯㫃立于河？（怀特 1636）

例 2：□□卜，王其田㠯禾（?），弥日亡［𢦏］？（合集 29397）比较：戊王其田于䢼，擒大狐？（合集 28319）

例 3：贞：祝，以之疒齿，鼎赢？（合集 6482—6486）

例 1 前面已经说过。例 2 的正确释文或标点应该是“□□卜：王其田，㠯禾，弥日亡［𢦏］？”（合集 29397）卜辞中的“禾”有人名的用法，详见徐中舒先生（1988：777）。“田”是田猎的意思。整条卜辞是问：王去田猎，带着禾这个人去，整天不会有灾祸吗？例 3 的释文和标点应该是：“祝以之：疾齿鼎肙（蠲）？”这条卜辞中的“祝”是祭名，是说向鬼神祷告祈求，详见王子扬先生（2013：253—260）。例中的“之”是代词，可能就是指代“疾齿鼎肙”，这句话是卜问：祝祭会带来这种的状况吗：牙齿痛的病会好起来？所以例 2、例 3 中的“以”也不是介词。

陈年福（2002，2007）所举的“以”作连词的用例只有一个（释文和标点都依据陈文）：

例 1：宁延马二丙，辛巳雨以雹。（合集 21777）

陈文以为上例中的“以”相当于“而”。陈文所举的“以”作连词的用例，前面已经分析过。“辛巳雨，以雹”应该是辛巳这一天下雨，还带来了雹子。这个例子中的“以”并不是连词。

刘兴隆先生(2005:990)认为卜辞中“以”有连词用法，是“和”“与”之义。他举的例子是(释文和标点都依据陈文)：

例1：王令□㠯子方奠于并。(合集33278)

这条卜辞的释文和标点应该是：

辛酉贞：王令□㠯子方，奠于并？(合集33278)

这条卜辞的“奠”前可以加逗号，与之相类的例子如“辛巳贞：□㠯画于晌，乃奠？”(英藏2413)这条卜辞卜问：□应该带着画这个人到晌地去，然后把他安置在那里吗？与之相类的例子还有“贞：⧄奠□以刍于丂？”(合集101)“奠□以刍于丂”是说把□所带来的打草奴隶安置到丂地好不好。据此解释“王令□㠯子方，奠于并”，应该是卜问：殷王命令□这个人带着子方，然后把他安置在并地。可见这个例子里的“以”并不是连词。

夏大兆(2014)认为卜辞中的“以”有“及”的意思，他举的例子是(释文和标点都依据陈文)：

例1：庚子卜，争贞，其祀于河以大示至于多毓。(合集14851)

这条卜辞的释文和标点应该是：“庚子卜，争贞：其祀于河，以大示至于多毓？”这里的“以大示至于多毓”应该是指带来大示至于多毓的牌位。这应该是指祭祀黄河之神，同时带来众多先王的牌位，让他们一同受祀。所以这个例子中的“以”并不是“及”的意思。

从汉语史发展的角度看，由实词到虚词、由动词到介词、连词，应该是一般的发展趋势。在殷商时代，“以”还都是动词，还没有发展出介词、连词的用法。“以”的虚词用法是后代逐渐发展出来的(西周时代“以”已经有介词用法)。

四 结语

殷商时代“以”主要有两种写法，一是“□”，二是“□”，这两者是繁简体的关系。卜辞中的“以”是率领、带领和携带、带、带来的意义。“以”是动词，可以构成以“以”为谓语中心的单动句，也可以构成以“以”为谓语中心之一的复杂谓语句。“以”还可以作定语和宾语。“以”在卜辞当中没有用作介词、连词的用例，以往所举的“以”作虚词的用例都不太可靠。

引用书目简称

《甲骨文合集》简称为《合集》,《英国所藏甲骨集》简称为《英藏》,《怀特氏等所藏甲骨文集》简称为《怀特》,《东京大学东洋文化研究所藏甲骨文字》简称为《东京》,《小屯南地甲骨》简称为《屯南》,《殷墟花园庄东地甲骨》简称为《花园》,《天理大学附属天理参考馆藏甲骨文字》简称为《天理》。

参考文献

[1]陈年福:《释"以"——兼说"似"字与甲骨文声符形化造字》,《古汉语研究》2002年第4期。

[2]陈年福:《甲骨文词义论稿》,上海古籍出版社2007年。

[3]崔恒昇:《简明甲骨文词典》,安徽教育出版社2001年。

[4]郭锡良:《介词"以"的起源和发展》,《古代汉语研究》1998年第1期。又收入《汉语史论集》(增订本),商务印书馆2005年。

[5]刘兴隆:《新编甲骨文字典》,国际文化出版公司2005年。

[6]马持盈:《诗经今注今译》(修订版),[台湾]商务印书馆1984年。

[7]孟世凯:《甲骨学辞典》,上海人民出版社2009年。

[8]裘锡圭:《说"以"》,《古文字论集》106—110页,中华书局1992年。

[9]沈培:《殷墟甲骨卜辞语序研究》,[台湾]文津出版社1992年。

[10]王子扬:《甲骨文字形类组差异现象研究》,中西书局2013年。

[11]夏大兆:《甲骨文字用研究》,安徽大学汉语言文字学专业博士学位论文,2014年。

[12]徐中舒:《甲骨文字典》,四川辞书出版社1988年。

[13]于智荣:《从甲骨文"以"字字形及用例看古籍中表"率领"义"以"字的词性》,《长春师范学院学报》第19卷第6期,2000年。

[14]张玉金:《释甲骨文中的"靖"》,《古文字研究》第28辑,中华书局2010年。

(张玉金:华南师范大学文学院,510006,广州)

甲骨文字际关系研究示例*

夏大兆

提要 甲骨文字际关系最集中的体现是在字头归字上，即要将某些同一文字的不同形体归并在统一的字头之下，同时又要将形体近似，但肯定不是同一的文字分离开来。判定甲骨文字际关系时，字形和辞例是最重要的标准。当字形近似时，大量的辞例辨析就显得尤为重要。

关键词 甲骨文 字际关系 归字 辞例

在文字学研究中，我们经常可以见到用来指称字与字之间关系的各种文字学术语，如同形字、异体字、同源字、通假字、古今字等，这些术语之间的关系错综复杂，学者们对有些术语内涵的理解并不一致，而且在使用中存在着混乱现象。① 黄德宽师曾用“字际关系”这一术语对上述概念加以概括，他说：“字际关系指的是形、音、义某一方面相关联的一组字之间的关系。异体字、繁简字、古今字、同源字、通假字、同形字等，都是从字际关系角度提出的概念。”②

甲骨文字际关系最集中的体现是在字头归字上。姚孝遂先生曰：“一定的文字符号，必然是表达一定的概念，是与一定的语言紧密相连的。对于每一个具有记录语言功能，能独立使用的文字符号形体，我们都一一列举出来，按照一定的类别和次序加以排列，并给予一个编号。这种独立的文字形体，我们习惯地称之为‘字头’。”③字头归字，就是要将某些同一文字的不同形体归并在统一的字头之下，同时又要将形体近似，但肯定不是同一的文字分离开来。

然而甲骨文中“大量异体字的存在，将许多不同的形体归附于同一的字头之下，这将是一个非常繁重的任务。而同时又由于通假字的存在，亦即不同文字之间的可

---

* 本文为国家社科基金一般项目“商代文字字用研究”(16BYY146)阶段性研究成果之一。

① 可参看沙宗元《文字学术语规范研究》，安徽大学出版社2008年。

② 黄德宽：《关于古代汉字字际关系的确定》，《开启中华文明的管钥——汉字的释读与探索》，北京师范大学出版社2011年，第186—192页。

③ 姚孝遂：《殷墟甲骨刻辞类纂·序》，中华书局1989年，第6页。

以通用现象的存在，更进一步加重了文字形体分合工作的困难”。[①] 所以，在甲骨文字头归字工作中，正确的做法应是：“不同的形体，我们首先要考虑的，是这些不是同一个字。在大多数的情况下，……这种方向是正确的。但如果过度，则未免失当。我们必须通过大量的辞例的比较，来考察每个字的实际使用情况，以决定不同形体的分合。脱离了文字的实际运用情况，脱离了文字之间的相互联系，孤立地就形体本身来论证文字，很容易误入歧途。”[②]

纵向地看，各个历史时期甲骨文代表性工具书字头归字的差异，体现的就是对字际关系的判断所存在的分歧。由于甲骨文中大量异体字、未识字的存在，使得任何一部甲骨文工具书都不能十全十美，每一部书都有其参考价值，虽然后出转精，但后出之书难以完全取代前面之书。我们并不敢说，最后出之书的处理就一定是正确的，最重要的是，客观地呈现差异，问题会越辩越明。

本文拟以“”组字归字的差异来看甲骨文字际关系的考辨。首先我们看看《甲骨文编》《甲骨文字集释》《甲骨文字典》《甲骨文字诂林》《甲骨文字形表》《甲骨文字编》《新甲骨文编》七书[③]中该组字的归字情况：

一　各家归字差异[④]

《甲骨文编》[⑤]

0012：佑：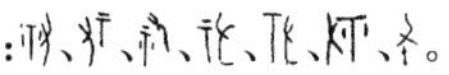。

① 姚孝遂：《殷墟甲骨刻辞类纂·序》，中华书局1989年，第9页。

② 同上。

③ 选这七部书，是因为：(a)《甲骨文编》多次再版，至今已印行8次，共印出近两万册，是影响最大的一部甲骨文字形专书。(b)《甲骨文字集释》虽年代较远，但在字头归字上至今仍有其参考价值，尤其岛邦男《殷墟卜辞综类》参考此书较多且于辞例下注明其页码，两者结合使用，极便学者，后出之《诂林》与《类纂》实未能完全取代。(c)《甲骨文字典》集《文编》与《集释》二书之长，创新体例，对每个甲骨文字从字形、解字、释义三方面处理，分析精当，要言不烦，至今仍有参考价值。(d)《甲骨文字诂林》收录了自甲骨文发现一直到1989年这90年间各时期的研究成果，且与《殷墟甲骨刻辞类纂》字头编号一致，极便使用，是目前甲骨学者最重要参考数据之一，其字头分合、归字及按语在学界影响极大。(e)《甲骨文字形表》《新甲骨文编》《甲骨文字编》三书都是在2000年后出版，代表了新世纪以来学界的最新研究成果，三书在字头分合、归字上不尽相同，相互比较参照，将有助于考释工作的进展。

④ 各书按照出版时间先后排列，旨在显示各家归字差异。字形直接从原书截取。所录字形多为该字头下典型字形，并非全部。《甲骨文编》《甲骨文字诂林》《甲骨文字形表》《甲骨文字编》用的是原书字头号；但《甲骨文字集释》《甲骨文字典》《新甲骨文编》原书无字头编号，故用的是原书页码。每部书中与该组字头相关之字我们尽量找出，但有时各家归字差异较大，牵扯字头较多，故仍不免有所遗漏。

⑤ 中国社科院考古研究所：《甲骨文编》，中华书局1965年。

3018：。

3019：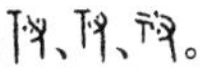。

3385：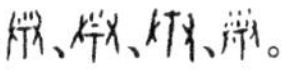。

3506：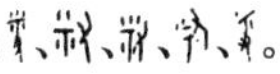。

《甲骨文字集释》[①]

61 页：佑：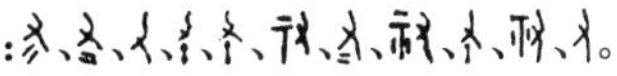。

109 页：祐：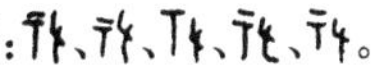。

1057 页：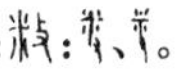。

1411 页：幼：。

4764 页：。

《甲骨文字典》[②]

17 页：佑：。

448 页：幼：。

《甲骨文字诂林》[③]

0916：祋、祭：。

1120：祐：。

3347：。

3176：幼：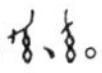。

《甲骨文字形表》[④]

1117：祐：。

3603：幼：。

1124：祋：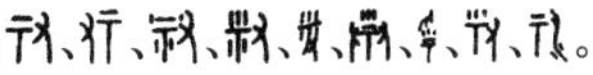。

255 页：幼：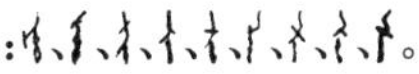。

《甲骨文字编》[⑤]

1308：祐：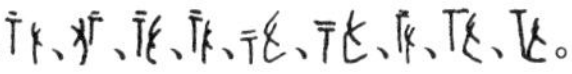。

1310：祋：。

① 李孝定：《甲骨文字集释》，台湾“中研院”历史语言研究所 1970 年。

② 徐中舒：《甲骨文字典》，四川辞书出版社 2003 年。

③ 于省吾：《甲骨文字诂林》，中华书局 1996 年。

④ 沈建华、曹锦炎：《甲骨文字形表》，上海辞书出版社 2008 年。

⑤ 李宗焜：《甲骨文字编》，中华书局 2012 年。

1309：。

3980：幼：。

3981：。

4280：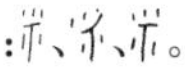。

4281：。

《新甲骨文编》[①]

6 页：佑：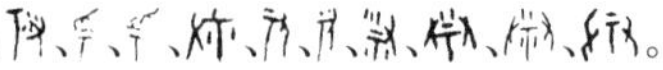。

15 页：祐：。

18 页：褫：。

255 页：幼：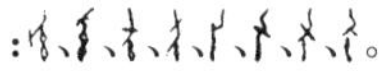。

1034 页：。

二 辞例与考释

姚孝遂先生曰："我们必须通过大量的辞例的比较，来考察每个字的实际使用情况，以决定不同形体的分合。脱离了文字的实际运用情况，脱离了文字之间的相互联系，孤立地就形体本身来论证文字，很容易误入歧途。"[②]

在选择辞例时，主要参考《殷墟卜辞综类》[③]《殷墟甲骨刻辞类纂》[④]《殷墟花园庄东地甲骨刻辞类纂》[⑤]等。《甲骨文合集》[⑥]是在对旧著录书拣选的基础上编成，并未全部收录旧著录材料，而《类纂》又主要是在《合集》基础上整理分类而成，故其所收材料随之有遗漏，基于此，《综类》仍有其参考价值，另外《综类》的字头分合与《类纂》也不尽相同，同样具参考价值。裘锡圭先生曰："我们如果能把《类纂》跟《综类》对照着使用，并随时注意跟原始数据进行核对，一定能收到较好的效果。"[⑦]因此本文选择辞例时两书综合参考。[⑧]

---

① 刘钊：《新甲骨文编》(增订本)，福建人民出版社 2014 年。

② 姚孝遂：《殷墟甲骨刻辞类纂·序》，中华书局 1989 年，第 9 页。

③ 岛邦男：《殷墟卜辞综类》(增订版)，汲古书院 1971 年。以下简称《综类》。

④ 姚孝遂、肖丁：《殷墟甲骨刻辞类纂》，中华书局 1989 年。以下简称《类纂》。

⑤ 齐航福、章秀霞：《殷墟花园庄东地甲骨刻辞类纂》，线装书局 2011 年 8 月。

⑥ 郭沫若：《甲骨文合集》，中华书局 1978—1982 年。以下简称《合集》。下文凡出自《合集》辞例，径出拓片号。

⑦ 裘锡圭：《评〈殷墟甲骨刻辞类纂〉》，《裘锡圭学术文集·杂著卷》，复旦大学出版社 2012 年，第 64 页。

⑧ 为避免摹写字形的失真，选择辞例时一律核对原拓，并将相关字形直接剪贴。但《综类》有而《类纂》未收的辞例，多是由于《合集》未著录，《合集》出版后，以前的旧著录书已十分难找，这些辞例中的字形，今只好从《综类》上直接剪贴。

(一)[illegible]、[illegible]、[illegible]、[illegible]、[illegible]、[illegible]、[illegible]

1. [illegible]、[illegible]、[illegible]、[illegible]

《综类》(153 页)“[illegible]、[illegible]、[illegible]、[illegible]”下列 38 条辞例,“释字一览”(602 页)将“[illegible]、[illegible]、[illegible]”释为“佑”。《类纂》(352 页)将“[illegible]、[illegible]、[illegible]、[illegible]”释为“祭”,下列 60 条辞例,其中 33085 与 34608 重出,[1]除去一些残缺过甚的辞例,其余辞例罗列如下:

(1)贞乎[illegible],雨。四 六(12869 正乙,一期,宾一)

(2)①于妣己[illegible]。一 三。②于妣己[illegible]。四。(22215,一期,妇女类)

(3)妣己[illegible]。(22220,一期,妇女类)

(4)于妣己[illegible]…酉…(22278,一期,妇女类)

(5)甲申卜,中贞叀[illegible][illegible],雨。九月。(25030,二期,出二)

(6)三报二示卯,王[illegible]于之若,又正。弜[illegible]于之若,又正。(27083,三期,无名)

(7)…祖丁莫岁于既[illegible]。吉(27273,三期,无名)

(8)于父己父庚既[illegible],乃酌。(27416,三期,无名)

(9)母癸岁,王[illegible][illegible]。弜[illegible][illegible]。(27583,三期,无名)

(10)…又[illegible]。(30481,三期,无名)

(11)王[illegible][illegible]。(30533,三期,无名)

(12)王[illegible][illegible]。(30535,三期,无名)

(13)王[illegible]又[illegible]。(30536,三期,无名)

(14)王[[illegible]]又[illegible]…(30539,三期,无名)

(15)[弜[illegible]]又[illegible]。(30540,三期,无名)

(16)叀今夕[illegible]。(30786,三期,无名)

(17)王[illegible]又[illegible]。(30958+31009=合补 9627[2],三期,无名)

(18)[illegible][illegible][3]兄癸,叀又[illegible],王受又。(27635,三期,历无名间)

(19)王入,乃各于[illegible][4]。(27164+27165=合补 10381,三期,历无名间)

---

① 参看蔡哲茂《甲骨缀合续集》(台北,文津出版社 2004 年,第 83 页)之“《甲骨文合集》重片号码表”。

② 此版缀合,笔者觉得可疑,断裂处并不密合,整版内容亦无甚关联,但不影响本条内容,因为本条是 30958 上的完整卜辞。

③ 《甲骨文合集释文》(胡厚宣主编,中国社会科学出版社 1999 年。以下简称《合集释文》)将此两字当作一字,不确,细审拓片,应为两字。《甲骨文校释总集》(曹锦炎、沈建华,上海辞书出版社 2006 年。以下简称《校释总集》)亦当作一字,隶作“[illegible]”。《类纂》分为两字,正确可从。

④ 《校释总集》释此字为“祭”。

(20)壬寅卜,王室妣壬岁。(27387正,三期,何一)

(21)弜室。(30541,三期,何一)

(22)…宁,贞…亡尤。[①](30788,三期,何一)

(23)[叀]。(31779,三期,何二)

(24)贞王室父己岁。(27400,三期,何二)

(25)贞室。(30538,三期,何二)

(26)己卯卜,王室父己岁,王受又。(屯南[②]95,三期,无名)

(27)先二[升],乃各…祖乙登黍,王受又。(屯南618,三期,无名)

(28)弜[室]又。(屯南959,三期,无名)

(29)叀既父,小祷征,王受[又]。(屯南2646,三期,无名)

(30)弜。(屯南4203,三期,无名)

(31)室。(屯南4539,三期,无名)

(32)弜室。(屯南3140,三、四期,无名)

(33)戊午卜,贞多宁以鬯自上甲。(32113,一、二期,历二)

(34)戊午,贞多宁以鬯自上甲。(32114+屯南3673=合补10422,一、二期,历二)

(35)戊午,贞多宁以鬯自上甲。(32115,一、二期,历二)

(36)…亥,贞咸既,王其往田,亡巷。(33440,一、二期,历二)

(37)乙未…岁祖…三十牢…兹用。羞毌岁雨。不征雨。一。乙未卜,,不雨。一(33986,一、二期,历二)

(38)弜室。(屯南948,四期)

(39)甲辰贞曰。二(屯南1106,四期)

新出《村中南》[③]有两例:

(1)于既升,莫岁…(村中南106,三期,无名)

(2)于既祖…。吉。用。(村中南123,三期,无名)

统计《类纂》的60条辞例,一期有8条,二期有1条,三期有34条,一、二期之间有17条。(2)、(3)、(4)条是妇女类卜辞,其字形作、、、,作祭名,祭祀先妣妣

---

① 此辞当删,字虽残,但隐约可见左上半是"木",应是字。另从辞例来看,卜辞多见"亡尤",而未见"亡尤"。

② 中国社科院考古研究所:《小屯南地甲骨》,中华书局1980年。下同。

③ 中国社科院考古研究所:《殷墟小屯村中村南甲骨》,云南人民出版社2012年。以下简称《村中南》。

己。陈梦家先生认为:“第十五次发掘出土的(乙 8691—9052)字体近子、自、午组的,内容多述妇人之事,可能是嫔妃所作。”[①]三期卜辞中,无名组多用“□”字形,句式多为“王宾□”或“王宾又□”;而何组多作“□”字形。一、二期之间的卜辞是历二类,其字形多作“□”“□”。总起来看,各组类用的具体字形不尽一致,但从用法判断,似都是祭名,[②]字形上又比较接近,这些字形应是一字异体。

2.□

《花东》[③]中有“□”字,辞例如下:

(1)甲寅,岁祖甲白豭一,□鬯一,皀自西祭。一(花东 4)

(2)丙,岁妣庚豭,□鬯,告梦。一(花东 26)

(3)乙卯,岁祖乙豭一,□鬯一。一二(花东 63)

(4)甲戌,岁祖甲牢、幽廌、白豭,□二鬯? 一二三(花东 237)

(5)乙夕卜:岁十牛妣庚,□鬯五。用。在吕。一(花东 276)

《花东》中含有“□”字的卜辞有 37 条,分别见于该书 4、26、34、37、63、149、157、170、195、198、226、237、240、276、302+344、321、426、449、459、463、491 号。辞例雷同者较多,限于版面,不一一列举,以上选取有代表性五例以见一斑。37 例中“□”的对象全部是“鬯”,其中 1 例“鬯五”,4 例“鬯二”,27 例“鬯一”,5 例未记录数量。由此可知,“□”表示的应是一种利用鬯酒的祭祀。从祭祀的祖先来看,有 16 例祭祀祖甲,9 例祭祀妣庚,12 例祭祀祖乙。37 例中有 33 例都是岁祭,岁祭祭品有豭、豭、豝、牢、小牢、小宰、牝、牡、廌,数量多为一。有 5 例明确提出了祭祀地点在麗。

3.□

《花东》甲骨又有“□”字:

(1)乙亥,□岁祖乙二牢、勿牛、白彘,□鬯一,子祝。二三(花东 142)

(2)辛未,岁祖乙黑牡,□鬯一,子祝。二(《花东》392)

《花东》中含有“□”字辞例有 8 条,分别见于该书 142、161、243、291、354、392 号。8 例中“□”的对象全部是“鬯”,7 例是“鬯一”,1 例是“一鬯”。6 例祭祀对象是祖乙,2 例是祖甲。7 例是岁祭,岁祭祭品有牢、牛、彘、牡、小宰、豭。有 3 例明确提出了祭祀地点在麗。《花东》第六分册 142 片考释曰:“祼,在本片作□,与□、□等同为祼字,

---

① 陈梦家:《殷虚卜辞综述》,中华书局 1988 年,第 167 页。此处所列合集 22215=乙 8815、合集 22220=乙 8801、合集 22278=乙 8860,正在陈先生所说范围内,都是第十五次发掘出土的。

② 只有第(19):“王入,乃各于□”,□似是一种建筑物名称。

③ 中国社科院考古研究所:《殷墟花园庄东地甲骨》(修订本),云南人民出版社 2016 年。下同。

只是手的位置与写法略有差异。祭名。”今从字形和辞例来看，其说可信。

《花东》的“”“”与《类纂》的“、、、”，从字形来看，无疑是一字，《花东》该字似是指用鬯酒进行的一种祭祀，其后所接全是“鬯”，这可能与《花东》卜辞是非王卜辞性质有关。

4.

《花东》409有“”字，辞例为：“丙□，子其妣庚□酉。一。”全书仅此一例，整理者将其隶定为祐，并考释曰：“从示从厷，祭名，动词。”“”字右旁所从与“又”字写法有别，《甲骨文字形表》1124号将其隶为“祋”，并认为“”与“”“”是一字，今从字形、辞例来看，都不可信，此字应单列字头，《甲骨文字编》正将其单列为1309号字头，可从。

以上是辞例情况。“、、、、、”组字各家考释情况如下：

唐兰先生认为“、、、、”是“此稰之初文，乎字本象米，在示上象两手奉米以祭，《说文》，‘稰，祭具也，从示胥声’”。① 屈万里先生曰：“，疑与、、、为一字。诸家或释祋，或释佑，或释示，或释祭，似皆未的。”②金祥恒先生曰：“甲骨文、之尞，之尞，、之柴及、之尞皆一字之繁衍。……甲骨文、、、殆为尞字，象以手持木燔尞于神前也。”③白玉峥先生认为“、、、、、、、、、、”等诸形皆是“祡或柴字之结体，诚可谓‘洋洋大观’矣”。④ 朱歧祥先生认为：“、、、”“从示右亦声，即佑字。”⑤《甲骨文字典》曰：“《说文》：‘佑，助也。’但在卜辞中，从示之实用为侑，佑则多以又为之。”⑥于省吾先生认为“也是祭字。”⑦《诂林》“、、、、”下姚按曰：“此均‘祭’之异体”。⑧

综上所述，可能由于各家对该字“示”旁诸小点理解的不同，导致了释字不同。或以为是米粒，故释稰；或以为是烧柴时的火星，故释燎或祡；或以为是血滴，故释祭。其实从《花东》和《合集》27209、27416、32113、32114、32115诸例中该字后皆跟鬯酒来看，倒不如理解为酒滴更合适。我们认为此字释为燎或祡或祭，均不可从，因为甲骨

① 唐兰：《甲骨文自然分类简编》，唐复年整理，山西教育出版社1999年，第172页。
② 屈万里：《殷虚文字甲编考释》，“中研院”历史语言研究所1961年刊本影印，第187页。
③ 金祥恒：《释、》，《中国文字》第17册，1965年，台湾大学文学院中文系编印，第1914—1920页。
④ 白玉峥：《〈契文举例〉校读》，《中国文字》第34册，1969年，台湾大学文学院中文系编印，第3783—3788页。
⑤ 朱歧祥：《殷墟甲骨文字通释稿》，文史哲出版社，1989年，第132页。
⑥ 徐中舒主编：《甲骨文字典》，四川辞书出版社2003年，第17页。
⑦ 陈世辉：《怀念于省吾先生》，《古文字研究》第16辑，1989年，第18页。
⑧ 于省吾主编：《甲骨文字诂林》，按语编撰：姚孝遂，第一册，中华书局1996年，第900页。

文中“祭”字作：(7905)、(15886)、(5684)、(怀特1618)，诸家无异议，已是定论。虽然“(22697)、(38535)、(30537)”诸形释燎、祡或禦尚有争议，但可确定的是与“、、、、”诸形无关。又《甲骨文字典》将“”（甲2655[①]）与“”诸字混在一起，殊为不妥，“”应是“祐”字。目前学界主流意见认为此字是“佑”。

（二）、

《综类》（153页）“”下列13条辞例。《类纂》（408页）“”下列17条辞例，其中包括了《综类》的10条，[②]今取其较完整者列举如下：

（1）庚申卜，王，余母庚。□庚弗以妇鼠子。用。八月。（14120，一期，自小字）

（2）丙申卜，戠弜用龍，。（15401，一期，自历间A）

（3）甲辰卜，妣辛二豕。于父乙一豕。（19941，一期，自小字）

（4）戊午卜，王，于母庚子屖。□月。一。（19964，一期，自小字）

（5）戊午卜，王勿子屖。一。于。一。（20024，一期，自小字）

（6）①子宋。②子…。（20035，一期，自小字）

（7）①丙寅卜，步穌…弜…壬申祖乙…乙…[③]。②庚午卜，析…。（21153，一期，自小字）

（8）又母豕。一。（22259，一期，妇女类）

（9）①中母彘。②妣庚豕。（22284，一期，妇女类）

（10）①（豭）三妣。②三妣。（22285，一期，妇女类）

《类纂》17条辞例皆为一期卜辞，以自小字类和妇女类较多。从辞例来看，“”无疑是祭名。其祭祀对象有母庚、妣辛、父乙、子屖、子宋、祖乙、妣庚、三妣等，祭牲有犮、豕、彘、豭，[④]从第（3）辞“一豕、二豕”来看，数量很低，规格不高。[⑤]

新出《村中南》亦有该字：

（1）□巳：子宋龍？一（村中南322，一期，自组卜辞）

又《合集》21152有“”字：

---

① 即《合集》27282，其字作，辞例为：“乙酉卜，何贞，祖丁。其遘于日。一”。

② 《综类》另外3条《类纂》未收，分别是：①中。（《乙》8776，《合集》未收）②庚戌卜，…（《殷虚文字缀合》393）。③壬申…祖…（《殷虚文字缀合》393）。

③ 本条《类纂》释文作“壬申步弜…今丁未册…”。此从《合集释文》。

④ 甲骨文“犮”作(14561)、(14439)、(19941)，指去势的公猪；“豭”作(11243)、(1526)、(22285)，指公猪；花东甲骨又有(453)，从士从豕之字，亦指公猪；“彘”作(1339)、(9338)、(22361)，从豕从矢，一般认为是射猎而来的野猪，有时亦可作用牲法，指用箭射杀猪牲。

⑤ 22355有“二十豕”、32674有“百豕”。

(1)戊寅，… …一(21152，一期，自小字)[①]

惜辞残，但从古文字构形来看，"又"旁在左或在右无别，""与上举""应是一字。

以上是辞例情况。""字各家考释情况如下：

王襄先生认为："古佑字，从示从，古右字省口，反文。"[②]饶宗颐先生曰："祋即佑字。与'侑'同。"[③]《甲骨文编》3018号："、(《京津》3130[④])，疑佑字。"朱歧祥先生认为：""字"从示左亦声，隶作祚，与祈求福佑的佑字意同"。[⑤]《诂林》"祚"下姚按曰："字从'示'，从'左'，释'佑'非是。在卜辞为祭名。"[⑥]

综上所述，从辞例来看，""与上"、、、、、、"诸形用法有别，上举各书多将其单列字头，可从。

(三)

《综类》(602页)"释字一览"将""释为"敉"，""(504页)下列5条辞例，但最后1条作者在上打"?"号，似是出处不明。《类纂》(1319页)未释""字，其下亦列5条辞例，有3条(33071、33072)与《综类》相同，《综类》第1条(即《佚》604＝《合集》33071)辞残，《类纂》未取，《类纂》另增20074、33073两条，但20074辞残，不能确定，今不取，其余4条如下：

(1)①甲辰卜，雀 侯。②□□卜，侯[伐]雀。(33071，四期，自历间B)

(2)戊…卜，令雀伐侯…(33072，四期，自历间B)

(3)…伐…一 二(33073，四期，自历间B)

全是第四期自历间B类卜辞，方国名。

各家考释如下：

商承祚先生曰："疑敉字，国名。"[⑦]李孝定先生曰："商说可从。辞云'敉侯'，国名，无义可说。"[⑧]《诂林》姚按曰："字不从'米'，释'敉'不可据。字或省'又'作

---

① 《类纂》将本条列入""下，未作区分。

② 转引自于省吾主编《甲骨文字诂林》，第二册，中华书局1996年，第1064页。

③ 饶宗颐：《殷代贞卜人物通考》，香港大学出版社1959年，第577页。兆按：《京津》3215与《粹编》814是同一片，即《合集》25030，可参看《甲骨文合集材料来源表》(上编，中国社会科学出版社1999年8月第1版)。""形摹写有误，《合集》25030拓片作""。《屯乙》8814即《合集》22284。

④ 《京津》3130即《合集》20035。

⑤ 朱歧祥：《殷墟甲骨文字通释稿》，文史哲出版社1989年，第132页。

⑥ 于省吾主编：《甲骨文字诂林》，第二册，中华书局1996年，第1064页。

⑦ 商承祚：《殷契佚存》，1933年珂罗版影印本，第78页。此从《甲骨文字诂林》3415页转引。

⑧ 李孝定：《甲骨文字集释》，"中研院"历史语言研究所专刊之五十，1970年，第1057页。

'宗'。……乃方国名，而《合集》33208则作'宗侯'。"①

《合集》33208辞作："甲子卜，王从东戈侯，𢦏。乙丑卜，王从南戈侯，𢦏。丙寅卜，王从西戈侯，𢦏。丁卯卜，王从北戈侯，𢦏。"从字形和辞例来看，姚说可从。《甲骨文字形表》将""与""混作一字是错误的，此字应独立开来。

（四）、

《综类》（604页）"释字一览"将""释为"佑"，并将""与""作为一字放在一起（472页），下列13条辞例。《类纂》（1230页）沿袭《综类》做法，亦将两形放在一起，释作"幼"，下列15条卜辞，其中包含了《综类》的12条，《综类》的《京》4105② 则未收，今列举如下：

（1）…𡆥贞，在…（52，一期，宾三）

（2）贞翌…㞢于丁九。（1941，一期，宾三）③

（3）……彝亡…（4624，一期，宾三）④

（4）…旅贞……大乙至[于多]毓亡尤。（22736，二期，出二）

（5）…卜，王[贞旬]亡𡆥…。在□[月]。（26485，二期，出二）

（6）①[癸丑卜]，[贞王旬亡㕚]。[在]□[月]，[甲寅]工典其。一。②癸酉卜，贞王旬亡㕚。在七月，甲戌翌日上甲。（35397，五期，黄组）⑤

（7）癸卯王卜，贞旬亡㕚。在九月。甲辰工典其其翌。（35399，五期，黄组）

（8）[癸丑]王卜，贞[旬亡]㕚。王𠧢[曰]：[吉]。在十月。[甲]寅彡[翌]上甲。（35401，五期，黄组）

（9）癸丑卜，贞王宾自上甲至于多毓衣，亡尤。（35437⑥，五期，黄组）

（10）癸未王卜，贞旬亡㕚。王𠧢曰：吉。在八月。甲申工典其。一（35756＋37838＝合补10963，五期，黄组）

---

① 于省吾主编：《甲骨文字诂林》，第四册，中华书局1996年，第3415页。

② 《京》4105即《合集》30695，《综类》所引辞例作"叀用"，与""""两形明显不类，《校释总集》将其隶为"𢆶"，《类纂》本条下未收是正确的。

③ 本版《合集释文》分两条：（1）贞翌…[言]㞢于丁…；（2）…九…亚[羊]…一。《校释总集》亦分两条：（1）贞翌…[舌]㞢于丁…；（2）…幼九…亚[羊]…一。今按，从卜辞版面布局来看，《类纂》释文较可信，此从《类纂》。

④ 本条《合集释文》《校释总集》作：□午卜，□[贞]…彝亡□。两书认为""是"午"字。但细审拓片，""上有一横清晰可见，"午"字从无如此作者，故释"午"不可信。今从《类纂》。

⑤ 本版有3条卜辞，仅1条完整。《类纂》释文将此两条连在一起作为一条，不可从。此从《合集释文》。参所附拓片。

⑥ 《合集》35437下半拓片重见于《合补》10953。

(11)癸巳卜,永贞,王旬亡吙。在六月,甲午工典其□。(37867[①]+续3·1·8+续6·5·2=合补11469,五期,黄组)

(12)王𡆥…典其□。(39453,五期,黄组)

(13)其戉□盂田,吏刹用。(屯南2291+屯南2991+屯南620[②],三期)

(14)…大[贞]…□,亡𡆥。二月。(英藏2185=41226,二期,出一)

(15)癸巳,王卜贞旬亡吙。王𡆥曰:大吉。在五月。甲午工典其彭□。(英藏2605=41840,五期,黄组)

比较以上各辞,在(5)、(6)、(7)、(8)、(10)、(11)、(12)、(15)例中,"□"形都是有规律地出现在黄组周祭卜辞中,句式多为"工典其□"[③],这些字形无疑是一字。常玉芝先生曰:"(□)其意不明,唯知此字只出现在翌祀的工典祭中。"[④](1)辞"□"似是人名。(2)辞"□"似是牲名。(3)辞残缺过甚,但从字形"□"来看,与"□"似非一字。(4)、(9)两辞中该字应是祭名。(13)辞中"□",从用法来看,与"□"亦非一字。总体来看,"□""□"应是一字异体。

我们认为,无论从字形还是用法来看,《甲骨文编》将"□"与"□、□、□、□、□、□、□、□"当作一字,《甲骨文字集释》将"□、□、□"与"□、□、□、□、□、□、□、□"混在一起都是不妥的。

以上是辞例情况。"□""□"各家考释情况如下:

王襄先生《簠室殷契类纂》第20页释为"幼"。闻宥先生认为:"字当释功。《集韵》功或作㓛,所从之□实午字,孳乳为系。"[⑤]李孝定先生曰:"《说文》'幼,少也。从幺从力。'契文正从幺力会意,非功字也。"[⑥]陈梦家先生曰:"'幼'字是我试释的。"[⑦]岛邦男先生曰:"□有作□、□、□、□。…□即□,比较下辞可明:'《续》4·41·5:癸巳卜,王贞旬亡𡆥。(癸)卜王(贞旬)亡𡆥。(不)□在(月)。《文》77:癸亥卜,贞旬亡𡆥。在

① 37867与《合补》11469是重片。参蔡哲茂《甲骨缀合续集》(台北,文津出版社2004年,第99页)之"《甲骨文合集补编》重片号码表"。《校释总集》在本版后错误添加了"37867+《续》3·1·8+《续》6·5·2",37867本身已缀入了《续》6·1·8、《续》6·5·2,且其将《续》6·1·8误为《续》3·1·8。可参看《甲骨文合集材料来源表》上编(中国社会科学出版社1999年)。

② 参蔡哲茂《甲骨缀合续集》(台北,文津出版社2004年,第155页)之"《小屯南地甲骨》缀合号码表"。

③ 于省吾先生(《甲骨文字释林》,中华书局1979年,第71、72页)认为"工与贡字古通用,但甲骨文有工无贡,贡乃后起之分别文。……其言贡典,是就祭祀时献其典册,以致其祝告之词也。"兆按:这与《尚书·多士》记载"惟殷先人有册有典"相一致。

④ 常玉芝:《商代周祭制度》,中国社会科学出版社1987年,第141页。

⑤ 王襄、闻宥之说转引自《甲骨文字诂林》第四册,中华书局1996年,第3208页。

⑥ 李孝定:《甲骨文字集释》,第四卷,第1411页。

⑦ 陈梦家:《殷虚卜辞综述》,中华书局1988年,第394页。陈先生文中的"工册"现在一般释为"工典"。

十月。不。'如上述是'系'字，意为'以品物系属'，可知卜辞'系'字可作等形。"①《诂林》"幼"下姚按曰："《合集》35437 辞云：'癸丑卜，贞，王宾幼自上甲至于多毓衣亡尤。''幼'为祭名，乙辛卜辞每于'工典'之后言'其幼'。'幼'实当隶作'玄'，乃'𢆶'之省。非训为'少'之'幼'。释'功'，不可据。"

学界一般隶定此字为"幼"，《说文》卷四："幼，少也。从幺从力"，但甲骨文中"幼"字并无此义，只作祭名。

三 结语

"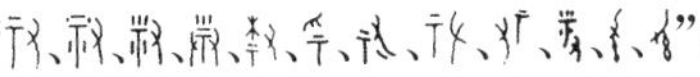"组字字际关系可作如下小结：

1.""是一字异体，卜辞中作祭名，目前学界主流意见释为"佑"。

2.""在卜辞中作祭名，与"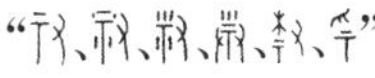"不是一字，不得混同。

3."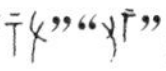"是一字异体，卜辞中作祭名，可隶作"祐"，与""不是一字，不得混同。

4.""是方国名，与其余诸形不是一字，应单立字头。

5."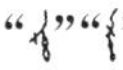"是一字异体，但与其余诸形不是一字，一般释"幼"，卜辞中作祭名。

综上所述，判定甲骨文字际关系时，字形和辞例是最重要的标准。当字形近似时，大量的辞例辨析就显得尤为重要。

（夏大兆：安徽大学汉字发展与应用研究中心，230039，合肥）

① 岛邦男：《殷墟卜辞研究》，濮茅左、顾伟良译，上海古籍出版社 2006 年，第 581、582 页。今按，岛氏所引《续》4·41·5 即《合集》26485，此片辞残，其所补之字并不可靠。《文》77＋91＋92 即《合集》26502。

两周金文中的“敏”[*]
——兼论上古汉语“敏”的词义发展

武振玉

提要　“敏”字已见于殷墟甲骨文，但具体释义尚不明确。周金文中的“敏”沿袭甲骨文字形，或借“每”或“诲”为之，词义有“勉”“敬”“聪敏”三个义项（“勉”义为主）。传世上古文献中，“敏”的出现频次和义项均呈现由少到多再到少的发展过程。将出土文献和传世文献相互印证，可以厘清“敏”的词义发展过程为：“勉”义为早期义（主要见于西周金文和《诗经》《尚书》《论语》），由此一方面引申出“敬”义（见于金文和《左传》），再由“敬”义引申出“审慎”义（仅见于《左传》）；另一方面引申出“（动作）敏捷”义、“机敏”（言语敏捷）义、“聪敏”（思维敏捷）义。其中“动作敏捷”义（见于战国文字和传世文献的上古中期和后期）和“（言语）机敏”义（仅见于传世文献的中期和后期）均非主要用法，“聪敏”义在金文和战国文字中用例有限，但传世文献至上古中期和后期已是主要用法。从后来的词义发展看，“勉”义、“敬”义只存在于仿古用法中，“动作敏捷”义和“聪敏”义则成为该词后来的核心义项。据此可见，出土文献和传世文献的比勘研究，可以为探索词义发展提供很好的参证。

关键词　敏　两周金文　上古汉语　词义发展

一　先秦出土文献中的“敏”

“敏”字，殷墟甲骨文已见，但具体释读尚有不同意见。《甲骨文字典》谓“义不明”；[①]《甲骨文字诂林》按语谓：“为方国名，与‘妻’之形义皆有别”；[②]朱歧祥谓：“卜辞用法有二：(一)为武丁时北方附庸部族名；(二)用作女奴，为殷人牲。”[③]《古文字谱系疏证》谓：“甲骨文敏，指迅速。”所引为合五三二、三六七六五（其敏来伐受又）、三九四五九。[④]

---

* 国家社会科学基金项目：上古汉语动词词义系统演变研究（16BYY112）。

① 徐中舒主编：《甲骨文字典》，四川辞书出版社 1995 年，第 333 页。

② 于省吾主编：《甲骨文字诂林》，中华书局 1996 年，第 464 页。

③ 朱歧祥：《甲骨文词谱》，台湾里仁书局 2013 年，第 1 册第 409 页。

④ 黄德宽主编：《古文字谱系疏证》（以下简称《谱系疏证》），商务印书馆 2007 年，第 321 页。

两周金文中，“敏”承继甲骨文字形，或借“每”“诲”为之。词义则有“勉”“敬”“聪敏”三义。

(一)表“勉”义，5 见：

1. 今余唯令女(汝)盂召荣，苟(敬)雍德巠(经)，敏朝夕入谏，享奔走，畏天威。(5·2837 大盂鼎，西早)

2. 王曰：盂，乃召夹死(尸)司戎，敏諫罚讼，夙夕召我一人烝四方。(5·2837 大盂鼎，西早)

3. 女(汝)肈诲(敏)于戎工，易(赐)女(汝)弓一矢束、臣五家、田十田，用从乃事。(8·4328 不其簋，西晚)

4. 女(汝)巩劳朕行师，女(汝)肈敏于戎攻(功)。余易(赐)女(汝)……。(1·285 叔夷钟，春晚)

5. 朕文母竞敏口行，休宕厥心，永袭厥身，卑(俾)克厥敌。(8·4322 或簋，西中)

例 1，《通解》释为“捷疾”[①]；《金文常用字典》释为“勤勉”[②]；《简明金文词典》释为“奋勉、努力”[③]；《上古汉语词典》释为“勤勉”[④]。例 2，多释为敏疾义[⑤]，或释为“慎重”义[⑥]。今按：从前文的“召夹”“尸司”，后文的“召”“烝”看，“敏”释为“勉”义更切合上下文意。于省吾翻译为“对于罚惩讼狱须明敏整饬”。[⑦] “明”有“勉”义，“敏”亦可同视。例 3、4 同，《金文常用字典》(362 页)释为“勤勉”，《简明金文词典》(318 页)释为“奋勉、努力”，《谱系疏证》(321 页)释例 4 中的“敏”为“明敏、勤勉”。例 5 中的“竞”一般释为“强劲、强干”，“敏”释为“敏捷、捷疾”或“机敏”。[⑧] “行”前的字或不隶定或

---

① 张世超等：《金文形义通解》(以下简称《通解》)，〔日本〕中文出版社 1996 年，第 719 页。

② 陈初生编撰、曾宪通审校：《金文常用字典》，陕西人民出版社 2004 年，第 362 页。

③ 王文耀：《简明金文词典》，上海辞书出版社 1998 年，第 318 页。

④ 许伟建：《上古汉语词典》，吉林文史出版社 1998 年，第 180 页。

⑤ 如唐兰《西周青铜器铭文分代史征》(以下简称《史征》)(中华书局 1986 年，第 169 页)翻译为：敏疾的整敕罚和争讼；《金文常用字典》(362 页)释为“疾速、敏捷”；《简明金文词典》(318 页)释为“敏捷、聪敏”；《上古汉语词典》(180 页)释为“敏捷”；《通解》(719 页)释为“捷疾”；《谱系疏证》(321 页)谓：“敏諫，读敏速，迅速。”

⑥ 如马承源主编《商周青铜器铭文选(三)》(以下简称《铭文选》，文物出版社 1988 年，第 40 页注 20)谓“‘敏諫罚讼’即所谓慎罚。敏，审。”

⑦ 于省吾：《双剑誃吉金文选》(以下简称《吉金文选》)，中华书局 1998 年，第 117 页。

⑧ 参见唐兰《史征》(408 页)，黄盛璋《录伯戜铜器及其相关问题》(《考古与文物》1983 年 5 期 44 页)，陈世辉、汤余惠《古文字学概要》(吉林大学出版社 1988 年，第 205 页注 5)，马承源主编《铭文选(三)》(115 页注五)，《通解》(719 页)，武家璧《或簋》(《吉金铸国史》，文物出版社 2002 年，第 274 页)。

隶为“启”，“启行”主要有指美德和“在先头开路”两种释读意见①。今按：从上下文意看，“敏”释为“勉”，“行”释为“行为”更切合文意。金文中称颂先祖时，最常提及的就是先祖的美德，此亦应同视。即“朕文母竞敏□行”意谓自己的先祖修勉其德，（德行盛美）故能延及子孙。

（二）表“敬”义，3见：

6.唯朕又（有）蔑，每（敏）扬王休于尊白（簋）。（8·4261天亡簋，西早）

7.白（伯）犀父休于县改曰：叡！乃任县白（伯）室，易（赐）女（汝）……，县改每（敏）扬白（伯）犀父休。（8·4269县改簋，西中）

8.余不叚（暇）妄（荒）宁，巠（经）雍明德，宣𠇍我猷，用召匹辝（台）辟，每（敏）扬厥光剌（烈），虔不象（惰）。（5·2826晋姜鼎，春早）

例6，各家多引《玉篇》“敏，敬也”为释。② 于省吾《吉金文选》（147页）谓：“敏扬，敬扬也。”以上3例均为“敏扬”组合，《金文常用字典》（362页）、《简明金文词典》（318页）、《通解》（719页）、《谱系疏证》（321页）均未提及该组合中的“敏”。

（三）表“聪敏”义，2见：

9.唯王龏（恭）德谷（裕）天，顺（训）我不每（敏）。（11·6014何尊，西早）

10.师簋，才（在）先王小学，女（汝）敏可事（使），既命女（汝）更乃且（祖）考司，今余唯申就乃命。（8·4324师簋，西晚）

例9为“不敏”组合，传世文献多见，各家释读无疑义。例10或释为“敏疾”义③，或释为“聪敏”义④，从上下文意看，当从后者。

出土战国文字中的“敏”，目前已知有“勉”“敏捷”“聪敏”诸义。如白于蓝列有“每与敏”（每（敏）以好寺（诗））；“勄与敏”（不勄）；忰与敏（不敏）。⑤ 徐在国列有“男、每、悬”三字。……谓：不男，读为“不敏”，不明达；不敏捷。（568页）每：引上博二·子4“每

---

① 前者参见唐兰《史征》（408页）、武家璧《䧹簋》（《吉金铸国史》，第274页）；后者参见黄盛璋《录伯䧹铜器及其相关问题》（《考古与文物》1983年5期，第44页）。

② 参见于省吾《吉金文选》（170页）、孙作云《说“天亡簋”为武王灭商以前铜器》（《文物》1958年1期第31页）、孙稚雏《天亡簋铭文汇释》（《古文字研究》第七辑178页）、高明《中国古文字学通论》（文物出版社1987年，第374页十七）、《铭文选（三）》（15页注一三）、叶正渤《西周标准器铭文疏证》（《中国文字研究》第七辑，第150页）。亦有释为“疾速”义的，如唐兰《史征》（11页）释为“敏捷”，王辉《商周金文》（文物出版社2006年，第38页14）释为“疾速”。

③ 如《通解》（719页）释为“捷疾”。

④ 如《简明金文词典》（318页）释为“敏捷、聪敏”，《金文常用字典》（362页）、《谱系疏证》（321页）皆释为“聪敏”。

⑤ 白于蓝：《战国秦汉简帛古书通假字汇纂》，福建人民出版社2012年，第6—9页。

（敏）以学寺（诗）”，谓：读为“敏”，勤勉。（563页）悬：引上博一·性39，谓：读为“敏”，疾速，敏捷。[1] 陈伟武谓：《文字征》第67页“奴”字下旧释为“奴事”的“奴”，从母（或每）从又，当释为敏。……“奴事”费解，“敏事”可通，《论语·学而》：“敏于事而慎于言。”“敏事”和《陶汇》4.174“敬事”同是箴言玺钤印而成的陶文，箴言玺文“敬事”习见，“敏事”似未见。陶印文“敏事”弥足珍贵。[2] 按：“敏事”之“敏”可释为“勉”。

二 上古传世文献中的“敏”

上古前期（西周时期）：“敏”只4见，且仅有“勉”义。

1.曾孙不怒，农夫克敏。（诗经·小雅·甫田）

2.殷士肤敏，祼将于京。（诗经·大雅·文王）

3.肇敏戎公，用锡尔祉。（诗经·大雅·江汉）

4.丕则敏德，用康乃心，顾乃德。（周书·康诰）

例1，《毛传》：“敏，疾也。”《诗经词典》《诗经综合辞典》[3]《汉语大词典》（第5册465页）同。例2，或释为“敏捷”义，如《毛传》：“敏，疾也。”但《诗经词典》《诗经综合辞典》均在释为“敏捷”义后收有“一说”，引于省吾《诗经新证》释为“黾勉、勉力”；《诗经综合辞典》还引有高亨说：“肤敏即黾勉努力。”例3中的“肇敏”，毛传分训：“肇，谋；敏，疾。”古人多承之。后人逐渐认识到“肇敏”同义，多引《尔雅·释言》“肇，敏也”为训。[4] 例4，《尚书词典》（143页）释为“机敏，勤勉”；[5]臧克和谓：“敏、勉、懋音近义通；敏德，勉力于德。”[6]

上古中期（春秋战国）：凡56例，[7]计有下列诸义。

---

① 徐在国：《上博楚简文字声系》，安徽大学出版社2013年，上册，第568页。

② 陈伟武：《〈古陶文字征〉订补》，《中山大学学报（社会科学版）》1995年第1期，第127页。

③ 分别见向熹《诗经词典》（四川人民出版社1997年，第427页）、庄穆主编《诗经综合辞典》（远方出版社1999年，第590页）。

④ 如《故训汇纂》（1847页）“肇，敏也”下引有《书·酒诰》“肇牵车牛”蔡沈集传；《文侯之命》“汝肇刑文武”孙星衍今古文注疏引《释诂》云；《读书杂志·逸周书第三·谥法篇》“肇敏行成曰直”王念孙按语。向熹《诗经词典》（885页）“一说”释为“勤勉努力（于）”，引马瑞辰《通释》：“《尔雅·释言》：肇，敏也。《说文》：敏，疾也。肇敏连言，即训肇为敏。”……闻一多《尔雅新义》：“肇敏与劭勉声近义同。……义犹黾勉也。”

⑤ 李民：《尚书词典》，四川人民出版社1993年。

⑥ 臧克和：《尚书文字校诂》，上海教育出版社1999年，第328页。

⑦ 具体为：《论语》9见、《孟子》1见、《墨子》1见、《仪礼》1见、《周礼》2见、《左传》18见、《国语》9见、《战国策》3见、《庄子》2见、《荀子》5见、《韩非子》1见、《晏子春秋》4见。《老子》《周易》无。

(一)表“勉”义：凡14例，如：

1.君子食无求饱，居无求安，敏于事而慎于言，就有道而正焉。(论语·学而)

2.君子欲讷于言，而敏于行。(论语·里仁)

3.我非生而知之者，好古，敏以求之者也。(论语·述而)

4.仁以接事，信以守之，忠以成之，敏以行之。事虽大，必济。(左传·成公九年)

5.端悫顺弟，则可谓善少者矣；加好学逊敏焉，则有钧无上，可以为君子者矣。(荀子·修身)[①]

例1,旧或释为“敏疾”义，如皇侃疏、邢昺疏；或释为“审慎”义，如黄怀信引戴氏注：“敏，审也。”焦氏循《论语补疏》：“敏，审也。谓审当于事也。”[②]或释为“勉”义，如杨伯峻释为“敏捷，勤敏”；[③]《十三经辞典·论语卷》释为“勤勉”；[④]黄怀信引《朱子集注》：“敏于事者，勉其所不足也。”引刘氏正义：“敏于事，谓疾勤于事，不懈怠也。”(同上83—84页)例2,《汉语大词典》(第5册465页)解释“敏行”指勉力修身，《十三经辞典·论语卷》(92页)释为“勤勉”。例3,《故训汇纂》引刘宝楠正义释为“勉”；[⑤]《汉语大词典》(第5册465页)释为“勉力以求”；《十三经辞典·论语卷》(92页)释为“勤勉”。今按：以上各例“敏”或指行事，或指学习，训为“勉”正切合上下文意。

(二)表“敬”义：仅《左传》4见：

1.不背本，仁也；不忘旧，信也。无私，忠也；尊君，敏也。(左传·成公九年)

2.将出，赋《既醉》。叔向曰：“薳氏之有后于楚国也，宜哉！承君命，不忘敏。子荡将知政矣。敏以事君，必能养民。政其焉往？”(左传·襄公二十七年)

3.二君有治，臣奸旗鼓，不敏于君之行前，不敢逃刑，敢归死。(左传·定公十四年)

例2,杨伯峻谓：“既醉既饱，谢享礼；万年景福，颂晋侯；将出而赋，甚得其时，所

---

① 其他各例为：恭、宽、信、敏、惠。恭则不侮，宽则得众，信则人任焉，敏则有功(论语·阳货)；宽则得众，信则民任焉，敏则有功，公则说(论语·尧曰)；既比，则读法，书其敬、敏、任、恤者(周礼·地官·闾胥)；以三德教国子：一曰至德，以为道本；二曰敏德，以为行本；三曰孝德，以知逆恶(周礼·地官·师氏)；使瘠敢私于执事曰：有君不弔，有臣不敏，君不赦宥，臣亦不帅职，增淫发泄，其若之何？(左传·襄公十四年)；暴其发肤，尽其四支之敏，以从事于田野(国语·齐语)；恭敬而逊，听从而敏，不敢有以私决择也，不敢有以私取与也，以顺上为志，是事圣君之义也(荀子·臣道)；其言强梁而信，其进敏逊而顺，此佞人之行也。明君之所诛，愚君之所信也(晏子春秋·问上)。

② 黄怀信主编：《论语汇校集释》，上海教育出版社2008年，第84页。

③ 杨伯峻：《论语译注·论语词典》，中华书局1980年，第276页。

④ 《十三经辞典·论语卷》，陕西人民出版社2002年，第92页。

⑤ 宗福邦、陈世铙、萧海波主编：《故训汇纂》，商务印书馆2003年，第963页。

谓敏於事者也。”[①]今按,“敏”有“敬”义,甚少有人提及。《故训汇纂》(964 页)“敏,敬也”条引《玉篇·支部》、《慧琳音义》卷五“聪敏”注引《声类》《广韵·轸韵》,但是没有例证。上述 3 例,需据上下文方能判定表“敬”义。

(三)表“审慎”义:仅《左传》4 见,如:

1. 凡诸侯同盟,死则赴以名,礼也,赴以名,则亦书之,不然则否,辟不敏也。(左传·僖公二十三年)

2. 齐国庄子来聘,自郊劳至于赠贿,礼成而加之以敏。(左传·僖公三十三年)[②]

例 1,杜预注:“敏犹审也。”杨伯峻谓:“避其不审,恐误书也。”[③]《左传详解词典》[④]《汉语大词典》(第 5 册 465 页)同。例 2,杨伯峻(同上 497 页)引杜注:“敏,审当于事。”按:此义当从“敬”义引申而来,亦需据上下文方能辨别与“敬”义的区别。

(四)指“动作敏捷”:4 见:

1. 齐庄公朝,指殖绰、郭最曰:“是寡人之雄也。”州绰曰:“君以为雄,谁敢不雄?然臣不敏,平阴之役,先二子鸣。”(左传·襄公二十一年)

2. 我不如颜羽,而贤于邴泄。子羽锐敏,我不欲战而能默。(左传·哀公十一年)

3. 有一狙焉,委蛇攫搔,见巧乎王王射之,敏给搏捷矢。(庄子·徐无鬼)

4. 啮缺之为人也,聪明睿知,给数以敏,其性过人,而又乃以人受天。(庄子·天地)

例 2,杨伯峻(同上 1660 页)引杜注:“锐,精也。敏,疾也。言欲战。”例 3,成玄英疏:“敏给,犹速也。”例 4,成玄英疏:“敏,速也。”此义乃由“勉”义引申而来。

(五)指“言语机敏”:5 见,如:

1. 夫应孰辞,称议而为之,敏也。厚攻则厚吾,薄攻则薄吾。应孰辞而称议,是犹荷辕而击蛾也。(墨子·公孟)

2. “君之先臣督,得罪于宋殇公,名在诸侯之策,臣承其祀,其敢辱君?请承命于亚旅。”鲁人以为敏。(左传·文公十五年)

---

① 杨伯峻:《春秋左传译注》,中华书局 1981 年,第三册,第 1138 页。

② 另 2 例为:凡会诸侯,不书所会,后也,后至不书其国,辟不敏也(左传·文公七年)。公薨之月,子产相郑伯以如晋,晋侯以我丧故,未之见也。子产使尽坏其馆之垣而纳车马焉。士文伯让之。……赵文子曰:“信!我实不德,而以隶人之垣以赢诸侯,是吾罪也。”使士文伯谢不敏焉(左传·襄公三十一年)。按:后 1 例或可释为“敬”义。

③ 杨伯峻:《春秋左传译注》,中华书局 1981 年,第一册,第 404 页。

④ 陈克炯:《左传详解词典》,中州古籍出版社 2009 年,第 600 页。

3.然而巧敏佞说,善取宠乎上,是态臣者也。(荀子·臣道)[①]

(六)“聪敏”义(思维敏捷):凡25例,[②]如:

1.且晋公子敏而有文,约而不谄,三材侍之,天祚之矣。(国语·晋语四)

2.敦惠者教之,则遍而不倦;文敏者导之,则婉而入。(国语·晋语七)

3.知羊舌职之聪敏肃给也,使佐之。(国语·晋语七)

4.躬窃闵然不敏,敬执宾主之礼。(战国策·秦策)

5.寡人不敏无良,左右淫蛊寡人,以至于此,请杀之。(晏子春秋·外篇上)

此义当由“敏捷”义引申而来。以“不敏”组合最多见(16例);或“敏”单用(5见);或构成并列式复合词(文敏3见、聪敏1见)。

(七)精巧义:1见:

中国者,聪明睿知之所居也,万物财用之所聚也,贤圣之所教也,仁义之所施也,诗书礼乐之所用也,异敏技艺之所试也,远方之所观赴也,蛮夷之所义行也。(战国策·赵策)

此例,鲍彪注曰:“异,出类。敏,疾于事也。”王廷栋释为“奇异精巧。”[③]张清常、王廷栋谓:“异敏,指奇巧精巧。”[④]按:从上下文意看,释为“精巧”更恰当些。此义乃是“聪敏”义的进一步引申。

综上,此期“敏”的义项很丰富,其中“聪敏”义最多见(25例),且涵盖面较广(涵盖八部专书,其中《左传》《国语》《战国策》多些);其次是“勉”义(14例),其他各义项则均不多见。从分布看,《左传》用例最多,义项也最丰富;《论语》表“勉”义的比较突出,其他各书特点不明显。从音节形式看,出现了复音组合,多数是同义组合,如“锐敏、敏给、便敏、捷敏、聪敏”,有的是近义组合,如“逊敏、巧敏、文敏、异敏”。

上古后期(秦汉时期):凡28例,[⑤]有下述诸义项。

(一)表“勉”义:4见:

1.人道敏政,地道敏树。(礼记·中庸)

2.敦厚慈孝,讷于言,敏于行,务在鞠躬,君子长者。(史记·太史公自序)

---

① 另2例为:齐给便敏而无类,杂能旁魄而无用,析速粹孰而不急,不恤是非,不论曲直,以期胜人为意,是役夫之知也(荀子·性恶);捷敏辩给,繁于文采,则见以为史(韩非子·难言)。

② 《论语》3见、《孟子》1见、《仪礼》1见、《左传》5见、《国语》8见、《战国策》3见、《荀子》1见、《晏子春秋》3见。

③ 王延栋:《战国策词典》,南开大学出版社2002年,第313页。

④ 张清常、王延栋:《战国策笺注》,南开大学出版社1993年,第470页注24。

⑤ 《公羊传》《谷梁传》无;《吕氏春秋》4见、《礼记》4见、《大戴礼记》3见、《史记》13见、《淮南子》2见、《盐铁论》2见。

3. 嫚于礼而笃于信，略于文而敏于事。（盐铁论・论功）

例 1，《汉语大词典》（第 5 册 465 页）释为“勤勉”义，引《礼记・中庸》“人道敏政，地道敏树”郑玄注：“敏，犹勉也。”余两例中的“敏”亦当释为“勉”（与《论语》用例相似）。

（二）指“动作敏捷”：6 见，如：

1. 弟子居处修洁，身状出伦，闻识疏达，就学敏疾，本业几终者，则从而抑之，难而悬之，妒而恶之。（吕氏春秋・诬徒）

2. 敏给克济，其德不回，其仁可亲，其言可信。（大戴礼记・五帝德）

3. 动无堕容，口无虚言，事无尝试，应敌必敏，发动必亟。（淮南子・兵略训）[①]

（三）指“言语机敏”：2 见：

1. 天全则神和矣，目明矣，耳聪矣，鼻臭矣，口敏矣，三百六十节皆通利矣。（吕氏春秋・本生）

2. 客有见田骈者，被服中法，进退中度，趋翔闲雅，辞令逊敏。（吕氏春秋・士容）

（四）“聪敏”义（思维敏捷）：凡 15 例。[②]

1. 万夫有罪，在余一人。无以一人之不敏，使上帝鬼神伤民之命。（吕氏春秋・顺民）

2. 某不敏，不能从而共粢盛，使某也敢告于侍者。（礼记・杂记下）

3. 帝纣资辨捷疾，闻见甚敏。（史记・殷本纪）

4. 仆虽不敏，亦尝倾耳下风，摄齐句指，受业径于君子之涂矣。（盐铁论・刺议）

5. 生而神灵，弱而能言，幼而慧齐，长而敦敏，成而聪明。（大戴礼记・五帝德）

例 5，《故训汇纂》（963 页）“敏，勉也”条引《大戴礼记・五帝德》“长而敦敏”王聘珍解诂。《汉语大词典》（495 页）释为“笃实敏捷”。今按，全句均言资质，故仍当释为“聪敏”。

（五）精巧义：1 见：

1. 臣闻中国者，盖聪明徇智之所居也，万物财用之所聚也，贤圣之所教也，仁义之所施也，诗书礼乐之所用也，异敏技能之所试也，远方之所观赴也，蛮夷之所义行也。（史记・赵世家）

---

① 另 3 例为：禹为人敏给克勤（史记・夏本纪）；宽为人温良，有廉智，自持，而善著书、书奏，敏于文，口不能发明也（史记・儒林列传）；两者为本，而加之以勇力辩慧，捷疾劬录，巧敏迟利，聪明审察，尽众益也（淮南子・主术训）。

② 《吕氏春秋》1 见、《礼记》2 见、《大戴礼记》2 见、《史记》9 见、《盐铁论》1 见。

此例，王利器主编《史记注译》释为“奇巧”。[①]

此期“敏”有5个义项，“聪敏”义仍最多见(15例)，其次是“动作敏捷”义(6例)，其余义项均不常见。从分布看，除《史记》(13例)外，其他各书用例都不多。从音节形式看，单用的“敏”明显减少，复音组合增多(20例)，除“不敏”(11例)外，还有同义组合如“敏疾、敏给”，近义组合如“巧敏、逊敏、异敏、敦敏”。

三 结语

总结上古汉语各个时期的“敏”，可以看出：

(1)出现频次方面，上古中期最多(57例)，其次是上古后期(28例)，上古前期最少(4例)。

(2)词义方面，“敏”的义项呈现由少到多再到少的发展过程，上古前期只有1个义项，上古中期有7个义项，上古后期有5个义项。各义项中“聪敏”义最多见(中期25例、后期15例)，其次是“勉”义(前期4例、中期14例、后期4例)，再次是“动作敏捷”义(中期4例、后期各6例)，其余各义项比较少见(言语机敏7例、敬义4例、审慎义4例、精巧义2例)。

(3)从词义发展的角度看，“勉”义是最早出现的一个义项，上古前期只有这一个义项，中期增多(14例)，后期减少(15例)；“聪敏”义不见于上古前期，中期至后期都是核心义项(中期接近总数量的一半，后期则超过一半)；表示“动作敏捷”是“敏”在后代的一个核心义项，但是上古汉语中表现还不明显(中期4例、后期6例)；其余表示“言语机敏”和“敬”义、“审慎”义、“精巧”义均不多见。

(4)从音节形式看，比较明显的是表“聪敏”义的“敏”常与否定词“不”组合为“不敏”，用于表示谦逊。此外还有同义组合(锐敏、敏给、便敏、捷敏、聪敏、敏疾)，近义组合(逊敏、巧敏、文敏、异敏、敦敏)。

将殷周金文、战国文字和传世文献相互印证，可以较好地厘清“敏”的词义发展过程。一是两周金文(特别是西周金文)和《诗经》《尚书》的用法可以证明“勉”义为“敏”的早期义，由此一方面引申出“敬”义(见于金文和《左传》)，再由“敬”义引申出“审慎”义(仅见于《左传》)；另一方面又由“勉”义引申出“(动作)敏捷”义、“机敏”(言语敏捷)义、“聪敏”(思维敏捷)义，这三者之间的引申可视为链条式引申，因为其词义有由实

---

① 王利器主编：《史记注译》，三秦出版社1991年，第二册，第1322页注10。

到虚的过程。其中,“动作敏捷”义,金文未见,但战国文字已见,传世文献见于上古中期和后期,虽非主要用法,但已显示出逐渐增多的趋势,此后则成为该词的主要用法;“(言语)机敏”义,仅见于传世文献,用例不多,后世亦沿用;“聪敏”义,出土文献和传世文献均见,金文和战国文字中尚非主要用法,但传世文献至上古中期和后期已是主要用法,此用法也一直沿用至后代,成为该词的核心义项之一。

(武振玉:吉林大学文学院,130012,长春)

春秋文字一字记多词现象的初步考察(之一)*

吴国升

提要 在所见出土春秋文字材料中,有31个明确的字例具有既本用,又他用,且在历时发展过程中存在调整变化的字词对应现象。这些对应关系中,本用对应被后世承袭的有24组,重造本字的有7组;假借对应被沿袭的5组,春秋已有或后世分化专字的7组,后世换用他字的4组;通假对应多属偶见,仅少数在春秋时期习见,少数在后世文献中常见。通过考察可见,字词关系的发展是一个既稳定传承又不断调整的历史过程。

关键词 春秋文字 字词关系 本用 他用

汉语汉字间存在着复杂的对应关系。这种复杂性,主要表现为一词被多字记录和一字记录多词的现象。揭示和分析研究这些字词现象,是汉字史和汉语史研究的基本内容。据前期研究,春秋时期一字记多词现象可归纳为三种情况:第一种为一字记本词,又兼记派生词;第二种为一字无本用,他用记录多词;第三种为一字既本用,又他用记录多词。本文专门考察春秋时期一字记多词现象中既有本用,又有他用,且在历时发展过程中用字存在调整变化的情况。

为便于表述,首先明确文中的几个概念。本文所谓字词关系中的字,指的是字种,同一字种的异构现象另行讨论。词,指的是音同且概念相同相关的综合整体,文中用{}表示(后加数字表示出现频次)。本用,指本字记录本词和兼记派生词的现象。他用,指"本无其字"的假借现象和"本有其字"的通假现象。异构字,指为语言中同一词所造的、记录功能完全相而构形方式不同或构成部件不同的一组字形。异构字属于同一字种。

---

* 本文为国家社科基金重点项目"出土春秋文献语料库建设及语词汇编"(18AYY016)阶段性成果,并在中国文字学会第9届学术年会(2017,贵阳)宣读,会后根据专家意见进行了修改,在此向相关专家致谢。

本文共清理出用法明确的字例31个,分三种情况讨论。

一 既本用,又假借他用现象

一字被用于记录造字本义之词或其引申派生词,同时又被假借记录他词。

1. 女→{女}{母}{汝(第二称代词)}

{女}15:男女无期(齐侯盘,集成10159)

{母}3:虢孟姬良女(母)(齐侯匜,集成10272)

{汝(第二称代词)}8:余命女(汝)政于朕三军(叔夷钟,集成00272.2)

“女”字,殷商甲骨文作,象一女子侧面跽坐之形。《说文》:“女,妇人也。象形。”同时,也已分化出“母”字。殷商时期,“女”字除用以记录“男女”之{女}外,又与“母”字并行记录“父母”之{母},如后母戊鼎:“后女(母)戊”;还假借记录否定副词{毋},如《甲骨文合集》24502:“贞女(毋)田。”西周金文“女”字沿袭记录“男女”之{女}和“父母”之{母}外,还假借记录第二人称代词。① 春秋时期“女”字沿袭殷商与西周文字上列三种用法,但用于记录{母}的用例趋于减少。后世记录第二人称代词换用“汝”字,“汝”字见于《说文》,②水名,用于记录第二人称代词亦属假借,笔者所见古文字材料中尚未见用例。春秋时期“女”未见记录{毋}之用例,{毋}皆用“母”字记录。

2. 死→{死}{尸}

{死}9:用祈寿老毋死(齐侯镈,集成00271)

{尸}3:虔恤乃死(尸)事(叔夷钟,集成00272.2)

死,甲骨文作,从人从歺会意,罗振玉曰:“生人拜于朽骨之旁,死之谊昭然矣。”③或以为“死”系“屍”字初文④。“死”与“屍”形义相因,记录“死亡”之{死}为本用。西周金文常假借记录主持义之{尸},如康鼎(集成02786):“王命死(尸)司王家。”即主持王室管理之事。春秋时期承袭此种用法。

3. 母→{母}{毋}

{母}28:少去母父(哀成叔鼎,集成02782)

---

① 西周时期,“女”记录{女}{汝}{如}{母}{毋}5词。参见田炜:《西周金文字词关系研究》,上海古籍出版社2016年,第99页。

② 甲骨文中有从水从女之字,为人名用字,与水名“汝”可能没有传承关系。

③ 罗振玉:《殷墟书契考释》卷中,收入《罗振玉学术论著集》第一集,上海古籍出版社2010年,第249页。

④ 黄德宽主编:《古文字谱系疏证》,商务印书馆2007年,第3132页。

{毋}13:用祈寿老母(毋)死(齐侯镈,集成 00271)

“母”字,殷商文字中用以记录“父母”之{母}外,还假借记录否定副词{毋}。西周春秋文字沿袭了殷商文字的上述用法。春秋中央勇矛(集成 11566)有“毋”字,曰:“毋有中央”,语义不明。战国时期有“毋”的明确用例,“母”“毋”两字并行记录{毋}。

4. 奠→{奠}{郑}

{奠}4:克奠王位(子犯钟,影汇 1023)

{郑}17:奠(郑)大内史(郑大内史叔上匜,集成 10281)

奠,甲骨文作,金文作形,会设酒祭祀之意。《说文》:“奠,置祭也。从酋,酋,酒也。下其丌也。”{奠}之“置祭”义引申出“奠定”义,“奠”记录“奠定”义为本用。记录国族氏名{郑},属假借。春秋晚期出现国族氏名{郑}的专用字“鄭”。

5. 牆→{醬}{將(时间副词)}

{醬}1:曾仲姬之牆(醬)壶(曾仲姬壶,近二 855)

{將(时间副词)}1:而天命牆(將)误(曾侯与钟,江考 2014.4)

牆,从酉,爿声,始见于春秋。《说文》列为“酱”字古文,“牆”“醬”为同字异构。用以记时间副词“将要”之{将},属假借。“將”字始见于战国。

6. 莫→{暮}{莫}

{暮}1:夙莫(暮)不忒(越王者旨於睗钟,集成 00144)

{莫}3:莫敢御余(姑发□反剑,集成 11718)

莫,甲骨文作,《说文》:“莫,日且冥也。从日在茻中。”又《说文》:“夕,莫也。”“莫”为“暮”初文,《甲骨文合集》23210:“父丁莫岁牢。”春秋时期,“莫”又假借记录无定代词{莫}。“暮”系记录“日暮”“昏暮”之重造本字。《玉篇》:“暮,日入也。”徐锴《说文系传》:“莫,……今俗作暮。”记{暮},传世文献或用“暮”,如《国语・晋语五》:“范文子暮退于朝。”或用“莫”,如《礼记・聘义》:“日莫人倦,齐庄正齐,而不敢解惰。”《荀子・成相》:“门户塞,大迷惑,悖乱昏莫无终极。”

7. 易→{赐}{易}

{赐}14:王易(赐)子犯辂车(子犯钟,影汇 1023)

{易}2:有虔不易(蔡侯纽钟,集成 00210.1)

易,甲骨文作、,西周早期金文作、。王国维指出,古锡、赐一字,本但作易。[①] “易”当为“赐”字初文。殷商、西周时期记录{赐}皆用“易”字,如《甲骨文合集》

① 王国维:《毛公鼎铭考释》,《王国维遗书》第 4 册,上海书店出版社 1983 年,第 100 页。

11438:“易多女有贝朋”。春秋时期分化出专用的“赐”字。[①] 用以记录改变义之{易},属假借。

8. 無→{舞}{无}{鄦(国族名许)}

{舞}1:其人民都邑谨寠無(舞)(洹子孟姜壶,集成 09730)

{无}260:万年無疆(虢季氏子组簋,集成 03971)

{鄦(国族名许)}1 :無(许)伯彪(無伯彪戈,集成 11134)

無,甲骨文作、,象人两手持物而舞之形,“舞”字初文。用以记{舞},为本用,后“無”被假借专以记录“有无”之{无},舞蹈之{舞}由“無”字累增“舛”旁而来的“舞”字记录。[②]《甲骨文合集》14207:“贞,無(舞)岳,有雨。”“無(舞)”为祈雨之祭。“無”用以记录“有无”之{无},属假借,且为古今定型的用法。用以记录国族名{许},属假借。春秋时期国族名{许}曾见有从“无”分化出的“譕”“鄦”“鄦”等专用字形记录。后世文献中,这些专用字形废弃,国族名{许}被合并用“许诺”义之“許”字记录。

9. 乍→{作}{祚}{胙}

{作}980:乍(作)铸其御盘(鲁正叔盘,集成 10124)

{祚}2:其乍(祚)福元孙(叔夷镈,集成 00285.7)

{胙}2:以乍(胙)其皇祖、皇考(鼄叔之伯钟,集成 00087)

乍,甲骨文作,早期金文作形,以耒起土会意[③]。本义为耕作,引申有劳作、制作之义。“乍”即“作”之初文。“作”始见于云梦秦简,用以记录制作之义。“乍”后世则用以记录副词{乍}。

{祚},《说文》:“祚,福也。”本义是福,引申指赐福。“乍”用以记录{祚},属假借。

{胙},《说文》:“祭福肉也。”用以报答神灵祖先之肉,也表报答。“胙”字始见于战国玺印,用作人名。以“乍”记录报答义之{胙},属假借。

上述9字,其中“女、死、母、奠、酾”5字本用对应被后世沿袭[④],“無”“易”2字其本用对应春秋时期已见重造专用字,“莫”“乍”2字本用对应后世重造专用字,“女”与“母”字并行记录{母},但“女”记录{母}的频次趋向于减少。“莫、易、無”3字的他用对应被沿袭。“無”作国族名及“乍”的他用对应另造专用字。“母”“奠”2字因假借形

① 战国中山王鼎有“难易”之{易},字作“易”,用例为“此易言而难行旃。”有“赐予”之{赐},字作“赐”,用例为“氏(是)㠯(以)賜之氒(厥)命。”中山王壶有“更易”之{易},字作“䝨”,用例为“而臣宔(主)䝨(易)立(位)”。

② 西周早期匽侯舞易泡铭文已见“舞”字,但用为人名。春秋晚期余贎逐兒钟有异构“𨕣”字。

③ 曾宪通:《“作”字探源——兼谈耒字的流变》,载《古文字研究》第十九辑,中华书局1992年。

④ “醬”为“酾”字异构,属同一字种。

成的他用对应，春秋时已另造专用字，“女、死、廼”3 字的他用对应后世换用其他字。

二 既本用，又通假他用现象

一字被用于记录造字本义之词或本义词之引申派生词，同时又被通假记录已有用字的他词。

1. 少→{少}{小}

{少}3：少去母父（哀成叔鼎，集成 02782）

{小}4：汝少（小）心畏忌（叔夷镈，集成 00285.1）

甲骨文中，“小”作、，三点或四点不分，为同字异体。西周金文尚未见“少”字，春秋时期原所从四点中下一笔变为斜撇而分化为“少”字。《说文》：“少，不多也。”以“少”记录“多少”之{少}及其引申义“年少”之{少}，为本用。“少”系从“小”字形分化而来，用“少”记录{小}当属通假。在战国文字及传世文献中，用“少”记录{小}亦多见。

2. 告→{告}{造}

{告}1：不可告人（工吴王剑，通鉴 17948）

{造}3：司马塱之告（造）戈（司马塱戈，集成 11131）

告，甲骨文作、，从牛从口，所从口象器皿之形。字象荐牛于器皿中以祭之形。其本义为告祭。[①] 引申有“告诉”义。记录告诉之{告}为本用。“告”记录制造之{造}，属通假。西周春秋记录制造之{造}，有“簉”“艁”等专用字形。

3. 命→{命}{铃}{令}

{命}42：膺受大命（秦公镈，集成 00268.2）

{铃}1：自作咏命（铃）（敬事天王钟，集成 00075）

{令}1：命（令）尹子庚（王子午鼎，影汇 449）

“命”字始见于西周金文，从“令”字加口旁分化，《说文》：“命，使也。”记录天命之{命}和“命令”之{命}，为本用。西周、春秋已有“铃”字，“命”用以记录“铃钟”之{铃}，属通假。“命”记录“令尹”之“令”，亦属通假。

4. 君→{君}{群}

{君}410：皇君之所（侯马 3：19.6）

① 李学勤主编：《字源》，天津古籍出版社 2012 年，第 74 页。

{群}1:君虖盟者(侯马 1:101.3)

君,从口,从尹,尹亦声。《说文》:"君,尊也。""君"本用记录"邦君""君子""统治"义之{君}。侯马盟书习语"群虖(呼)盟者",多用"群",偶或用"君"记录{群},属通假。

5. 人→{人}{年}

{人}71:民人都鄙(齐侯镈,集成 00271)

{年}3:万人(年)无疆(秦子镈,通鉴 15770)

"人"字主要用于记录词{人},而金文习语"万年无彊(疆)"在西周金文中亦曾出现过5次"万人无彊(疆)"的用例,这可能不是偶误,"人"字此处用于记录了词{年}。金文中"年"从禾从人作,"人"亦可表其声,用"人"字记录词{年}可视为通假。

6. 獻→{献}{甗}

{献}4:归獻于靈公之所(庚壶,集成 09733.2B)

{甗}7:虢姜作旅獻(甗)(虢姜甗,通鉴 03301)

獻,《说文》:"宗庙犬名羹獻。犬肥者以獻之。从犬,鬳声。"《广雅·释诂二》:"獻,进也"。器名{甗},商与两周一般用本字"鬳"记录。以"獻"记录{甗},属通假。"甗"字始见于《说文》。以"獻"记录{甗},西周已见数例,春秋时期亦常见。

7. 灋→{灋}{废}

{灋}1:帅型灋则(司马楙镈,近二 48)

{废}4:勿灋(廢)文侯景命(晋姜鼎,集成 02826)

"灋",从水,从廌,去声。本义指刑法,泛指各种法律和规章制度。

"灋"记录{废},属假借,两周出土献和传世文献多见。"废"字始见于《说文》小篆。

8. 父→{父(父亲,男子美称)}{夫}

{父(父亲,男子美称)}61:少去母父(哀成叔鼎,集成 02782)

或(国)子硕父(国子硕父鬲,影汇 48)

{夫}2:黄父(夫)人(黄子壶,集成 09663)

父,商代金文作,郭沫若以为象以手持斧形,表示从事此类劳作的家庭劳动力。记录"父亲"之{父}及引申指男子美称之{父},属本用。"父亲"之{父},古今皆用"父"字记录。男子美称之{父},后世文献或用"甫"字。"父"用以记录"夫人"之{夫},属通假。

9.政→{政}{征}

{政}42:井用为民政(曾伯陭钺,影汇 1203)

{征}3:西政(征)南伐(曾侯与钟,江考 2014.4)

政,从攴从正,正亦声。《说文》:"正也。"本义与治事有关。记录政治、政务之{政},为本用。征伐之{征},本用"征"记录,用"政"记录{征},属通假。"政"通"征"的用法,西周已有用例,如虢季子白盘"用政蛮方"。

10.考→{考}{老}{孝}

{考}70:我皇祖文考(与兵壶,近二 878)

{老}5:难考(老)黄耇(曾侯与钟,江考 2014.4)

{孝}13:用考(孝)用享(曾子斿鼎,集成 02757)

考,甲骨文作形,与"老"同源。《说文》:"考,老也。从老省、丂声"。{考}就是老年人[①]。{考}之表长寿义及指称去世的父母,都是引申义。以"考"记录,属本用。

考、孝古音相近。"考"用以记录{孝},属通假,且在春秋时期频率较高。

11.明→{明}{盟}

{明}8:翼受明德(秦公钟,集成 00262)

{盟}5:惠于明(盟)祀(沇儿镈,集成 00203.2)

明,甲骨文作,金文作形,从囧从月,会明亮之意。{明}引申有"清明"之意。记录"盟誓"之{盟}属通假,{盟},殷商、西周文字有"盥""盟"2个字形记录,春秋则有"盥""盟""槑"3个字形记录。

12.沱→{池}{施}{盗}{匜}

{池}2:遇邗王于黄池(赵孟庎壶,集成 09679)

{施}1:沱沱(施施)熙熙(庆叔匜,集成 10280)

{䀇}4:楚旅之石沱(楚旅鼎,影汇 1197)

{匜}1:曾夫人作仲姬辛姬盥沱(匜)(曾甫人匜,通鉴 14964)

"沱",或隶定作"池",记录{池}当为本用。记录"(施施)熈熈(熙熙)"之{施},当为通假。记录器名{盗}亦属通假。金文中{匜}常假借"它"字记录;用"沱"记录,当为通假。

13.惕→{惕}{赐}{易}

{惕}4:惕虩大命(邾公䡵父镈,通鉴 15818)

① 王凤阳:《古辞辨》(增订本),中华书局 2011 年,第 347 页。

{赐}2:邗王之惕(赐)金(赵孟庎壶,集成 09679)

{易}2:攤敬不惕(易)(蔡侯绅盘,集成 10171)

惕,从心,易声。春秋金文始见。《说文》:“惕,敬也。”上举郘公䥆父镈:“惕虩大命”,为本用。记录“赐予”义之{赐}和“变易”之{易},属通假。

14. 和→{和}{龢}

{和}5:以和御汤(𠊨夫人鼎,通鉴 02425)

{龢}5:型铸和钟(郘公䥆父镈,通鉴 15818)

和,从口,禾声。《说文》:“和,相应也。”“和”为记录声音相应和之{和}而造。{和}引申有调和义,用“和”记录属本用。

音乐和谐谓之{龢},《说文》:“龢,调也。”西周春秋已造“龢”字记录。以“和”记录{龢},属通假。传世文献“龢”“和”通用无别,而以“和”居多。[①] 今“龢”字记录职能被合并用“和”字记录。

15. 湯→{陽}{湯}{旚}

{陽}4:繁湯(陽)(曾伯桼簠,集成 04632)

{湯}3:以和御湯(𠊨夫人鼎,通鉴 02425)

{旚}7:其音嬴少则湯(旚)(黝镈,影汇 492)

湯,从水从昜,昜亦声。昜,甲骨文作,象日光之形。“湯”与“陽”初为一字异构,山体得日光照射的一面谓之{陽},据以造字作“陽”。另一方面,水体得日光照射的一面亦谓之{陽},据以造字作“湯”。地名“繁阳”之{阳},当依其地理位置阳光向背而得名。以“湯”记录山水日光向背之{阳},属本用。水得日光照射一面则热,故引申指“热水”,谓{湯 1},再引申指“菜汤”谓{湯 2},此二词皆用“湯”记录。春秋彭子射鼎出现“鬺”字,盖{湯}之专字,后世未传承。后世“湯”“陽”两字记录职能发生分化。山水向背之{阳},不论依山还是依水,皆用“陽”记录。钟声悠扬,金文多用“旚”记录,用“湯”记录则属通假。黝镈:“其音嬴少则湯”,意谓钟声美妙悠扬。

16. 皇→{皇}{鍠}

{皇}140:皇祖文考(王子午鼎,影汇 444)

{鍠}3:元鸣孔皇(鍠)(徐王子旃钟,集成 00182.2)

“皇”字始见于甲骨文,记录“大”义之{皇}。记录描写钟声之{鍠},春秋早中期已

---

① 王辉:《古文字通假字典》,中华书局 2008 年,第 551 页。

见“鍠”字，[①]登句鑃：“自作龢鑃，中翰且颺，元鸣孔鍠”。鍠，《说文》：“钟声也。从金，皇声。《诗》曰：‘钟鼓鍠鍠’”。

17. 正→{正}{征}

{正}300：先公正德（司马楙镈，近二 49）

{征}1：余用正（征）用行（邓公孙无忌鼎，影汇 1231）

正，甲骨文作、，从止从囗，囗系城邑之形，会征伐城邑之意，为“征”初文。征伐意在平定，有所纠正，引申有匡正之义，历法中的“正某月”有“匡正、标准”之义，“正月”当是“正一月”省。记录匡正之{正}、历法之{正}，乃本用，为西周春秋习常用法。甲骨文已有从彳之“征”，为西周春秋征伐之{征}习常用字。春秋时期，“正”“征”用法分工已比较明确，偶见以“正”记录{征}，当视为通假。

上述 17 字，除“湯”记“阴阳”义一组对应由异构合并用字外，其余本用对应皆沿袭传承。他用对应中，少记{小}，瀍记{废}，和记{龢}在后世文献中亦常见。獻记{甗}，考记{孝}，明记{盟}为春秋时期习见。其余因通假形成他用对应的出现频次较低，属偶用现象。

三 既本用，又假借和通假他用现象

一字被用于记录造字本义之词或本义词之引申派生词，同时又被通假记录已有用字的他词。

1. 攻→{攻}{功}{工}

{攻}3：余亲逆，攻之（吴王寿梦之子剑，影汇 1407）

{功}4：亲敷武攻（功）（曾侯与钟，江考 2014.4）

{工}5：大攻（工）尹（曾大工尹戈，集成 11365）

攻，从工从攴，《说文》：“攻，击也”。记录{工}，属通假。“功”字《说文》始见出现。“攻”字记录{功}，属假借。

2. 内→{内}{入}{（收）纳}{芮（国名）}

{内}4：总命于外内之事（叔夷镈，集成 00285.4）

{入}2：出内（入）于中行寅及□□之所（侯马 105：1.2）

{（收）纳}14：宗人兄弟内室者（侯马 67：26.2）

---

① 春秋金文还见用“諻”“煌”“艎”等字记录。

{芮(国名)}5:内(芮)公(内公钟钩,集成 00032)

{入}{内}{纳}为一组引申派生的同源词。"内"是从"入"字分化出来表示{内}的一个分化字。[①] 西周时期,"内"用以记录{内}{纳}属本用,记录{入}则属通假;又假借记录国族名{芮}。春秋文字承袭此类用法。侯马盟书中,"内""入"两字相互通用,皆记录{内}{入}两词。后世记录{纳}换用"纳"字。"纳"字始见于战国文字,[②]《说文》:"纳,丝湿纳纳也"。《楚辞·刘向〈九叹·逢纷〉》王逸注:"纳纳,濡湿貌。""纳"字记录表使动意义的{纳}当属假借。国族名{芮}后世换用"芮"字记录,属假借。《说文》:"芮,芮芮,艸生貌。"

3. 酉→{酒}{酉}{酋}

{酒}2:用实旨酉(酒)(国差𦉜,集成 10361)

{酉}5:五月初吉丁酉(郑师口父鬲,集成 00731)

{酋}2:以乐其大酉(酋)(管叔之仲子平钟,集成 00175)

酉,甲骨文作、形,象尖底酒器形,"酒"之初文。甲骨文中一是用作祭名{酒},属本用;另一是假借记录地支{酉}。记录酋长之{酋},属通假。商金文已见"酋"字。甲骨文有从水从酉,可隶定为"酒"之字,或为地名,或语义未明,不能确定与后世"酒"字有直接传承关系。明确为喝饮之{酒}的"酒"字,出现在《云梦秦简·日甲》(157背),曰:"清酒"。

4. 寺→{持}{邿(国族名)}

{持}12:分器是寺(持)(䵼公䤈钟,集成 00150)

{邿(国族名)}2:寺(邿)子姜首及寺(邿)(邿公典盘,影汇 1043)

{時}8:定宫平寺(時)之命(侯马 92:6)

"寺"字最早见于西周金文,作(洑伯寺簋 04007),从又,之声,为"持"之初文。[③] 西周金文"寺"用作人名和国族名。春秋文字用以记录{持},属本用;记录{邿},为假借。国族名{邿}春秋时期已分化出专字"邿"记录。记录{時}为通假,春秋早期已有"時"字。侯马盟书中,"時"多以"陭"记录。"持"字始见于《说文》,由"寺"累增手旁分化而来。

5. 或→{国}{或}{有}

{国}3:赏宅受或(国)(秦公钟,集成 00262)

---

① 参见田炜:《西周金文字词关系研究》,上海古籍出版社 2016 年,第 176 页。

② 信阳简二·〇二八有"纳"字,辞例为"紫夆之纳",用作"内裹"之"内"。

③ 黄德宽主编:《古文字谱系疏证》,中华书局 2007 年,第 93 页。

{或}10：或阴或阳（石鼓文·霝雨）

{有}3：勿或俞改（齐侯镈，集成00271）

或，《说文》"或，邦也。从口，从戈，以守一，一，地也。域，或又从土。""或"为"國"初文。邦国之{国}，始见于西周早期，最初用"或"记录。① 因"或"又假借记录{或}或通假记录{有}等词，遂增添"囗"旁作分化出"國"，②以为{国}之专字。春秋早期秦、虢用"或"，其余各国已多用专字"國"或其省体"囯"以记录{国}。

上述5字中，"攻""内"2字本用对应被沿袭传承，"或"1字本用对应春秋时期已有重造本字，"酉""寺"2字本用对应后世重造本字记录，"内"所记录{(收)纳}后世换用他字记录。因假借形成的他用对应中，酉记录{酉}、或记录{或}被后世沿袭传承；攻记录{功}，寺记录{邿(国族名)}，后世另造本字记录；内记录{芮(国名)}，后世换用他字记录。通假形成的他用对应则皆属偶见。

四 小结

上述31字所形成的字词对应中，本用对应被后世承袭的24组，为本用对应重造专字的7组。假借形成他用对应被沿袭的5组。假借形成的他用对应，春秋已有或后世分化专字的7组，后世换用他字的4组。他用对应中，女记录{汝(第二人称代词)}，少记录{小}，灋记录{废}，和记录{龢}在后世文献中亦常见。通假形成的他用对应中，獻记录{甗}，考记录{孝}，明记录{盟}为春秋时期习常的现象，其余多属偶见，且后世未有成为主流现象者。通过考察可以认识到，春秋时期字词关系的传承和发展有其具体的内容。字词关系的调整，有的之前已经发生，春秋时期趋于完成；有的春秋时期正在发生；有的是春秋以后才出现的。字词关系的发展是一个既稳定传承又不断调整的历史过程。

参考文献：

[1]李运富：《汉字学新论》，北京师范大学出版社2012年5月，第193—210页。

[2]陈斯鹏：《楚系简帛中字形与音义关系研究》，中国社会科学出版社2011年，第30—34页。

---

① 商代金文有"或"字，用作人名。

② 据目前所见材料，"国"字最早出现于西周中期彔戜卣（《殷周金文集成》05420）。

附记：

文中所引资料出处简称与对应全称

集成:《殷周金文集成》(修订增补本)

近二:《近出殷周金文集录二编》

影汇:《新收殷周青铜器铭文暨器影汇编》

江考:《江汉考古》

侯马:《侯马盟书》

通鉴:《商周金文资料通鉴》(光盘)

(吴国升:郑州大学汉字文明研究中心,450001,郑州)

曾侯與编钟铭"遣命南公"补议*

袁金平

提要 本文就曾侯與编钟铭"遣命南公"一句的释读提出不同看法,从多角度论证"遣命"应当读作"選命"。钟铭"王選命南公,营宅汭土",意谓周王选任南公于汭土建立曾国,这与清华简《系年》所述选立卫叔封于康丘以统治殷商遗民,是属于同类性质的西周早期历史事件。

关键词 曾侯與编钟 遣命 選命 西周史

湖北省文物考古研究所、随州市博物馆于2009年在随州文峰塔抢救发掘了两座春秋墓葬(M1、M2),其中M1出土带有"曾侯與[①]"铭文的编钟等器,钟铭内容十分重要,论者纷纭。[②] 尤其是钟铭前半部分,涉及曾国始封等周初古史问题,成为大家关注的焦点。为方便讨论,现将这部分钟铭转录如下(与本文讨论无关或不存在歧义者用通行字表示):

---

* 本文系国家社科基金一般项目"商周金文人名资料的整理与研究"(14BZS008)成果之一。

① 曾侯之名原作□形,从肉、支,與声,为输入方便,本文径录作"與"。

② 目前所见与钟铭释读相关的研究成果主要有(大体按刊发时间先后排序):湖北省文物考古研究所、随州市博物馆:《随州文峰塔M1(曾侯與墓)、M2发掘简报》;《江汉考古》编辑部:《"随州文峰塔曾侯與墓"专家座谈会纪要》;凡国栋:《曾侯與编钟铭文柬释》;李学勤:《曾侯腴(與)编钟铭文前半释读》;曹锦炎:《曾侯残钟铭文考释》;李天虹:《曾侯與编钟铭文补说》。以上诸文皆刊于《江汉考古》2014年第4期。董珊:《随州文峰塔M1出土三种曾侯與编钟铭文考释》,复旦大学出土文献与古文字研究中心网站,2014年10月4日。吴雪飞:《说曾侯與编钟铭文中的"□"》,复旦大学出土文献与古文字研究中心网站,2014年12月10日。王恩田:《曾侯與编钟释读订补》,复旦大学出土文献与古文字研究中心网站,2015年1月17日。陈伟:《曾侯與编钟"汭土"试说》,《江汉考古》2015年第1期。李零:《文峰塔M1出土钟铭补释》,《江汉考古》2015年第1期。许可:《试说随州文峰塔曾侯與墓编钟铭文中从"匕"之字》,《出土文献》第六辑,中西书局2015年。李学勤:《正月曾侯腴编钟铭文前半详解》,《中原文化研究》2015年第4期。黄益飞:《曾侯腴钟铭文研究》,《南方文物》2015年第4期。王泽文:《文峰塔M1出土曾侯與钟铭的初步研究》,《江汉考古》2015年第6期。柴春椿:《随州叶家山西周墓地铜器铭文与文峰塔曾侯與编钟铭文综合研究》,东北师范大学硕士学位论文,2016年5月。黄杰:《随州文峰塔曾侯與编钟铭文补释》,《中国文字》新四十二期,台北艺文印书馆2016年。魏栋:《随州文峰塔曾侯與墓A组编钟铭文拾遗》,《中国国家博物馆馆刊》2016年第9期。黄锦前:《曾侯與编钟铭文读释》,《中国国家博物馆馆刊》2017年第3期。吴超:《说曾侯钟铭的"弗戴是无"》,《江汉考古》2017年第2期。

唯王正月，吉日甲午，曾侯與曰：白( )[①]上( )，左右文武；挞殷之命，抚定天下。王(，下以△代替)命南公，营宅汭土，君( )淮夷，临有江夏。……

这段铭文中，我们暂未给出隶释的文字，是目前学界讨论中分歧较大之处，柴春椿[②]、黄杰[③]等曾做过详尽介绍，大家可参看。在这篇小文中，我们重点讨论“△命南公”一句。

钟铭△字右从言，而左边所从部分，一般隶作“𦍒”(以▲表示)，屡见于已公布的古文字资料之中，或省写作音、𦍒，下部或讹省加剧，看上去与“言”同形。[④] 关于▲的构形分析，目前学者们比较认可裘锡圭、李家浩的观点。曾侯乙墓所出钟、磬铭文有( )、(曾侯乙编钟铭，分见《集成》286、308)、、(磬铭C·53·下·7上)[⑤]等形，裘锡圭、李家浩曾对此做过精彩考辨，认为“▲”形应当分析为上从“辛”下从“(𡿪)”，即“𡿪”的异体，“辛”为加注声符。[⑥] 这一意见得到多数学者的认同。随着含有▲形资料的不断积累，学者们对其构形来源的认识也愈发深入，王子杨[⑦]、赵平安[⑧]、谢明文[⑨]等均做出了非常有价值的探索。谢明文认为鲁侯簋(《集成》4029，西周早期)“”字除去“止”剩下的部分(即、欠)是该类形体的早期写法，会用口咬某种物体之意，应即“噬”字初文，而“”在东周文字中变形声化作“𡿪”，“辛”乃是加注声符。[⑩] 这一看法较清晰勾勒出了该类形体的演变轨迹，颇为可信。

因此，▲可分析为从𡿪、辛，二者皆作声符，“噬”(月部字)之初文以古音属元部的𡿪、辛为声符，说明诸字语音关系密切。曾侯與钟铭△字，若严格隶定，当作“䛐”[⑪]，学者多将其释作“谴(遣)”，大体上也是可从的。不过大家对于“谴(遣)”在钟铭中的具

---

① 字形及摹本图片均采自湖北省文物考古研究所、随州市博物馆：《随州文峰塔M1(曾侯與墓)、M2发掘简报》，《江汉考古》2014年第4期。

② 柴春椿：《随州叶家山西周墓地铜器铭文与文峰塔曾侯與编钟铭文综合研究》，东北师范大学硕士学位论文，2016年6月。

③ 黄杰：《随州文峰塔曾侯與编钟铭文补释》，《中国文字》新四十二期，艺文印书馆2016年。

④ 我们在一篇待刊稿中曾对古文字资料中含有▲构件的字形做过集中举证，这里就不重复了。

⑤ 湖北省博物馆：《曾侯乙墓》，文物出版社1989年，第582页。

⑥ 裘锡圭、李家浩：《曾侯乙墓钟、磬铭文释文与考释》，湖北省博物馆编《曾侯乙墓》，文物出版社1989年，第553—554页。

⑦ 王子杨：《关于〈别卦〉简7一个卦名的一点看法》，复旦大学出土文献与古文字研究中心网站，2014年1月9日。

⑧ 赵平安：《战国文字“噬”的来源及其结构分析》，《古文字研究》第三十辑，中华书局2014年。

⑨ 谢明文：《释鲁侯簋“逝”字兼谈东周文字中“噬”字的来源》，北京大学出土文献研究所编《青铜器与金文》第一辑，上海古籍出版社2017年。

⑩ 谢明文：《释鲁侯簋“逝”字兼谈东周文字中“噬”字的来源》，第222—227页。

⑪ 参许可：《试说随州文峰塔曾侯與墓编钟铭文中从“匕”之字》，《出土文献》第六辑，中西书局2015年。

体语义或用法多未措意，似乎是觉得“遣命”一语语义浅白，不烦多解。学者或以“派遣”对译“遣命”，①或仅以“命”概之，②但如此一来，“命”或“遣”之语义则无法落实。陈剑提出一种重要观点，他指出，所谓“王遣命南公”之“遣”，楚简、楚金文其字及从之之字甚多，多用为“逝”“噬”等，此字正应读为《诗》“逝将去女”“噬肯来游”之“逝”“噬”。③ 此说得到不少学者支持。而黄杰则认为读“逝”或“噬”之说似难以讲通铭文，赞成读为“遣”，“遣”“命”义近。④ 陈先生所举《诗》“逝将去女”“噬肯来游”之“逝”“噬”诸语，历来多主张是发语词或语首助词。王引之《经传释词》卷九“逝噬”条云：“逝，发声也。字或作‘噬’。《诗·日月》曰：‘乃如之人兮，逝不古处。’言不古处也。《硕鼠》曰：‘逝将去女，适彼乐土。’言将去女也。《有杕之杜》曰：‘彼君子兮，噬肯适我。’言肯适我也。《桑柔》曰：‘谁能执热，逝不以濯。’言不以濯也。‘逝’皆发声，不为义也。《传》《笺》或训为‘逮’或训为‘往’，或训为‘去’，皆于义未安。”⑤王氏所举诸例之“逝”“噬”，杨树达概括为“语首助词，无义”。⑥ 将钟铭从▲声之字读作语词“逝”或“噬”，不仅文义上不好理解，且与该语词常处于句首的现象相悖，因此陈先生的意见并不是很合适。黄杰认为“遣”“命”义近，这在训诂上也无积极证据，其举证之例时代偏晚，且例作“命遣”，与钟铭语序相异。其实，在语义上将铭文“遣命”直接理解成“派遣、命令”之类，亦无不可，不过从动作发生的正常顺序上看，一般是先有“命”，再是“遣”。更为重要的是，通过考察钟铭前半部分的具体语境以及同类性质的文献用例，我们觉得，“遣命”一语似可有另一种更合乎情理的解释。

在钟铭“王遣命南公，营宅汭土，君此淮夷，临有江夏”具体字词（如“汭”“此”等⑦）的释读上，学者间虽存有分歧，但对这段铭文性质的认识基本一致，即认为铭文

① 黄凤春、胡刚：《再说西周金文中的“南公”——二论叶家山西周曾国墓地的族属》，《江汉考古》2014年第5期，第41页。徐少华：《曾侯與钟铭和曾（随）若干问题释疑》，《第五届古文字与古代史国际学术研讨会论文集》，“中研院”历史语言研究所，2016年1月，第218页。

② 韩巍：《从叶家山墓地看西周南宫氏与曾国——兼论“周初赐姓说”》，北京大学出土文献研究所编《青铜器与金文》第一辑，上海古籍出版社2017年，第105页。

③ 陈先生说见董珊《随州文峰塔M1出土三种曾侯與编钟铭文考释》一文下的评论，复旦大学出土文献与古文字研究中心网站，2014年10月4日。另外，尚有读“册”之说，认为“遣”“册”双声，“王遣命”即“王册命”，参王恩田：《曾侯與编钟释读订补》，复旦大学出土文献与古文字研究中心网站，2015年1月17日。此说在音义解释上臆测成分似较多，暂置不叙。

④ 黄杰：《随州文峰塔曾侯與编钟铭文补释》，第192—194页。

⑤ ［清］王引之：《经传释词》，岳麓书社1982年，第214页。

⑥ 杨树达：《词诠》，上海古籍出版社2006年，第201页。

⑦ 可参黄杰：《随州文峰塔曾侯與编钟铭文补释》，第192—197页。因与本文主旨关系不大，此处采用通行隶释。

涉及周初曾国始封这一重大古史问题，具体而言，乃器主曾侯與追述曾国始封者“南公”受王[①]命建国于汭土以统治淮夷、江汉地区的史实，这段西周早期历史不为传世文献所载，具有十分重要的研究意义。众所周知，周人克商后推行“封建亲戚，以蕃屏周”（《左传·僖公二十四年》）[②]之制，这在传世文献以及出土文字资料中均有明证。这方面的研究资料及相关论著颇为丰硕，[③]兹不赘述。不过其中有些资料可与钟铭“遣命南公”合观，这对于我们准确解析铭文内容多有启发。

《左传·定公四年》云：“昔武王克商，成王定之，選建明德，以藩[④]屏周。”何谓“選建”，古代学者多无解释。今人杨伯峻注云：“選明德之人，建立国家，为周室藩屏。”[⑤]此说在文义理解上大体是准确的，不过从语言学角度看，“明德（之人）”乃动词“選”与“建”的共有宾语，也即是说“建”的对象是人，而非国家，其义同于“立”或“封”。《左传·隐公八年》：“天子建德，因生以赐姓，胙之土而命之氏。”杜预注：“立有德以为诸侯。”杜氏所说极是。《诗·鲁颂·閟宫》：“建尔元子，俾侯于鲁。”这里的“建”亦是相同用法。“建德”应是“選建明德”之省言，只不过后者更加强调在“立有德以为诸侯”时需要“選”。“選建”的说法亦见于出土文字资料。清华简《系年》简17—18云：“周成王、周公既迁殷民于洛邑，乃追念夏商之亡由，旁设出宗子，以作周厚屏，乃先建卫叔封于康丘，以侯殷之馀民。”[⑥]李天虹指出简文“先建卫叔封于康丘”一句中的“先”，非“先后”之“先”，并根据上引《左传》定公四年文将“先建”之“先”读作“選”，从而使简文与《左传》所叙周初分封事用词相同，文义更为顺畅，且“選建”与简文“旁设”也可对应。[⑦] 此说非常可信，当成定论。“選”即《礼记·礼运》“選贤与能”之“選”，“封建”事关重大，统治者需挑选贤能之人作为受封对象。关于西周早期封建赏赐的基本原则，景红艳概括为“尚亲”“尚德”“尚功”，[⑧]所说可从。不过论者多已指出，周初统治者分

---

① “王”即周成王，参李学勤：《曾侯腆（與）编钟铭文前半释读》，《江汉考古》2014年第4期，第69页；李学勤：《正月曾侯𦛗编钟铭文前半详解》，《中原文化研究》2015年第4期，第18页。但对于该王是否为成王，学者间尚有分歧。

② 关于西周封建之制，《左传》中尚有多处记载，如昭公四年：“昔武王克商，光有天下，其兄弟之国者，十有五人也；姬姓之国者，四十人，皆举亲也。”昭公二十六年：“昔武王克商，成王靖四方，康王息民，并建母弟，以蕃屏周。”其他典籍中亦有不少类似表述。

③ 这方面的集中论述和讨论，可参任伟：《西周封国考疑》，社会科学文献出版社2004年。

④ 石经、宋本作“蕃”，参李学勤主编：《论语注疏》，北京大学出版社1999年，第1545页。

⑤ 杨伯峻：《春秋左传注》（修订本），中华书局1990年，第1536页。

⑥ 李学勤主编：《清华大学藏战国竹简（二）》，中西书局2011年，第144页。

⑦ 李天虹：《小议〈系年〉“先建”》，简帛网，2012年6月14日。

⑧ 景红艳：《论周初封建赏赐的主要特征及意义》，《唐嘉弘先生九十诞辰纪念暨中国古代民族文化学术研讨会论文集》，河南许昌，2017年7月12—14日，第132—137页。

封诸侯时更加重视“德”，[①]《左传》所谓“天子建德”“選建明德”，西周册命类铭文中臣属以“秉明德”“慎厥德”辅弼君王、保有周邦之类的表述，均是其证。无论是《左传》的“選建明德，以藩屏周”，还是《系年》“先(選)建卫叔封于康丘，以侯殷之馀民”，其所述内容均与周初封建相关，这不由得让我们自然联想到同样是讲述周初曾国始封史实的钟铭“遣命南公，营宅汭土”，三者之间在用语上是否有其内在联系呢？[②] 特别是“選建卫叔封”与“遣命南公”二句对应紧密，更有理由让我们觉得这里的“選”“遣”可能记录的是同一个词。

因此，我们认为钟铭“王遣命南公”之“遣”，亦当读作“選”，二字音近可通。按古音“選”为心纽元部，“遣”乃溪纽元部，韵部相同，声亦相近。精、见二系语音关系颇为密切，陈剑[③]、王志平[④]、刘波[⑤]等学者均做过论述，此不赘。至于心、溪二母的通转关系，黄焯亦多有举证，[⑥]可参看。清华简《祭公之顾命》简 11—12 云：“隹(惟)天奠我文王之志，達(董)之甬(用)畏(威)，亦尚㝛臧(壯)氒(厥)心，康受亦弋(式)甬(用)休，亦兊(美)怷(懋)妥(綏)心，敬龏(恭)之。”[⑦]“㝛臧厥心”，今本《逸周书·祭公》作“宽壮厥心”。“㝛”原作形，其右与“宣”所从声符相通。整理者读“㝛”为“宣”，训明。[⑧] 学者多据今本指出“宣”应读作“宽”。[⑨] “宣”为心纽元部，“宽”乃溪纽元部，韵同声近故可相通。又信阳楚简 2—11“雀韦”，天星观简作“小韦”，刘信芳从辞例分析认为“小韦”即“雀韦”；[⑩]另新蔡简乙二 10 有“𩏂路”，徐在国认为即曾侯乙墓竹简 183—184“鞘路”，[⑪]二说皆可信。“雀”为溪纽药部；“小”“肖”乃心纽宵部。这些均是心、溪二

---

① 可参葛志毅：《周代分封制度研究》(修订本)，黑龙江人民出版社 2005 年，第 85—90 页；晁福林：《先秦时期“德”观念的起源及其发展》，《中国社会科学》2005 年第 4 期，第 198—200 页。

② 晋公𥂴铭(《集成》10342)谓“王命唐公，□宅京师，□□晋邦”，表述形式上亦与之相类。2014 年吴镇烽公布一件所谓“晋公盘”，铭文内容与𥂴铭基本相同，可相互对勘，参吴镇烽：《晋公盘与晋公𥂴铭文对读》，复旦大学出土文献与古文字研究中心网站，2014 年 6 月 22 日。不过有学者对该盘及铭表示怀疑，参王恩田：《晋公盘辨伪》，复旦大学出土文献与古文字研究中心网站，2015 年 3 月 3 日。

③ 陈剑：《甲骨金文考释论集》，线装书局 2007 年，第 223—224 页。

④ 王志平：《〈诗论〉发微》，《华学》第六辑，紫禁城出版社 2003 年，第 64 页。

⑤ 刘波：《出土楚文献语音通转现象整理与研究》，吉林大学博士学位论文，2013 年 6 月，第 238—239 页。

⑥ 黄焯：《古今声类通转表》，上海古籍出版社 1983 年，第 130、146 页。

⑦ 释文参李学勤主编：《清华大学藏战国竹简(一)》，中西书局 2010 年，第 174 页。

⑧ 李学勤主编：《清华大学藏战国竹简(一)》，第 177 页。

⑨ 复旦大学出土文献与古文字研究中心研究生读书会：《清华简〈祭公之顾命〉研读札记》，复旦大学出土文献与古文字研究中心网站，2011 年 1 月 5 日。蔡哲茂：《读清华简〈祭公之顾命〉札记一则》，简帛网，2011 年 3 月 17 日。

⑩ 刘信芳：《包山楚简解诂》，艺文印书馆 2003 年，第 314 页。

⑪ 徐在国：《谈新蔡葛陵楚简中的儿支车马简》，《简帛》第二辑，上海古籍出版社 2007 年，第 353—354 页。

纽可相通转的证明。又按《说文》辵部：“選，遣也。从辵、巽，巽遣之；巽亦声。”段玉裁注曰：“選、遣叠韵。”朱骏声则认为“遣”可“叚借为選”，[1]此亦是二字音近之证。《说文》释“選”为“遣”，当是声训。

因此，我们将钟铭“遣命南公”之“遣”读作“選”，这在音理上当无问题。“王選命南公，营宅汭土”，意谓周王选任南公于汭土建立曾国，这与《系年》所述选立卫叔封（康叔封）[2]于康丘以统治殷商遗民，是属于同类性质的西周早期历史事件。

（袁金平：三峡大学文学与传媒学院，443002，宜昌）

① ［清］朱骏声：《说文通训定声》，武汉市古籍书店1983年，第724页。

② 《系年》称尚未迁卫的康叔封为“卫叔封”，此皆据后来的称谓叙述前事，乃史家笔法，并非当时称号之实录。参董珊：《清华简〈系年〉所见的“卫叔封”与“悼折王”》，复旦大学出土文献与古文字研究中心网站，2011年4月1日。

酓璋戈铭研究综述

程鹏万

提要 酓璋戈是一件重要的青铜器。戈上的铭文，有多位学者讨论研究。戈铭文中的个别文字，学者仍没有达成统一的意见。我们在整理学者研究的基础上，对铭文的释读顺序、铭文中的"龔"等字释读作了综述研究。

关键词 酓璋戈 龔 释读顺序

酓璋戈，长 22.3 厘米，宽 7.3 厘米，重 0.22 千克，长援，有胡，胡残，援及胡饰嵌金鸟篆铭文 18 字，1957 年国家文物局调拨故宫博物院[①]。酓璋戈不是科学发掘品，1936 年出现在上海，后归于省吾先生收藏。[②] 此戈据说出于洛阳，[③]孙壮《楚器考》、柯昌济《金文分域编》记载传出土于安徽省寿县朱家集。[④]

容庚先生曾作戈铭释文：

> 楚王酓璋严龔□，作軴戈，以邵扬文武之用戈。

容庚先生认为"楚王酓璋即楚惠王熊章。"[⑤]后来发表的《鸟书考》一文将上举释文中的"□"释为"寅"。[⑥]

李家浩先生提出另外一种释读顺序：

> 援部每行七字，内部每行二字，共计十八字。援部左右行文字分别与内部左右行文字连读。旧时先将援部左右行连读，然后接内部左右行是错误的。[⑦]

李先生的释文如下：

---

① 故宫博物院编：《故宫青铜器》，紫禁城出版社 1999 年，第 297 页。

② 酓璋戈是于省吾先生捐献给故宫的，请参看于省吾：《于省吾自传》，《晋阳学刊》1982 年 5 期，第 49—53 页。

③ 容庚：《鸟书三考》，《燕京学报》第 23 期，第 287—288 页。

④ 曹锦炎：《鸟虫书通考》，上海书画出版社 1999 年，第 163 页。

⑤ 容庚：《鸟书三考》，《燕京学报》第 23 期，第 288 页。

⑥ 《中山大学学报》1964 年第 1 期，第 83 页。

⑦ 李家浩：《楚王酓璋戈与楚灭越的年代》，《文史》第 24 辑，中华书局 1985 年，第 15 页。

楚王畲璋严狈南越，用作輕(𨏔)戈，以卲扬文武之。[1]

戈铭释读的顺序，后来学者有支持容先生的，也有支持李先生的。还有学者提出新的释读顺序。我们将后来学者所作的戈铭释文列在下面，便于参考：

楚王畲璋严龏(恭)南戉(越)，用乍𨍭戈，台(以)卲(昭)扬文武之。[2]

楚王畲璋严龚寅，乍𨊠戈，吕(以)卲(昭)昜(扬)文武之戈用。[3]

楚王畲璋严狈南，乍(作)輕(𨏔)戈，吕(以)卲(昭)旟(扬)文武之成用。[4]

楚王畲璋严𪾢(龚)寅乍(作)[illegible]戈，台(以)卲(昭)旟(杨)文武之戊(茂)用(庸)。[5]

楚王畲璋严狈南戉(越)，用乍(作)輕(𨏔)戈，台(以)卲(昭)扬文武之〔德?〕。[6]

作韬戈，以邵扬文武之□，楚王畲璋严犹南用。[7]

楚王畲璋，严龚寅作輕𨍭戈，以昭旟文武之戍用[8]。

楚王畲璋严𪾢(龚)寅乍(作)𨍭戈，台(以)卲(昭)旟(杨)文武之戊(茂)用(庸)。[9]

楚王畲璋严狈南戉(越)，用〔自〕乍(作)輕(𨏔)戈，台(以)卲(昭)扬文武之〔德〕。[10]

2006年6月，湖南省张家界市永定区且住岗野猫沟战国墓出土一件矛，铭作：竟(景)[illegible]自乍(作)輕矛，用旟(扬)吝(文)𧨼(德)武剌(烈)。[11] 黄锦前先生将矛铭与畲璋戈铭作对比：

竟畏(黄锦前释)矛	自作輕矛	用扬文德武剌
楚王熊璋戈	用作輕戈	以卲扬文武之〔剌〕

① 李家浩：《楚王畲璋戈与楚灭越的年代》，《文史》第24辑，中华书局1985年，第15页。

② 邹芙都：《楚系铭文综合研究》，巴蜀书社2007年，第131页；故宫博物院编：《故宫青铜器》，紫禁城出版社1999年，第297页。

③ 马承源主编：《商周青铜器铭文选(四)》，文物出版社1990年，第52页。

④ 曹锦炎：《鸟虫书通考》，上海书画出版社1999年，第163页。

⑤ 何琳仪：《战国兵器铭文选释》，《考古与文物》1999年第5期，第92页。

⑥ 黄锦前：《楚系铜器铭文研究》，安徽大学博士学位论文(指导教师：黄德宽)，2009年6月，第11页。

⑦ 张剑：《从洛阳考古发现谈东周王室与诸侯国之关系》，《黄河科技大学学报》2011年第3期，第33—37页。

⑧ 于成龙：《若云战国楚人事，且将勾兵说惠王——跋楚王畲璋戈》，《紫禁城》2012年第9期，第58—69页。

⑨ 陈治军：《安徽出土青铜器铭文研究》，黄山书社2012年，第184页。

⑩ 孙合肥：《安徽商周金文汇编》，安徽大学出版社2016年，第413页。

⑪ 陈松长：《湖南张家界新出战国铜矛铭文考略》，《文物》2011年第9期，第76—78页。

并且指出"竞畏矛铭文的文例,证明李家浩先生的读法是正确的。"[①]这样酓璋戈铭文的释读顺序就确定了。

下面,我们来看铭文的释读情况。我们先把李家浩先生的释文列在下面:

楚王酓璋严猊南越,用作𨍭(𨍭)戈,以卲扬文武之。

铭文中旧释"寅戈"的字,李先生改释为"南戉(越)",正确无疑。容庚先生释为"龏"的字,李先生改释为"猊"。李先认为"严猊"读为"奄荒","奄荒"犹言"奄有"。《诗经·商颂·閟宫》"奄有龟蒙,遂荒大东",毛传:"荒,有也。"戈铭"楚王酓璋奄荒南越"即楚威王兴兵伐越,"大败越,杀王无彊,尽取故吴地至浙江。"李先生认为酓璋即楚威王,与学者认为酓璋是楚王酓章(楚惠王)不同。[②]

李先生隶定为"猊"的字作:

 《商周青铜器铭文选》二 664

对比王子午鼎铭中的"龏"字(参上),将此字释为"龏"是正确的。以前的照片看不到此字左边上部的横画,所以学者多认为其左边从犬。此"龏"与王子午鼎铭"龏"字稍有不同,缺少下面的双手形。严龏,金文中常见,读成"奄荒"的可能比较小。如此,酓璋是楚威王酓商的可能也比较小。

汤余惠先生曾指出:

猊,通龏、恭;严恭,尊敬。戉,国名,古书通作越。据记载,楚王熊章为越女所生,《楚世家》"迎越女之子章立之,是为惠王。"惠王在位期间,楚北灭陈蔡,东侵泗上,唯独与南方的越国相安无事,显然和他本人的身世有关。[③]

,李家浩先生有详细的考释:

"戈"上一字张政烺先生释为"𨍭"(原注:容庚:《金文编》1007 页,科学出版社 1959 年),此字右半上部虽非"艹",但把下部隶定为"卒",则是非常正确的。

……马王堆汉墓帛书篆书阴阳五行里保存了不少楚国文字,其中"醉"字的写法为我们解决这个字提供了线索。篆书阴阳五行"醉"字所从"卒"旁写作"翠",这是因为"翠"包含有"卒",所以可以作为"卒"来用。戈铭"戈"上一字与篆

① 黄锦前:《竞畏矛补论及其相关问题》,复旦大学出土文献与古文字研究中心网站 2012 年 2 月 2 日,http://www.gwz.fudan.edu.cn/SrcShow.asp? Src_ID=1782

② 李家浩:《楚王酓璋戈与楚灭越的年代》,《文史》第 24 辑,中华书局 1985 年,第 15—19 页。

③ 汤余惠:《战国铭文选》,吉林大学出版社 1993 年,第 71 页。

书阴阳五行"醉"字结构相同，其所从"졸"旁也应当是作为"卒"来用的，所以这个字可以释写为"輊"字。《周礼·夏官·射人》"乘王之倅车"，郑玄注："倅车，戎车之副。""倅车"之"倅"或作"萃"。《周礼·春官·车仆》"掌戎路之萃"，郑玄注："萃，犹副也。"……戈铭的"輊"从"车"，当是"倅车"的专字。"輊戈"即副车上用的戈。①

何琳仪先生不同意李家浩先生的意见，认为：为合文，释为軲軘。軲为輀，《集韵》"輀，车盛貌，或作軲"。軘字《集韵》"车疾驰。"軲軘是与古代车辆相关的联绵词。二字本是形容词，在戈铭中则是名词。何琳仪先生认为："戊用"应读为"茂庸"。《逸周书·小开》"不庸不茂"。《文选·褚渊碑文》"帝嘉茂庸，重申前册"，注"茂，盛；庸，功也。"②

汤余惠先生认为"轮"当读为"轱"：

> 轮，字不识，疑从它声，读为轱，上古鱼、歌二部每多通借互用。《广韵》："轱，车也。"轱戈，兵车用戈。③

根据景矛铭"自作輊矛"，可证释为"輊"无疑问。李家浩先生认为"輊戈"即副车上用的戈。黄锦前先生认为东周"兵器铭文中的'卒'或'萃'，都应读作'徒卒'之'卒'"，包括酓璋戈铭中的輊字。④

酓璋戈胡部下端残损，铭末"之"字之后应有阙字。李家浩先生补一"德"字。黄锦前先生据竞矛铭"用扬文德武剌"屭羌钟铭"武文咸剌"之例，认为应补一"剌(烈)"字。⑤

（程鹏万：东北师范大学文学院，130024，长春）

---

① 李家浩：《楚王酓璋戈与楚灭越的年代》，《文史》第24辑，中华书局1985年，第16—17页。

② 何琳仪：《战国兵器铭文选释》，《考古与文物》1999年第5期，第93页。

③ 汤余惠：《战国铭文选》，吉林大学出版社1993年，第71页。

④ 黄锦前：《竞畏矛补论及其相关问题》，复旦大学出土文献与古文字研究中心网站2012年2月2日，http://www.gwz.fudan.edu.cn/SrcShow.asp?Src_ID=1782

⑤ 同上。

“勴”字小考*

冯胜君

提要 “勴”字见于《尔雅》《集韵》等字书，训为“助”，其异体或作“⿰⿱艹⿰旦非力”。我们认为，“⿰⿱艹⿰旦非力”字即见于清华简《厚父》篇写作“⿰叀力”形的“助”字。“勴”与“助”不仅词义相同，而且形体上也有密切关系，当系一字。字书中“勴”字及其各种异体都应该释为“助”。写作“⿰⿱艹⿰旦非力”形者，是对“助”字早期形体勉强楷化的结果，而以形声字“勴”表{助}的用字习惯出现时代则相对较晚。

关键词 勴 ⿰⿱艹⿰旦非力 清华简 助

《尔雅·释诂》：“诏、相、导、左、右、助，勴也。”训为“助”的“勴”字，在字书中颇多异体。如《说文·力部》：“⿰⿱虘非力，助也。从力、从非，虘声。”《集韵·去声·御韵》以“勴”“勴”为“⿰⿱虘非力”字异体。《龙龛手鉴·力部·去声》以“⿰⿱非旦力”“勴”等字为“⿰⿱虘非力”之异体。《玉篇·力部》：“⿰⿱艹⿰旦非力，同⿰⿱虘非力。”上述形体中，“勴”“勴”为形声字，“⿰⿱艹⿰旦非力”“⿰⿱非旦力”偏旁部件完全相同，只是位置关系有异。后二字字形奇诡，难以从文字学的角度加以分析。见于《说文》的“⿰⿱虘非力”字，或许是“⿰⿱艹⿰旦非力”与“勴”杂糅而成的形体。“⿰⿱艹⿰旦非力”“⿰⿱非旦力”这类形体，即所谓的“隶定古文”，往往是对偏旁难以隶定的早期古文字勉强楷化的结果。《集篆古文韵海·去声·御韵》收录了一个写作形的“勴”字，其形体无疑与前面提到的“⿰⿱艹⿰旦非力”字相对应。但这类古文形体并不见得来源于先秦古文字，很可能是后人根据“⿰⿱艹⿰旦非力”字的楷书字形反推构拟的古文字形。

结合“⿰⿱艹⿰旦非力”字字形及词义，我们认为“⿰⿱艹⿰旦非力”当即清华简《厚父》篇中写作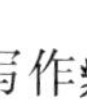（5号简）形的“⿰叀力”字。如果勉强进行字形分析，“⿰⿱艹⿰旦非力”字所从非形，或系“⿰叀力”字所从类似“卉”旁的讹变，左下所从“旦”形或由“叀”形下部变来。但由于字形时代悬隔，难以对二者之间演变关系作出很精确的描述。《汗简·秝部》“曆”字引《义云章》有这样两个字形：、

* 本文是国家社科基金项目“清华简《尚书》类文献综合研究”（批准号：13BZS012）、国家社会科学基金重大项目“简帛学大辞典”（项目批准号：14ZDB027）的阶段性成果。

[1]，二字形上部的形体变化，也反映了类似“卉”形的笔画与类似“非”形的笔画，在字形演变过程中存在某种纠葛。“𠢕”字或从“肉”，写作形（清华简《皇门》4号简），可隶定作“𦳢”。“𠢕/𦳢”字过去有释“叀”、释“助”两种主要意见[2]，《厚父》篇“𠢕”字《孟子》引文作“助”，《皇门》篇与“𦳢”字相对应之今本《逸周书·皇门》篇亦作“助”，故目前学术界多数学者赞同释“助”说。如果字书中的“𪟝”字即相当于《厚父》篇之“𠢕（助）”字，那么与“𪟝”为异体关系的“勴”也应直接释为“助”。

“勴”与“助”在形体上有十分密切的关系。“勴”字所从的“虑”旁与“虘”旁在战国文字中常常混用不别，[3]“助”从“且”声，而典籍中的“且”或从“且”之字，在古文字中往往写作“虘”或从“虘”声之字。如上博简《缁衣》14号简“吾大夫恭且俭”，“且”作“虘”；《曹沫之陈》45号简“其赏浅且不中”，“且”作“𪟝”；新蔡简甲三227号简“盟诅”之“诅”写作“𥜤”。例至多，不备举。《集篆古文韵海·去声·御韵》“助”字下收录一例形体作，正从“𪟝”声。《六书通·去声·御韵》“勴”字下收录了一个古文形体，写作，与上引写作“勴”的“助”字完全同形。[4] 所以“勴”“助”在形体上完全有条件构成异体关系。又《说文·齿部》：“䶥，䶥齬。齿不相值也。”段注：“《广韵》曰：‘齟齬，不相当也。或作钼铻。’”《长阿含经》卷十九：“有群犲狼竞来𪙌掣”，玄应《一切经音义》引“𪙌掣”作“揸制”。邓福禄、韩小荆《字典考正》以“𪙌”为“䶥”之异体。[5] 可见“齟”“䶥”“𪙌”是一组异体字，这与“助”“勴”“勴/勴”互为异体，恰可平行互证。再加上“勴”只有“助”这一个义项，读音又与“助”相近（上古音均为鱼部字，声纽亦相近）。综合以上因素，我们认为“勴”就应该直接释为“助”。前面已经提到，“勴”在字书中的异体“𪟝”应看作是“助”字早期形体的讹变，可直接释为“助”（“勴”应是在“𪟝”形基础上的进一步讹变）。也就是说典籍和字书中所谓“勴”字及其各种异体，现在看来都应该释为“助”。

上博简《容成氏》篇有“䖪”字（《容成氏》简50、53，两处字形右旁所从均模糊不清，所谓“攴”旁实不排除是“力”旁的可能），辞例为：“受为无道，……吾䖪天畏（威）

① 陈剑：《简谈对金文“蔑懋”问题的一些新认识》，复旦网，2017年5月5日。

② 杨安：《“助”字补说》，复旦网，2010年4月26日；《“助”“叀”考辨》，《中国文字》新三十七期，艺文印书馆2011年。

③ 裘锡圭：《纠正我在郭店〈老子〉简释读中的一个错误——关于“绝伪弃诈”》，载《裘锡圭学术文集·第二卷》，复旦大学出版社2012年，第326—333页。

④ 此条材料蒙李春桃博士指示。

⑤ 汉语大字典编辑委员会：《汉语大字典》，四川辞书出版社2010年，第5119页。

之。”（50号简）整理者已经指出，“䣊”即“勴”字。[①]《国语·越语》：“今夫差衣水犀之甲者亿有三千，不患其志行之少耻也，而患其众之不足也。今寡人将助天威之。”类似记载亦见于《吴越春秋·勾践伐吴外传》。[②] 简文“吾䣊（勴）天畏（威）之”辞例与《国语》“寡人将助天威之”完全相同，“䣊/勴”与“助”为异文，这对于将“勴”释为“助”也是积极的证据。

综上所述，“勮/𧃒”与“䣊/勴”两组字，虽然形体不同（“勮/𧃒”的构形不明，“䣊/勴”为形声字），但都应释为“助”。从战国简的用例来看，前者均出现在文本生成时代较早的《尚书》类文献中，其字形当系通过文本系统传承下来的“助”字的早期形体。后者则出现在战国时期文献《容成氏》中，字形的时代较晚。这应该反映了在表示{助}这个词的时候，时代不同所使用的字形有异的情况。

（冯胜君：吉林大学中国古文字研究中心，130012，长春）

---

① 马承源主编：《上海博物馆藏战国楚竹书（二）》，上海古籍出版社2002年，第290页。

② 这两条对比材料为陈剑先生较早指出，参看陈剑：《上博楚简〈容成氏〉与古史传说》，“中国南方文明研讨会会议论文”，台北，2003年12月；又复旦网，2008年7月31日。

清华七《子犯子余》"錧梏"试解[*]

范 常 喜

提要 《清华大学藏战国竹简(柒)》收有《子犯子余》一篇,其篇末蹇叔所述商纣王暴政一段中有刑具"桊梈"一名,整理者读作"桎梏"。我们认为当释作"桊(錧)梈(梏)","錧梏"即上博简《容成氏》中所记之"桎梏"。"錧"与"桎"所表示的都是刑具脚械,属同义异文,并非同音假借关系。

关键词 清华简 《子犯子余》 楚简 錧梏 桎梏

一

清华简《子犯子余》简 12:"逡(后)殜(世)豪(就)受(纣)之身,杀三无殆(辜),为爊(炮)为烙,杀某(梅)之女[①],为桊(桎)梈(梏)三百。"

整理者注:"桊,疑读为'桎'。《说文》:'足械也。'梈,从木,晕声,读为'梏'。《说文》:'手械也。'……桎梏,《易·蒙》:'用说桎梏',郑玄注:'木在足曰桎,在手曰梏。'纣用桎梏,也见于上博简《容成氏》:'不从命者从而桎晕(梏)之,于是虐(乎)复(作)为金桎三千。'"[②]

王挺斌先生认为:"'桊'、'桎'古音远隔,恐怕难以相通。'桊'字,可能是指圈束,《广雅》:'桊,枸也。'王念孙《疏证》:'枸,犹拘也……桊,犹圈束也。《说文》:'桊,牛鼻中檈也。'《众经音义》卷四云:'今江北曰牛拘,江南曰桊。'《吕氏春秋·重己》篇:'使五尺竖子引其棬,而牛恣所以之。''棬'与'桊'同。这种意思的'棬'、'桊'、'圈'可能

---

* 项目来源:国家社会科学基金项目"出土文献中上古汉语方言语料汇考"(15BYY111);国家社科基金重大招标项目"战国文字诂林及数据库建设"(17ZDA300)。

① 释文"杀某(梅)之女"从赵平安先生,参见赵平安:《清华简第七辑字词补释(五则)》,《出土文献》第 10 辑,中西书局 2017 年,第 138—139 页。

② 清华大学出土文献研究与保护中心编,李学勤主编:《清华大学藏战国竹简(柒)》,中西书局 2017 年,第 98 页。

是同源词关系。‘桊’本指牛鼻中环，类似圈束，有拘系作用。”马楠先生认为：“桊当读为‘拳’。梏，《说文》‘手械也’，‘拳梏’与‘梏’义同，与‘桎梏’指足械、手械不同。”[①]

王宁先生认为，从文意上看，“桊”这个字很可能相当于“拲”字，或作“栱”。《说文》：“拲，两手同械也。从手从共，共亦声。《周礼》：‘上辠，梏拲而桎。’栱，拲或从木。”《周礼·秋官·掌囚》郑司农注：“拲者，两手共一木也。在手曰梏，在足曰桎。”“桊”有可能和“栱”音近通假，“栱梏”是同时铐住两只手的手械。[②] 孟跃龙先生认为，简文中的字右旁所从是“弁”和“关”杂糅之形，此字当分析为从“弁”得声，整字可隶定为“栚”。“栚”字在上古音中属蒸职部或侵缉部，从音转实例看，都可跟“桎”字相通。[③]

二

“桊”字原简文作，楚文字中“关”及从“关”之字多见，分别作如下诸形：

(望山2·49)(郭店·穷6)(清华六·子仪2)

(信阳2·03)(包山260)

(包山206)(上博二·容28)(清华七·晋文公03)

(包山194)(信阳2·8)(清华三·芮20)(郭店·唐26)

(上博二·从政甲12)(清华六·子产22、23)

(上博一·孔4)(上博三·相1)(上博三·中13、17)

(包山133、190)(上博五·季4)(清华六·管仲8、11)

(清华二·系115、116)(清华二·系46)

比较可知，简文右部所从与上述简文中大部分常见“关”旁相同，因此整理者隶定作“桊”可从，不过由于“桊”字在《说文》中训作“牛鼻中檈”，实为另一字，所以为了避免不必要的误会，我们将此字依形隶定作“栚”。清华简《系年》中多处“关”旁写作，可隶定作“关”，即“关”字之异写。

虽然“关”“弁”二旁在楚简中偶有相混，如马跃龙先生文中所举清华简《保训》中的“朕”字，其右部所从“弁”旁便误作“关”。然而，研究者已经指出，《保训》篇无论是

---

① 王挺斌、马楠二位先生之说均参见清华大学出土文献读书会：《清华七整理报告补正》，清华大学出土文献研究与保护中心网，2017年4月23日。

② 王宁先生的观点见于《清华七〈子犯子余〉初读》后的跟帖讨论，简帛网·简帛论坛，2017年5月2日。http://www.bsm.org.cn/bbs/read.php? tid=3458&page=6。

③ 孟跃龙：《〈清华七〉“栚（桎）”字试释》，复旦大学出土文献与古文字研究中心网，2017年5月11日。

简长还是简文都有异于一般楚简，尤其是文字方面更是众体杂糅、诸系并存，而且时有错讹，很可能是一篇"书法练习之作"。[①] 因此该篇中"朕"字的写法属于特例，用于立论应当谨慎。此外，马文中所举包山227号简中的"豢"字写作，其右旁所从"关"旁基本同于清华二《系年》中的"关"旁，只不过上部中间竖点写得稍长，遂致下穿其下部横画。清华简《程寤》篇6号简中的"朕"字写作，其右部所从仍应视为"灷"旁，其上部中间所从近于"十"形，与写作形的"关"旁有明显区别。因此，简文还是应当释作"栚"。

三

接下来我们再看一下楚简中"关"旁之字的表词情况，在简文中"关"旁之字一般可用作表示"券""豢""倦""惓""浣""莞""棺"[②]"管"等词，相关文例如次：

《清华六·子产》2："乃关(券)册秦邦之贤余。"

《包山楚简》206："罷祷于文平夜君……蔡公子家，各戠(特)豢，馈之。"

《清华七·晋文公》3："命肥蒭羊牛、豢犬豕。"

《上博二·容成氏》28："复豢谷土。"

《郭店简·唐虞之道》26："四肢朕(倦)惰。"

《上博四·相邦之道》1："牧其卷(倦)。"

《上博一·孔子诗论》4："民之有戚卷(惓)也。"[③]

《信阳楚简》2—08："一洪(浣)盘。"

《清华二·系年》115："魏斯、赵关(浣)、韩启章率师围黄池。"

《信阳楚简》2—23："一寝荚(莞)。"

《望山楚简》48："一薪荚(莞)……二筴(莞)筵。"

《望山楚简》M2·49："二瑟关(棺)，一尪(霜)衣。"

《包山楚简》260："一瑟，有栚(棺)。"

《信阳楚简》2·03："三漆瑟栚(棺)。"

《清华六·子产》22："絭(管)单、相冒、韩乐。"

---

① 李守奎：《〈保训〉二题》，《出土文献》第1辑，中西书局2010年，第83—86页。

② 读作"棺"的三例简文释读参见范常喜：《信阳楚简"乐人之器"补释四则》，《中山大学学报》(社会科学版)2015年第3期，第62—66页。

③ "卷"读作"倦"，参见裘锡圭：《上博简〈相邦之道〉1号简考释》，《中国文字学报》第1辑，商务印书馆2006年，第70页。

《郭店简·穷达以时》6:“关(管)寺(夷)吾拘繇束缚。”

《上博五·季庚子问于孔子》4:“筦(管)仲有言。”

《清华二·系年》46:“我既得郑之门筦(管)也。”

《清华三·芮良夫毖》20:“如关枝扃鈇(管)。”

《清华六·管仲》8:“桓公又问于筦(管)仲。”

基于“关”旁之字在上述楚简中的表词情况,尤其是根据其多用于表示“管”的辞例,我们认为,清华简《子犯子余》12号简中的“栚”当读为“錧”。

四

錧是装在车毂两端的毂饰,起加固束缚车毂的作用,早在西周就已出现。制作錧的材质多为铜,亦有木制者,字亦多写作“輨”。《仪礼·既夕礼》:“木錧,约绥约辔。”贾公彦疏:“其车錧常用金,丧用木。”《说文·车部》:“輨,毂端沓也。”(小徐本作“毂端錔也”。)朱骏声曰:“字亦作錧,铁之裹毂内者曰釭,包毂外者曰輨。”[①]段玉裁注:“‘毂端錔也’,錔者,以金有所冒也。毂孔之裹以金裹之曰釭,毂孔之外以金表之曰輨。輨之言管也。”[②]《说文·金部》:“錔,以金有所冒也。”古车上的毂饰除了“輨”以外,还有“軝”和“軧”,三者所处的具体位置如图1所示[③]:

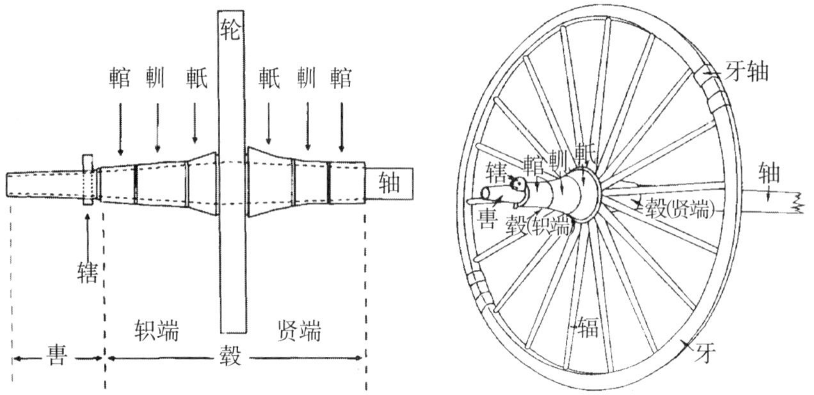

图1 轮毂之輨、軝、軧位置示意图

---

① 朱骏声:《说文通训定声》,中华书局1984年,第741页。

② 段玉裁:《说文解字注》,上海古籍出版社1981年,第725页。

③ 董珊:《楚简中从“大”声之字的读法(一)》,简帛网,2007年7月8日,董文又载北京大学中国考古学研究中心编《古代文明》第8卷,文物出版社2010年,第285—298页;郭宝钧:《殷周车器研究》,文物出版社1998年,第6、12页。

由图1可知，车轴穿过"毂"与"軎"两部分。軎属于轴，套在车轴露出毂端的轴头，辖是軎的配件，穿过軎与轴。毂属于轮，与轮为一体。包裹着毂的部分，在轵端由外向内依次是輨、軝、軧三节，在贤端自轮向舆依次是軧、軝、輨三节，这六节铜管合称毂饰。可以看出，毂饰的形状像一个圆筒，一端平齐，有当头，冒在毂木的顶端；另一端肥大，呈喇叭状，套在毂木的载辐处。内、外两节略同，合起来成一具中部肥大、两端略细的全毂饰。

輨是六节毂饰的第一节和第六节，处在毂的两端，形状正如管，外边留有狭窄的当头，合毂木的厚度，正好钉在毂端，用以管制毂，使之牢固，故名輨。从出土实物来看，輨形如底部有大圆孔的杯子，用它套住毂端，而轴仍可以从圆孔中穿出。此物在陕西西安张家坡及客省庄，河南新郑唐户、洛阳老城、浚县辛村，北京昌平白浮等地的西周车马坑中均曾出土，[①]具体如图2、图3所示[②]：

图2　浚县辛村墓出土车毂轵端与贤端毂饰车輨

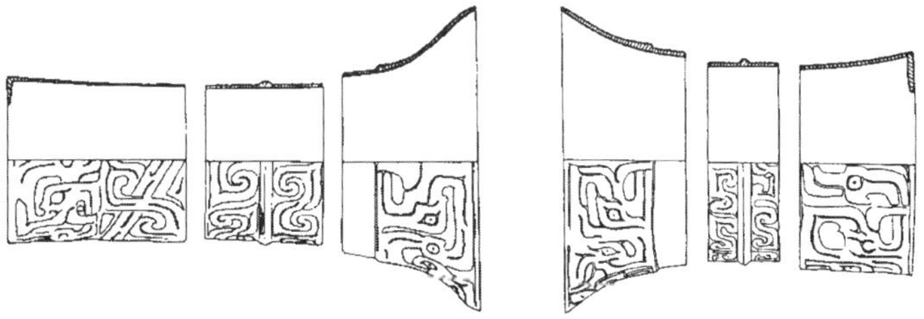

图3　浚县辛村墓出土车毂轵端与贤端輨、軝、軧接合之状

从出土实物来看，輨形如管，钉在毂端以管制轮毂，使之牢固，此即輨之得名的缘由。在这一点上，輨与钳锁犯人胫足的脚械十分相似。

---

① 中国科学院考古研究所：《沣西发掘报告》，文物出版社1963年，第149页，图102：11；《考古》1981年第1期，第18页；《文物资料丛刊》第2辑，第49页，图8：1；《考古》1988年第1期，第21页；郭宝钧：《浚县辛村》，科学出版社1964年，图版33：3；《考古》1976年第4期，第256页；孙机：《中国古舆服论丛》（增订本），上海古籍出版社2013年，第35页。

② 郭宝钧：《浚县辛村》，科学出版社1964年，第18页，图版贰捌；郭宝钧：《殷周车器研究》，文物出版社1998年，第12页。

五

值得注意的是，“輨”还有一个同义词“轪”，字亦或写作“釱”。《说文》：“轪，车輨也。”《方言》卷九：“輨、轪，炼鏅也，关之东西曰輨，南楚曰轪，赵魏之间曰炼鏅。”《楚辞・离骚》：“屯余车其千乘兮，齐玉釱而并驰。”王逸注：“釱，锢也。一云车辖也。”《汉书・扬雄传上》载《甘泉赋》：“陈众车于东坑兮，肆玉釱而下驰。”颜师古注引晋灼曰：“釱，车辖也。”段玉裁《说文解字注》曰：“《离骚》曰：‘齐玉轪而并驰。’王逸释为车辖，非也。《玉篇》《广韵》皆云车辖，辖皆輨之误也。”①可见，“轪”应与“輨”同义，可能是楚地一个方言词②。王逸注中所云“釱，锢也”，即禁锢车毂之义，正与表示“毂端錔”的“輨”义同。

“釱”除了用作毂饰名之外还用作刑具脚械之名，字亦或作“杕”。《史记・平准书》：“敢私铸铁器煮盐者，釱左趾。”裴骃集解引韦昭曰：“釱以铁为之，著左趾以代刖也。”司马贞索隐引《三苍》：“釱，踏脚钳也。”又引张斐《汉晋律序》：“状如跟衣，著足下，重六斤，以代膑。”睡虎地秦墓竹简《秦律十八种》简 134：“公士以下居赎刑罪、死罪者，居于城旦舂，毋赤其衣，勿枸椟欙杕……皆赤衣，枸椟欙杕，将司之。”又简 147：“城旦舂衣赤衣，冒赤毡，拘椟欙杕之。”③整理小组注：“枸椟欙杕，均为刑具。枸椟应为木械，如枷或桎梏之类。欙读为缧（音雷），系在囚徒颈上的黑索。杕，读为釱（音第），套在囚徒足胫的铁钳。”④可见，与“輨”同义的“釱”可以表示刑具脚械，与训为“足械”的“梡”表义相同。

虽然现存传世文献中未见“錧”或“輨”用作刑具之称，但“官”声之字多有管束、抑止之意，如“管”“绾”“棺”等。《周礼・地官・司徒》：“司门掌授管键以启闭国门。”郑司农注曰：“管谓钥也。”《礼记・月令》：“修键闭，慎管钥。”《史记・李斯传》：“赵高以刀笔吏入秦宫，管事二十余年。”《史记・货殖列传》：“东绾秽貉，朝鲜，真番之利。”司马贞索隐：“绾者，绾统其要津。”《说文・木部》：“棺，关也，所以掩尸。”如果再结合与

---

① 段玉裁：《说文解字注》，上海古籍出版社 1981 年，第 725 页。

② 李新魁：《轪字考述》，《中国语文》1983 年第 1 期，后收入《李新魁自选集》，河南教育出版社 1993 年，第 256—257 页。

③ 与本段简文相近的内容又见于《岳麓秦简》1375 号简，简文作：“城旦舂衣赤衣，冒赤毡，枸椟杕之。”参见陈松长主编：《岳麓书院藏秦简（肆）》，上海辞书出版社 2015 年，第 123 页。

④ 睡虎地秦墓竹简整理小组：《睡虎地秦墓竹简》，文物出版社 1990 年，第 51—53 页。

"錧"同义的"鈦"也可以表示刑具脚械之名推测,"錧"或"輨"应该也存在用作刑具脚械之名的可能。

据此可知,清华简《子犯子余》中的相关简文可释作"为桊(錧)檡(梏)三百"。此处的"錧梏"亦即上博简《容成氏》中所记之"桎梏"。"桊(錧)"与"桎"所表示的都是刑具脚械,属于同义异文,并非同音假借关系。因此整理者将"桊"直接读作"桎"并不可信,王挺斌先生将"桊"按"桊"字解之,并认为"'桊'、'桊'、'圈'可能是同源词关系。'桊'本指牛鼻中环,类似圈束,有拘系作用。"事实上从"关"得声之字的语源义是卷曲[1],并非圈束、拘系。因此,直接以"桊"字解之亦不可从。

(范常喜:中山大学中文系、出土文献与
中国古代文明研究协同创新中心,510275,广州)

① 王力:《同源字典》,商务印书馆1982年,第554—555页。

清华七札记三则

程 燕

提要 清华七《子犯子余》原释“豊”的字应释为“豐”，读作“亡”。《越公其事》整理者疑读作“燃”的“㹸”应释为“狄”，“弟”乃赘加声符，在简文中可读作“敌”。另外，由《越公其事》中“远彽”之“彽”右旁“尼”的写法，一方面可以论定侯马盟书所载人名确为赵尼，另一方面说明《越公其事》的文字风格具有晋系文字特点。

关键词 清华七 豐 狄 迡

《清华大学藏战国竹简》第七辑（简称清华七）“共收录竹简四篇，都是传世文献及以往出土材料所未见的佚篇。其中，《子犯子余》《晋文公入于晋》《赵简子》三篇皆载晋国史事，前两篇记晋文公事，后一篇记赵简子事，《越公其事》则载越国史事，以句践灭吴为主题。”（本辑说明）这四篇内容重要，形体丰富。在阅读过程中，对个别字有些许想法，今写出来，请方家指正。

一

二子事公子，句（苟）聿（尽）又（有）心女（如）是，天豊思（谋）禍（祸）于公子

子犯子余 6—7

整理者说：“豊，疑为岂之误。思，读为谋，《书·大禹谟》蔡传：‘图为也。’”①

豊，简文作：

“豊”亦见于同书《赵简子》7 号简：

① 李学勤主编：《清华大学藏战国竹简（柒）》，中西书局 2017 年，第 96 页注释 28。

二字明显有别，我们认为《子犯子余》篇中整理者释为“豊”的字应释作“豐”。楚简中的“豐”多作：包山 145 反、上博三·周 51。简文字形上部省略同形，是一种极为简省的写法。

“豐”疑可读为“亡”。“豐”，滂纽冬部（或归东部）；“亡”，明纽阳部。典籍中“方”与“邦”“罔”相通，其例可参：《诗·小雅·桑扈》“万邦之屏”，慧琳《一切经音义》二七引“邦”作“方”。《周礼·夏官·方相氏》：“方良。”郑注：“方良，罔两也。”《国语·鲁语下》：“木石之怪夔罔两。”[1]

西周金文“豐”字或作：

集成 9876 伯豐方彝　集成 668 右戏仲夏父鬲

集成 5191 豐卣　集成 5346 豐卣

集成 5403 豐卣　集成 10176 散盘

集成 5996 豐尊　集成 5996 豐尊

应分析为从“壴”，“亡”声。此亦可作为“豐”读为“亡”之例证。值得注意的是：新近公布的安大简《诗经》中的《周南·葛藟》“葛藟荒之”之“荒”作“豐”，可作为二字通假之最有力的证据。

简文“天亡谋祸于公子”，意谓老天不会嫁祸于公子。

二

孤或（又）忎（恐）亡（无）良仆斯（御）燢火丁雩（越）邦　越公 22

整理者说：“燢，疑读为燃。燃火，犹纵火。”[2]简文字形作：

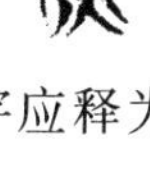

此字应释为“狄”，右上所从“弟”乃赘加声符。“狄”，定纽锡部；“弟”，定纽脂部，二者声同韵亦近。“逖”，《说文》古文从“易”声，“弟”从“夷”声，“易”“夷”相通之例甚多[3]，

① 高亨：《古字通假会典》，齐鲁书社 1989 年，第 26、312 页。

② 李学勤主编：《清华大学藏战国竹简（柒）》，中西书局 2017 年，第 125 页注释 28。

③ 高亨：《古字通假会典》，齐鲁书社 1989 年，第 467 页。

如：《左传·僖公十七年》“易牙”，《大戴礼·保傅》作“狄牙”。《史记·殷本纪》“简狄”，《索隐》：“旧本狄作易，易狄音同。”

“㹨”在简文中可读作“敌”，“狄”“敌”二字古通。《左传·昭公四年》：“卫邢无难敌亦丧之。”《新序·善谋》“敌”作“狄”。“敌火”应指敌方之火。

三

嚣（殷）邦之君子，无少（小）大，无远逐（迩）　越公 12

至于鄾（边）䙴（县）尖＝（小大）远泥（迩）　越公 35

王乃趣（趣）使（使）人戠（察）䝭（省）成（城）市鄾（边）還（县）尖＝（小大）远泥（迩）之匓（勼）、茖（落）　越公 44

整理者说：“鄾䙴，即边县，《墨子·杂守》：‘常令边县，豫种畜芫、芸乌喙袾叶。’小大，《书·顾命》：‘柔远能迩，安劝小大庶邦。’泥，《广韵》：‘近也。’，迩音义并近。远泥即远迩。《书·盘庚上》：‘乃不畏戎毒于远迩。’”①

“泥”，简文作：

　越公 35

　越公 44

这两个形体非常重要，释为“泥”，是正确的。其中右旁“尼”的写法，可以解决侯马盟书中一个争议比较大的字。侯马盟书中有个人名用字作：

A 一九五：一（5）一：九（2）一：一〇（2）

一：五二（3）一：一六（2）一：六七（3）

一九八：四（3）

B 一：三五（3）一：六一（3）一：一〇五（4）一：八七（3）二〇〇：二（5）

C 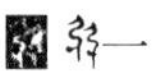一：四〇（3）一：四一（3）

D 一五六：二（2）一：六（1）

一：一一（2）一六：一二（6）

辞例均为“赵～”。郭沫若先生释为“赵化”。②高明先生从之。③ 郭先生后改释为

① 李学勤主编：《清华大学藏战国竹简（柒）》，中西书局 2017 年，第 132 页注释 18。

② 郭沫若：《侯马盟书试探》，《文物》1966 年第 2 期，第 5—6 页。

③ 高明：《侯马载书盟主考》，《古文字研究》第 1 辑，中华书局 1979 年，第 103—115 页；又见《高明论著选集》，科学出版社 2001 年，第 273—279 页。

“北”。[1] 陈梦家先生释为“赵北”。[2] 陶正刚、王克林先生释为“尼”，[3]唐兰、李裕民、汤余惠、曾志雄等先生从之。[4] 另有释“弧”“比”等说。

通过形体的比对，我们可以发现，侯马盟书 A、B 的写法与右旁同，所从的“人”旁下部均加有饰笔。因此，学者将侯马盟书的这个字释为“尼”，是正确的。C、D 两种写法应为变体。

附带说一下，中山杂器中有如下一字：

集成 2092 左使车工弧鼎

集成 0513 左使车弧鬲

学者多释为“弧”。按：此字释“弧”，不确。现在看来也应该释为“尼”，在铭文中用作人名。

楚文字中“尼”字作：

上博三・中 8　　上博五・君 10

上博五・君 11　　上博三・中 10

与上述“㞾”“尼”均不同。由此，可以说明《越公其事》的文字风格与晋系文字接近。有两种可能：一种是《越公其事》的底本是三晋文字书写的，另一种其抄手是三晋人。

（程燕：安徽大学汉字发展与应用研究中心，230039，合肥）

① 郭沫若：《新出侯马盟书释文》，《文物》1972 年第 3 期，第 5 页。

② 陈梦家：《东周盟誓与出土载书》，《考古》1966 年第 5 期，第 275 页。

③ 陶正刚、王克林：《侯马东周盟誓遗址》，《文物》1972 年第 4 期，第 30 页。

④ 汤余惠：《侯马盟书》，《战国铭文选》，吉林大学出版社 1993 年，第 197—198 页。唐兰：《侯马出土晋国赵嘉之盟载书新释》，《文物》1972 年第 8 期，第 32 页。李裕民：《我对侯马盟书的看法》，《考古》1973 年第 3 期，第 186 页。曾志雄：《侯马盟书研究》，香港大学博士论文 1993 年，第 91—97 页。

读清华简（七）零札

侯乃峰

提要 《清华大学藏战国竹简》第七辑所收录的简文，原整理者在《子犯子余》《赵简子》《越公其事》三篇的释文注释中对某些字词文句的考释意见似有可以补充修订之处，我们就此形成12条读书札记，以供研究者参考。

关键词 清华简（七） 《子犯子余》 《赵简子》 《越公其事》

《清华大学藏战国竹简》第七辑收录《子犯子余》《晋文公入于晋》《赵简子》《越公其事》四篇简文①，原整理者已经进行了较好的研究。在阅读过程中，我们发现某些字词文句或有可以补充修订之处，今不揣浅陋，将几条意见形成札记如下，以供研究者参考。其中若有不当及谬误之处，敬祈方家批评指教。

《子犯子余》

1. 劝懋

第5简“于志”，原整理者释读为“翟（谔）輜（留）于志”，注释云：翟，疑为“雗”字省，即“鹗”字，读为“谔”。《文选·韦孟〈讽谏〉》“谔谔黄发”，李善注：“谔谔，正直貌。”輜，从车，畱声，读为“留”。《管子·正世》“不慕古，不留今”，尹知章注：“留，谓守常不变。”②

今按，所谓“谔留于志”，似乎不辞。我们怀疑所谓的“翟”字，当释为“藋”，上部笔画稍有讹变，字可读为“劝”；“輜”当读为“懋”，上古音“卯”声与“矛”声音近可通，例多

① 清华大学出土文献与保护中心编，李学勤主编：《清华大学藏战国竹简（柒）》，中西书局2017年。

② 同上书，第92、95页。下引原整理者意见仅于引文后标注页码，不具注。

见。[1]《说文》:“劝,勉也。”“懋,勉也。从心、楙声。《虞书》曰:‘时惟懋哉。’”《战国策・宋卫策・齐攻宋宋使臧子索救于荆》“荆王大说,许救甚劝”,姚宏注:“劝,力也。”“劝”“懋”二字同义连用,简文“劝懋于志”当谓勉力于个人之志向。《国语・晋语四》:元年,“公属百官,……轻关易道,通商宽农。懋穑劝分,省用足财,利器明德,以厚民性。”其中“懋穑劝分”一句,用字正可与简文对读。

2. 天丰悔祸于公子

第6、7简有一段秦穆公对子犯、子余所说的话,原整理者释读作:“二子事公子,苟尽有心如是,天豊悬(谋)禍(祸)于公子?”注释云:豊,疑为“岂”之误。悬,读为“谋”。《书・大禹谟》“疑谋勿成”,蔡沈《集传》:“谋,图为也。”(第92、96页)陈伟先生认为:整理者释读颇与文意不协。《左传》隐公十一年:“若寡人得没于地,天其以礼悔祸于许,无宁兹许公复奉其社稷。”杜注:“言天加礼于许而悔祸之。”杨伯峻注:“谓天或者依礼撤回加于许之祸。”以此比照,“悬”当读为“悔”。“豊”即读为“礼”,其前应脱写“其以”之类文字,或者“天礼”可有“天以礼”之意。而该句大概应是陈述句,而非疑问句。[2] 其中所谓的“豊”字,原形作“豊”,程燕先生认为字应释作“丰”;“丰”疑可读为“亡”;简文“天亡谋祸于公子”,意谓老天不会嫁祸于公子。[3]

我们认为,陈伟先生对“悔祸”一词的释读以及程燕先生对“丰”字的考释都是可信的。谛审“豊”字上部靠近竖笔的笔画之粗细,和标准的“豊”字写法还是有所区别的。不过,将“丰”读为“亡”,将简文“天亡谋祸于公子”解释为“老天不会嫁祸于公子”似乎不当,战国简帛文献中好像没有发现这种用法的“丰”字。我们认为“丰”字如字读,训为“大”,即可讲通简文。“丰”古有“大”义。《方言》:“凡物之大貌曰丰。”“赵魏之郊,燕之北鄙,凡大人谓之丰人。”《玉篇》:“丰,大也。”《国语・楚语上》“彼若谋楚,其亦必有丰败也哉”,韦昭注:“丰,犹大也。”如此,则简文可读作“二子事公子,苟尽有心如是,天丰悔祸于公子”,“丰悔”即“大悔”。简文意思是说:二位事公子,假如都有这样的心意,上天也会大为悔恨降祸于公子的。所谓的“祸”,当是指上天让公子重耳流亡在外十多年之事。古人迷信天命,祸难自然也认为是天之所命,故秦穆公这样说。

---

① 张儒、刘毓庆:《汉字通用声素研究》,山西古籍出版社2002年,第103—104页。

② 陈伟:《清华简七〈子犯子余〉“天礼悔祸”小识》,武汉大学简帛网,2017年4月25日,http://www.bsm.org.cn/show_article.php?id=2782。

③ 程燕:《清华七札记三则》,武汉大学简帛网,2017年4月26日,http://www.bsm.org.cn/show_article.php?id=2788。

3.“从雉”句之譬喻

简10:“宁孤是勿能用,譬若从雉然,吾当观其风。”原整理者将“从”训为“追逐”;将“风”理解为“指雉飞的风向”,并认为:这两句意为,譬如追逐雉鸡一样,我们应当观察它飞的风向。语意近于《淮南子·览冥》所引《周书》曰:“掩雉不得,更顺其风。”(第97页)

今按:原整理者将“从”训为“追逐”可信。但引“掩雉不得,更顺其风”句与简文对读并不恰当,且对句意的整体理解似有偏差。

我们认为,简文中的“风”,当譬喻前文所说的“昔之旧圣折(哲)人”之教化、风气、作风、风度。《广韵·东韵》:“风,教也。”《古今韵会举要·东韵》:“风,王者之声教也。”“风,风俗也。”伪古文《尚书·毕命》:“既历三纪,世变风移,四方无虞,予一人以宁。”伪孔传:“世代民易,顽者渐化。”《战国策·秦策一》:“山东之国,从风而服。”《盐铁论·非鞅》:“诸侯敛衽,西面而向风。”《吕氏春秋·音初》:“是故闻其声而知其风,察其风而知其志。”高诱注:“风,风俗。”《孟子·万章下》:“故闻柳下惠之风者,鄙夫宽,薄夫敦。”

参考前后文意,简文当是说:秦穆公向蹇叔请教“昔之旧圣哲人”之道,请蹇叔将所知及所闻于遗老之言尽数告诉自己。同时说明,即便自己不能尽数采用蹇叔告诉他的“昔之旧圣哲人”之道(“宁孤是勿能用”),然这就譬如去追逐雉鸡那样,虽然追逐不上(雉飞得很快,人去追逐雉,只能瞠乎其后,望尘莫及),我(吾,只能理解为“我”,指秦穆公自己,而不能理解成“我们”)也应当可以对“昔之旧圣哲人”之教化、风气、作风、风度略知一二吧。秦穆公之譬喻极妙。他以“从雉(追逐雉鸡)”比喻追寻“昔之旧圣哲人”之道;“从雉”不得,只能感受到雉鸡飞过带来的风,以此比喻自己虽然不能尽数采用蹇叔所说的“昔之旧圣哲人”之道,然自己应当也可以借此对他们的风气、作风略有所知,从而借鉴一二吧。

至于《淮南子·览冥》所引《周书》“掩雉不得,更顺其风”句,前人或以为是《逸周书》逸文,今又见于北大汉简(叁)《周驯》简176—177:“谚曰:揜(掩)雉弗得,银(憖)顺其风。”[①]可知所谓的《周书》当是指《周驯》一类的文献。简文“从雉”句之譬喻,与《周书》“掩雉”句所表示的意思其实是有很大差别的。原整理者引彼以证此,虽然两句话在用字上有重合之处,其实并不恰当。“从雉”意为追逐雉,心理预设就是没想去捕捉到雉,自然也不含有手持工具之意;而“掩雉”则需要毕、罗之类的工具。《诗·小

① “银”读为“憖”,参王辉:《北大藏汉简(叁)、(伍)词语释读》,待刊稿。此句又见于北大汉简,亦承蒙王辉先生惠示,谨致谢忱。

雅·鸳鸯》:“鸳鸯于飞,毕之罗之。”毛传:“于其飞乃毕掩而罗之。”无论古今,因雉鸡飞得极快,都不可能直接用手去“掩雉”的,欲去“掩雉”必然要用工具,此乃不言而喻之常识。《周书》“掩雉不得,更顺其风”句,字面意思是用(毕、罗之类的)工具去捕捉雉而不得,则捕捉者应该改变原来掩雉时施用工具的方向,使得工具的施用方向顺应风向。因为原来之所以捕捉不到雉,肯定是速度慢了,现在改变施用工具的方向,使其顺应风向,自然可以提高速度,从而祈求能够掩得雉鸡。《淮南子·览冥》引此句譬喻,想要表达的当是治理国家社会应该要顺应社会时势、风俗人心的道理。要顺应时势人心,自然应当去探究它,穷究其根本了。这和简文秦穆公“从雉”一句的譬喻根本没有关系。

简文所谓“从雉”,仅仅是追逐雉,心理的预设就是根本追不上(对应简文“宁孤是勿能用”)。不过是秦穆公为鼓励蹇叔知无不言、言无不尽,自谦即使蹇叔说了,自己也不一定能全部采用蹇叔所言的“昔之旧圣哲人”之道,故设此譬喻以启导之。这与《周书》“掩雉”“更顺”(改变从而顺应)云云所譬喻的道理从根本上说是不一样的。

《赵简子》

冬不裘,夏不张箑

第9简“各不裘,頣不张箣”句,原整理者释读为“冬不裘,夏不帐箑”(第110页)。

今按,《六韬·龙韬》:“太公曰:‘将冬不服裘,夏不操扇,雨不张盖,名曰礼将。’”与其中“张盖”对比,简文“冬不裘,夏不张箑”句的“张”似乎如字读即可,作动词用,义为张开、展开。又,《吕氏春秋·别类》:“夏不衣裘,非爱裘也,暖有余也;冬不用籑,非爱籑也,清有余也。”与其中“夏不衣裘”对比,怀疑简文“冬不裘”句“裘”字下抄脱一合文符号“=”,简文原本当作“冬不裘=(衣裘),夏不张箑”。或者将“裘”字看作不带合文符号的合文,直接读作“衣裘”。如此,两句简文句式对应,似更为符合先秦时期的行文习惯。

《越公其事》

1. 赶

简1:“赶陞(登)于会稽之山”;简4:“赶在会稽”;其中的“赶”字,原整理者以为义为奔窜;又疑读为“迁”,《说文》:“进也。”(第114页)

今按，我们怀疑“赶”字当读为“蹇”。《说文》：“蹇，跛也。”段注：“易曰：‘蹇，难也。’行难谓之蹇。”在简文中，“蹇”当是指行走困难，隐指战败逃走。

2. 君之武砺兵甲之威

简4：“寡人不忍君之武砺兵甲之威”，原整理者将“不忍”解释为“不忍心”，将“武”训为“兵威”，将“砺”读为“励”，训为“勤勉、振奋”（第116页）。

今按，我们怀疑“武”当训“迹”，指足迹、脚印，简文中代指脚步、腿脚。《诗·大雅·生民》“履帝武敏歆”，毛传曰：“武，迹也。”即足迹。《礼记·曲礼上》：“堂上接武，堂下布武。”郑玄注：“布武，谓每移足各自成迹，不相蹑。”又，《国语·吴语》“天王亲趋玉趾”句，似可与此对读。“砺”似当读为“厉”。《玉篇》：“厉，虐也。”《论语·子张》：“子夏曰：‘君子信而后劳其民；未信，则以为厉己也。’”《孟子·滕文公上》：“今也滕有仓廪府库，则是厉民而以自养也。”其中“厉”字皆含有“虐”义。简文“寡人不忍君之武砺（厉）兵甲之威”或当是说，寡人不忍心让君王您的脚步受虐于兵甲的威力，故如何如何。这句话作为外交辞令，也就是说，下文的“播弃宗庙，赶在会稽”云云，是越王勾践不忍心让吴王亲自涉足战场才导致的局面。

附带提及，第一章中大夫种行成于吴师之辞，似乎不能完全视作卑躬屈膝、摇尾乞怜的语气。因第二章首句云“吴王闻越使之柔以刚也”，其中的“以”为承接连词，犹“而”也[①]。此句简文明确表明越国使者大夫种的外交辞令其实是柔中带刚，刚柔兼济的。外交辞令向来都是虚虚实实，真真假假，而从语气上看又都是冠冕堂皇的。同时，仔细涵泳文义，这段外交辞令中其实还含有不少威胁的意味。即，假如吴王不许之成，越国准备以八千人与吴人决一死战。下文申胥分析“且彼既大北于平原，以溃去其邦”的形势之后，说“今越公其故（胡）有带甲八千以敦（蹈）刃偕死”。勾践既然兵败于平原，则手下士兵还能剩余多少人几乎一目了然。可见大夫种所谓的“八千人”应该并不存在，其之所以提及欲以此“八千人”与吴人决一死战，其实是虚张声势，意在向吴王示强，而非示弱。“寡人不忍君之武厉兵甲之威”这句简文，也应当理解成大夫种委婉地谈及己方兵败的原因。其言外之意，是说越王有意相让才导致现在的局面，越人心中并不认为己方战败，并不服输，其意也是在向吴人示强。如此理解，这句简文与整段外交辞令的基调也是吻合的。

3. 昀之粮

简5：“（寡人）有带甲牟（八千），有昀（旬）之粮”，原整理者释读如此（第114页）。

---

① ［清］王引之：《经传释词》，江苏古籍出版社2000年，第8页。

今按,从句式对应的角度来看,我们怀疑其中的“昀”当是“旬日”之合文,简文原本当作:(寡人)有带甲八千,有旬日之粮。“昀”当是不带合文符号的合文,此种现象在战国简牍中较为常见。如在本简中,上面的合文“八千”也是不带合文符号的,恰好可为佐证。

4. 今彼新去其邦而箆,毋乃豕斗?

简15:“今彼新去其邦而箆,毋乃豕斗?”原整理者释读为:“今彼新去其邦而笃,毋乃豕斗?”注释中将“笃”训为“专一不变”;将“豕斗”理解为“如穷途之兽,负隅顽抗”(第119、121页)。

今按,简文疑当读为:“今彼新去其邦而逐,毋乃死斗?”“箆”从“竹”声,上古音“竹”属端纽觉部,“竹”声字与“毒”声字常见通假;“毒”与“逐”上古音皆属定纽觉部;故从音理上说,“箆”读为“逐”不存在障碍。上古音“豕”属书纽脂部,“死”属心纽脂部,舌齿通谐,二字古音亦极近。简文中,吴王之意大概是说:越国士兵刚刚离开其邦国(锐气犹存,又思返回故邦国),这时候我们去追逐(消灭)他们,恐怕他们会拼死战斗吧?

5. 称瘼怨恶

简16:“无良边人称瘼怨恶,交斗吴越。”原整理者注释云:称瘼,《国语》有“称遂”,意义或相近。(第123页)

今按,我们怀疑“称”字之后是三字一义而并列复用者[①],也即“瘼怨恶”三字同义连用。若果如此,则“瘼”字或可读为“雠”,雠怨之义;亦或可读为“咎”,亦是怨仇之义。“瘼”字与“怨”“恶”同义,“称瘼怨恶”即称举仇怨、称扬怨恶。

6. 海濫江湖

简23:“余其与吴播弃怨恶于海濫江湖”。原整理者注释云:濫,与“海”“江”“湖”为类义词,疑读为“济”,古四渎之一。又疑读为“裔”。皆,见母脂部。裔,喻母月部。衣,影母微部。音理可通。《淮南子·原道》:“游于江浔海裔。”江湖,《庄子·大宗师》:“泉涸,鱼相与处于陆,相呴以湿,相濡以沫,不如相忘于江湖。”(第125—126页)孙合肥先生疑“濫”读为“河”,皆、河音理可通,并举典籍“江湖”“江海”“河海”连言为证。[②] 袁金平先生认为“濫”当读为“淮”;皆,见母脂部;淮,匣母微部。声纽见、匣古

① 郭在贻:《训诂学》(修订本),中华书局2005年,第14页。

② 孙合肥:《清华七〈越公其事〉札记二则》,武汉大学简帛网,2017年4月26日,http://www.bsm.org.cn/show_article.php? id=2787。

同为喉音，韵部脂微合韵，语音关系甚为密切；“淮”实指淮水，“海淮江湖”应非虚指泛言，而是与吴、越当时的历史疆域相关联。[1]

今按，若“湝”字从“皆”得声不误，则仅据音理而言，此字似可读为“渊”。上古音“皆”属见纽脂部，“渊”属影纽真部，二字声母同属于喉牙音，韵部脂真阴阳对转，古音极近。我们知道，《庄子·大宗师》中的“江湖”一词早已虚化泛指，故简文中的“江湖”似亦当如此理解。“海渊江湖”，似泛指浩淼无垠或幽深难测之大水。“海渊”一词古书中亦见，如《文选·蔡伯喈〈郭有道碑文〉》“崇壮幽浚，如山如渊”李善注引《家语》：“齐大夫子与适鲁，见孔子曰：‘乃今而后，知泰山之为高，海渊之为大。’”《道藏·上清灵宝大法》：“藏金玉以镇五岳，投龙璧于海渊，铸九鼎以安九州。”《道藏·太上洞玄灵宝宣戒首悔众罪保护经》：“罪高山岳，过积海渊。”《道藏·还真集》：“于此时则当闭关，飞戊土塞于海渊之底，潜龙不可便用。”

7. 称嚞悚惧

简31：越庶民百姓乃称嚞薏(悚)思(惧)曰：“王其有萦(劳)疾?”原整理者注释云：嚞，《说文》：“疾言也。”《正字通》：“与‘沓、嗒、誻、讘’并同。”皆为多言。称嚞，犹嚠嚞。左思《吴都赋》：“嚠嚞㗊嫪，交贸相竞”注：“嚠嚞，众言语喧杂也。”(第131页)

今按，据下文“悚惧”一词，我们怀疑“嚞”字或可读为“慑服”之“慑”，字又作“慴”。上古音“嚞”属定纽缉部，“聂”属泥纽叶部，“习”属邪纽缉部，三字音近可通。[2] 若如此，则“称”字之后的“嚞(慑、慴)”“悚”“惧”亦当是三字一义而并列复用者。[3] 称，称说、言谓之义。“嚞(慑、慴)”“悚”“惧”皆恐惧、慑服之义。

8. 吴人昆奴乃内越师

简68：“越师乃因军吴，吴人昆奴乃内(入)越师，越师乃遂袭吴。”原整理者注释云：吴人昆奴，吴人沦为昆奴。昆奴，未详，疑是奴之一种。或以为“昆奴”为人名。(第148页)或以为：简文中释作“昆”之字可读作“阍”。守门人可称“阍人”，“阍奴”即守门的奴仆。这句话是说阍奴打开城门，使越师进入吴都城里。[4]

今按，“昆”读作“阍”当可信。可为此说补充一条佐证材料。《吴越春秋·夫差内传第五》：“二十三年十月，越王复伐吴。吴国困不战，士卒分散，城门不守，遂屠吴。”

---

① 袁金平：《清华简(七)〈越公其事〉“海湝江湖”臆解》，待刊稿。

② 张儒、刘毓庆：《汉字通用声素研究》，山西古籍出版社2002年，第978—979页。

③ 郭在贻：《训诂学》(修订本)，中华书局2005年，第14页。

④ 可参：武汉大学“简帛网”(www.bsm.org.cn)-“简帛论坛”-“简帛研读”-“清华七《越公其事》初读”中“cbnd(魏宜辉)”发帖，2017年5月6日，http://www.bsm.org.cn/bbs/read.php?tid=3456&page=16。

其中所谓“城门不守”,大概就是指此事。如此,简文当读为“吴人阍奴乃入越师”,“入越师”即是使越师入,意思是吴国的阍奴(守城门者)打开城门让越国军队进入吴国,而非指阍奴(守城门者)自己进入越师。

(侯乃峰:曲阜师范大学历史文化学院,273165,曲阜)

“离”字源流考*

俞绍宏

提要 楚简中的“𦍒”本从“刀”“菐”声，是将“刀”形置于变形的“菐”形之下后，字形下部进一步衍讹为从“矢”形。其继承了“菐”的读音，可与“薄”古音通；又由“薄”同义换读为“浅”，进而可借作“窃”“察”等。“𦍒”有了“窃”之类的读音，又变形音化为楚简中表示殷商先公“离”之“[illegible]”“[illegible]”，再由“[illegible]”“[illegible]”简讹为“[illegible]”，“[illegible]”繁化为《说文》“离”字古文“[illegible]”，“[illegible]”简化为《说文》篆文“[illegible]”。古文字中“業”“𦍒”“菐”“带”字形有别。

关键词 离 源流 考

一 相关字形

楚简中有一个字形，常作为偏旁见于下列字形中（见表1）：

表1

		1	2	1	2		1	2
A	B	C		D		E	F	

A取自《包山楚简》[①]（以下简称“包山”）157简，B取自包山270号简。C取自《郭店楚墓竹简》[②]（以下简称“郭店”）之《语丛（四）》简8，又见于《上海博物馆藏战国楚竹书[③]

* 本文为国家社科基金一般项目“战国古文与敦煌先秦写卷俗字对比研究”（项目编号：17BYY020）阶段性研究成果。

① 湖北省荆沙考铁路古队：《包山楚简》，文物出版社1991年。

② 荆门市博物馆：《郭店楚墓竹简》，文物出版社1998年。

③ 马承源主编：《上海博物馆藏战国楚竹书（一）》，上海古籍出版社2001年；《上海博物馆藏战国楚竹书（二）》，上海古籍出版社2002年；《上海博物馆藏战国楚竹书（三）》，上海古籍出版社2003年；《上海博物馆藏战国楚竹书（四）》，上海古籍出版社2004年；《上海博物馆藏战国楚竹书（五）》，上海古籍出版社2005年；《上海博物馆藏战国楚竹书（六）》，上海古籍出版社2007年；《上海博物馆藏战国楚竹书（七）》，上海古籍出版社2008年；《上海博物馆藏战国楚竹书（八）》，上海古籍出版社2011年；《上海博物馆藏战国楚竹书（九）》，上海古籍出版社2012年。

（以下简称“沪简”）（二）》之《容成氏》简 30，作“”“”。D 取自沪简二《容成氏》简 51。E 取自沪简三《恒先》简 1。F1 取自沪简一《孔子诗论》简 5，F2 取自沪简三《恒先》简 4。楚简又有以下字形（见表 2）：

表 2

		1	2			1	2	3	4	
A		B		C	D	E				F

A 分别取自包山 15 号简背面以及 30 号简，类似的字形还见于包山 24、42、47、54、125、137 号简。B1、B2 分别取自包山 12、126 号简。C 形取自包山 128 号简背面。D 形取自包山 128 号简。F 取自包山 22 简，同样的字形也见于简 27。E 分别取自郭店《穷达以时》简 1、《五行》简 8、13、《语丛（一）》简 68。

楚简有下列诸形（见表 3）：

表 3

					1	2			
A	B	C	D	E	F		G	H	I

A 取自包山简 19，B 取自包山简 36，C 取自包山简 140，D 取自包山简 43，E 取自包山简 140 背；F 分别取自郭店《五行》简 37、39，G 取自郭店《性自命出》简 38，H 取自沪简二《容成氏》简 18，I 取自沪简五《三德》简 10。简文中 A 为人名，B、C、D、E 所记为同一个地名。

二　学者对相关字形的辨识与训读

上述三表诸字形，学者以为其“言”“戈”“攵”“糸”“邑”“刀”“厂”旁之外的偏旁可表字音，学者早期对于此偏旁有“芈”“菐”“業”“斐”“辩”之省、“芈”“带”“辛”的变体等考释意见。郭店简发表后，诸字在简文中的用法，学者有读“察”“窃”“浅”等说法。李运富以为表 3 之 F 为“辛”字变体，简文中可以用作“辩”或“辨”；表 1 之 C 左旁来源于“業”，简文中可读“窃”；其他字形中的声旁应该来源于“菐”（“僕”的省变体，汉字中并不存在独立的、《说文》训为“渎菐”的“菐”），读“覆”。①

① 以上诸说并可参李运富：《〈包山楚简〉“[言菐]”义解诂》，《古汉语研究》2003 第 1 期。《楚简“[言菐]”字及相关诸字考辨》，简帛研究网 2003 年 1 月 24 日；又载李运富主编《汉字职用研究・理论与应用》，中国社会科学出版社 2016 年。

沪简陆续发表后，见于沪简二《容成氏》中的表1之C字，陈伟、陈剑读“契”。[①]表1之D整理者存原篆而读为“带”，简文“带甲”指披带铠甲的战士，《孙子·作战》“带甲十万”。整理者疑表1之E读“质”，以为表1之F1从并“業”，F2读“察”。李锐以为表1之E读“樸”，F2可能读“業”。[②]

何景成以为表1之D释“带”，楚文字中“带”字下半部分讹变成“大”或“矢”形，与表1释“窃”之C的声符造成同形关系，C的声符与“[illegible]”“[illegible]”“[illegible]”等构件为甲骨文、金文字中的“契”子初文“㓞”演变而来的。[③]

李零以为以上三表字形从“离”得声。[④]

此外还有释“戋”“划(铲)”说，可参本文“补记”部分。

笔者疑以上三表字形之声旁或从“菐”，或为“菐”变体，或源于“菐”。

表1之D整理者读“带”可以通读简文。其与表1之B为一字，只是偏旁位置不同。郑玉姗以为D从“糸”，“菐”声，为“披”之异文。[⑤]楚简中的“僕”字存在“菐”“付”“父”声旁互换的异体；“父”属並纽鱼部，“皮”属並纽歌部，二者声母相同，歌、鱼可通转[⑥]，则“父”字声系与“皮”字声系的字当可通；文献中“皮”字声系的“被”与“父”字声系的“蒲”(並纽、鱼部)有相通之例[⑦]。因此D或也可读为“披”，“披甲”，穿上铠甲。《墨子·兼爱下》“被甲婴胄”，“被”读“披”，“被甲”即“披甲”；《汉书·陈汤传》“数百人披甲乘城”。

表1之E从“菐”得声，《恒先》为道家文献，“樸”是道家概念，读“樸”似更恰当。

表1之F1于简文中与“本”为对文，显然是在通过比附树木以说理。《说文》(卷六“木”部)“木下曰本”，“樸，木素也”，先秦文献中的“樸”有训为“质”“本”用例[⑧]，“质”又可训“主”“主体”。《管子·君臣下》“天道人情，通者质，宠者从，此数之因也”，尹知章注“质，主也。能通于天道人情者，可以为主；其不能通，但宠贵之者，可以为从，谓臣也”。《庄子·庚桑楚》“果有名实，因此己为质”，郭象注“质，主也”。则F1可读为“樸”。F2当从整理者读“察”说，“察察”一语见于《老子》“众人察察，我独闷

---

① 陈伟：《〈上海博物馆藏战国楚竹书(二)〉零释》，简帛研究网2003年3月17日；又见《武汉大学学报》2004年第4期。陈剑：《上博楚简〈容成氏〉与古史传说》，复旦大学出土文献与古文字研究中心网站2008年7月31日；又载陈剑著《战国竹书论集》，上海古籍出版社2013年。

② 李锐：《〈恒先〉浅释》，confucius2000网2004年4月17日。

③ 何景成：《楚文字“契”的文字学解释》，《简帛语言文字研究》(第5辑)，巴蜀书社2010年。

④ 李零：《读清华简笔记：离与竊》，《清华简研究》(第一辑)，中西书局2013年。

⑤ 郑玉姗：《上博简二〈容成氏〉简纀字考释》，简帛研究网2003年1月16日。

⑥ 吴泽顺：《汉语音转研究》，岳麓书院2006年，第198页“鱼歌相转”条。

⑦ 高亨：《古字通假会典》，齐鲁书社1989年，第690页。

⑧ 宗福邦、陈世饶、肖海波：《故训汇纂》，商务印书馆2003年，第1152页。

闷”、《史记·屈原贾生列传》“人又谁能以身之察察，受物之汶汶者乎”，简文“察察天地”犹今言之“朗朗乾坤”。

那么，楚简中的“菐”声字何以能读“浅”“窃”“察”？推测这可能与楚简中可能存在的x假借为y后再同义换读为z，以及x同义换读为y后再假借为z这一用字现象有关①。“菐”声字假借为“薄”，古籍中“薄”可训“不厚”“少”“微”，“浅”可以训“不深”“薄”“褊”“少”（可参前引《故训汇纂》第1978、1274页），因此“薄”可同义换读为“浅”，“浅”假借为“窃”“察”。

三 相关字形探源

表2诸形，B1“言”上部的横画写成类似于楷书中的点画，左右两个偏旁上部的横画黏连成一线。B右旁“”形中的横笔道省去后就与A同。C如果简省掉其右旁中间的“丷”就与B同。D简省掉类似楷书“又”形中的横笔道后就与C同。E4右下从“廾”；E3与D同，右下省从“又”；E2为E3之变；E1与A同。与A、E1相比，F右旁下多出“刀”形。

表3诸形，从字形上看，A、B、C、H、I显然为一字。D形右旁的右下从“刀”，E形右下的“刀”与“又”共用笔画。D、E右旁显然就是A、B、C、H、I。将D、H中的“刀”分别移至D右旁、H左旁下部，D右旁、H就与表2之F右旁同。F1为F2之变（下部两侧笔画断裂），F下带有“刀”，“刀”形与上面的偏旁共用一长斜形的笔画，“刀”上的“”颠倒以后就成为“”形，而古文字中这样的笔画颠倒形象并不少见，因此F与A、B、C为同一个字，实际上就是表2之F右旁。G左旁实际上就是F，是一个从“戈”“F”声的字。F、G简文中均读“察”（可参《郭店楚墓竹简》释文注释以及裘锡圭按语）。

表1诸形中除了“糸”“攵”“言”“厂”外，剩下的部分字形相同，应为同一个偏旁。学者们比较一致的观点是表1之A与表2诸形在简文中用法相同，当为一字之异，可读为“察”。② 表1之A与表2之F两者均从“言”，右旁相近，在简文中用法相同，其右旁应当是同一个偏旁。由此可以推测表1诸形共同的偏旁中类似于“矢”的构件

① 俞绍宏、王娅玮：《同义换读及其复杂性初探——以楚简文字为例》，《中国语文》2017年第2期。

② 笔者之所以不取读“覆”说，是因为文献中的“覆”表示“察”义时往往偏重于覆核、核验、审核这一类含义，而这一类含义无法解释通所有的简文，如沪简四《曹沫之陈》简45“其赏浅且不中，其诛厎且不詨”，“詨”与“中”相对，均应为形容词，简文中应读“察”，训明察，若读“覆”，则没有明察义，因而也就讲不通简文。“察”有审察、考察、观察、调查、明察等诸多含义，能够读通所有简文。

应当是由表 2 之 F 右下的“”演变来的。楚文字“大”形下部原本表示人躯干与下肢的部分有的讹变成类似“刀”形，如“大”字望山一号墓 61 号简作“”[①]，沪简六《孔子见季桓子》简 13 作“”、沪简七《武王践阼》简 11 作“”、沪简八《颜渊问于孔子》简 10 作“”，与“”相近。如果把“”下部“刀”写成像表 3 之 A、D、E、G 所从的“刀”形，就与“”混同了。表 1 之 C 左下作“”形，就是为了便于把“”与“”等形彻底区分开来，在“”下“刀”形上部加上一横作为区别性符号（古文字中类似的区别性笔画多见），再改变其“刀”字右边笔画的弯曲度或弯曲方向而形成的。“”右下的笔画为捺笔，由“”到“”的过渡形体就是表 1 之 D2 左下的“”：→→。

看以下表 4 所列从“菐”旁的字形：

表 4

1	2	1	2					
A		B		C	D	E	F	G

A1 见于黝钟，A2 取自砖瓦厂简 1。A2 的“人”与“臣”笔画黏连，这样的黏连也见于 B2。B 分别取自包山 15、16 号简。A 省去“又”，就成为 B。C 取自郭店《老子（甲）》简 3，其中的“又”移至“臣”下。D 取自郭店《老子（甲）》简 2。C、D 分别为 A、B 省去“人”形。A、B、C、D 均为“僕”字异形。以上字形可参《楚系简帛文字编》[②]、《楚文字编》[③]。笔者曾依据楚简材料考证了“菐”“薄”古音可通[④]，而 E 见宗周钟、F 见禹鼎，均从“菐”得声（楚简“菐”之“廾”旁多省作“又”，有的还伴随着共笔及讹变现象。“菐”字来源可参下引笔者《金文“戣”诸形考辨——楚简“菐”声字研究之二》一文），则 E、F 可读“薄”[⑤]。G 见沪简九《成王为城濮之行》简 1，整理者指出简文中用作“城濮”之“濮”，为借“僕”作“濮”；此字形又见于清华简四《别卦》简 2，作“”，释“僕”读“剥”[⑥]。表 4 诸形从“菐”是没有异议的，将表 2、表 4 诸形相关偏旁相比，可知表 2 之 A、B、C、D、E“言”旁之外的部分也应为“菐”。表 2 之 F、表 3 相关字形或偏旁则从“刀”“菐”声。如此看来，表 1 诸形共同的偏旁原本也从“刀”“菐”声，由于在“刀”形上部加上一个区别性横笔道，下衍变为类似于“矢”旁，因此其可以隶定为“筴”。

① 湖北省文物考古研究所、北京大学中文系：《望山楚简》，中华书局 1995 年，第 31 页。

② 滕壬生：《楚系简帛文字编》，湖北教育出版社 1995 年。

③ 李守奎：《楚文字编》，华东师范大学出版社 2003 年。

④ 俞绍宏：《古文献新证三则》，《古籍整理研究学刊》2014 年第 2 期。

⑤ 俞绍宏：《金文“戣”诸形考辨——楚简“菐”声字研究之二》，《南开语言学刊》2015 年第 2 期。

⑥ 李学勤主编：《清华大学藏战国竹简（肆）》，中西书局 2013 年，第 129—131 注 6。

四　“⿱䒑矢”“带”“業”辨

前文所述“⿱䒑矢”诸释中，释“带”“業”说较有影响。

楚简中确定的“带”及从“带”之字所从之“带”，据《楚系简帛文字编》（增订本）所录字形，其下部除仰天湖简中有三例下作“”“”“”外，其他均作从“巾”形[①]，沪简三《周易》简5有从“糸”“带”，用作“带”之字，作“”，所从之“带”旁下部也从“巾”。表1诸形共同的偏旁字形下部与“巾”有别，恐非为“带”字。

“⿱䒑矢”不是“業”字。中山王鼎（2840）、中山王方壶（9735）“業”作“”，中山王鼎中还有从“心”“”声的“”；西周春秋铜器铭文中用作“業”的字形还有从二“”（業）、下从“去”的，见𤺓钟（246—259）、秦公钟（270）、昶伯鼎（2622，字形下残）、九年卫鼎（2831）、秦公簋（4315）、晋公盆（10342）等器（此处所列青铜器均出自《殷周金文集成》，中华书局1984—1994年版。器名后括注数字为该器在《殷周金文集成》中的序号）。关于古文字“業”字构形源流，曾宪通曾有过研究[②]，此处不再赘述。

上述“業”或“業”旁与“⿱䒑矢”虽然相近，但是也有不同的地方，即上述“業”或“業”旁下没有从类似“矢”形的，而“⿱䒑矢”均从“矢”形，没有从“大”的。河南古鄴城遗址瓦当和残陶量上面的印章戳记“”“”，王蕴智《释竞业及与其同源的几个字》一文分别释其为“業”“業市”，赵平安据之正确地释出沪简七《吴命》简7“”为“業”[③]，此三例“業”下部也从“大”。清华简《说命（下）》简6有重文“”、《周公之琴舞》简5有重文“”，从二“業”，为重文，整理者释读为“業”，又说它们与表1之F同[④]。说“”“”从二“業”是正确的，但是它们不同于表1之F，因为两者有从“大”与从“矢”之别。古文字中固然存在“大”“矢”旁相混问题，不过，据我们考察，由于汉字字形的时代发展与地域分化，笼统以观之，汉字的形混现象的确很常见；但是在具体的用字实践中，人们真正因字形混讹而导致误读文字的现象其实并不十分常见。

首先，某一时代或区域的某字与另一时代或区域的另一字混同，可是由于它们是分属于不同时代或通行于不同区域的文字，因此在同一时代或同一区域内，不会出现

① 滕壬生：《楚系简帛文字编》（增订本），湖北教育出版社2008年，第720—721页。

② 曾宪通：《从曾侯乙编钟之钟虡铜人说“虡”与“業”》，曾宪通著《古文字与出土文献丛考》，中山大学出版社2002年。

③ 赵平安：《释〈吴命〉7号简“業”字》，复旦大学出土文献与古文字研究中心网站2009年1月16日。

④ 李学勤：《清华大学藏战国竹简（叁）》，中西书局2012年，第128、130、133、138页。

两者混同问题。

其次，用来书写人们熟悉的一些词语的某些字形，有的与别的字形讹混，不过人们可以根据这些词语出现的语境很容易识读它们。如西周金文“对扬”的“对”有时讹与“菐”形同[1]，但是由于“对扬”一语为当时的人所熟悉，因而人们不至于将与“扬”连用、讹与“菐”同形的“对”字误读为“菐”（更何况至今尚未发现西周时期有独立使用的“菐”字）。

第三，X形中的x旁有时讹混为与x形近的y旁，但是由于X中有其他偏旁对字形的制约，因而不至于造成字形的误识误读。或者X中的x旁讹混为y旁，但无论是从x旁还是y旁，仍然为一字，因而不至于造成字形的误识误读，如楚简中的“智”所从的“矢”旁有时讹成“大”旁，但无论从“矢”还是从“大”，都是“智”字。

第四，文字讹混易造成人们阅读、理解的误会，因此人们总是会想办法避免之，比如“業”字，前引中山器铭文增益“口”这一区别性符，以区分“菐”“業”；三十三年業令戈作“”、非釪戈“”[2]，则增益的“口”变形为“”。再如楚简中“矢”作为偏旁构字时由于有其他偏旁起到了区别字形的作用，往往与“内”“入”旁混同；但是独立的“矢”作“”等倒“矢”形，与“内”“入”明显不同，李守奎等指出这是为了避免与独立成字的“内”“入”形混同。[3]

因此，同一时代、同一地域的文字中容易造成误识误读的、绝对的文字混同现象是很少的。楷书阶段的汉字中有少数“菐”旁讹混为“業”旁，如“撲”讹作“擛”“樸”讹作“𣝣”，但是由于楷书中不存在从“扌”或从“木”、以“業”为声旁的字，也就是说，“擛”“𣝣”分别只是作为“撲”“樸”的讹字而存在的，因此也就无所谓与其他文字混淆。

“菐”“業”均见于包括楚系文字在内的古文字材料中，二者理当字形有别，否则定会造成当时的人们的误读，而下从“矢”形与从“大”形应当是两者的基本区别。

五　“离”字来源

《说文》卷十四“内”部“内”古文作“”（可隶定为“内”“厹”），篆文作“”，解为“兽

① 林沄：《究竟是“翦伐”还是“撲伐”》，《古文字研究》（第25辑），中华书局2004年，第115—118页。

② 汤余惠主编：《战国文字编》，福建人民出版社2001年，第160页。

③ 李守奎、曲冰、孙伟龙：《上海博物馆藏楚竹书1—5文字编》，作家出版社2007年，第280页。

足蹂地也。象形,九声";"离"篆文作"",古文作"",解为"蝨也。从厹,象形。读与偰同"。《说文》卷七"米"部解"竊"为"盗自中出曰窃。从米从穴,离、廿皆声。廿,古文疾。离,古文偰";卷八"人"部"偰,高辛氏之子,尧司徒,殷之先。从人契声"。也就是说,在《说文》系统中,"离"的构形本义是"蝨",又为"偰"字古文。

殷人先祖"偰"在沪简二《子羔》简10、12记作"""",后者为前者的减省。整理者释为"离",指出:又作"契",传说中的商人始祖名,简文与《说文》"离"古文相近,但简文笔画更繁;简文字形像头上有三歧的动物,上下肢都有所象征,为契名的本字。

笔者曾以为,""上部与楚简"菐"字上部同,下部的""及其简体(即""下所从)也见于沪简六《竞公瘧》篇所载春秋时期人名梁丘據之"據"字(简1作""、简9作""、简13作"")。徐在国指出所谓"據"字当释为"虡",读为"據","""""""为"丵"之讹[①]。"丵"也见于金文,曾宪通以为"丵"为"虡"初文,"虡"为在"丵"上增益声符"虍"而成。[②] "虡"古音在群纽鱼部,"契"作为人名用字古音在心纽月部[③]。文献中古音属于鱼部的"虎"字声素字与心母、月部的"辥"字声素字可相通[④],因此,"虎"字声系字无疑可以充当心母、月部的"离(契)"的表音部件。"虎""虍"古音同属晓纽鱼部,"虍"可作为"虡"字声符,则"虡(丵)"自然可以充当"离(契)"字声符。因此""可能是将"菐"下部变形声化为"丵"而成的、用来表示"离(契)"这个人名的专字。后来发现前引何景成文早已经指出""""下从"丵",可能是"契"(笔者按,指表1之A右旁、C左旁,表2之F右旁)字下部"大"、或"矢"的变形音化。

楚简中有下列得到学者公认的释为"窃"诸形(见表5):

表5

1	2	1	2		
A		B		C	D

A、B分别见于包山120、121简,A1、B1字形取自包山简图版,A2、B2字形为季旭昇《说文新证》所摹字形,[⑤]其与"菐"相对应的部分,上部的笔画向下呈聚集状,向上呈

① 徐在国:《上博(六)文字考释二则》,简帛网2007年7月23日。

② 曾宪通:《从曾侯乙编钟之钟虡铜人说"虡"与"菐"》,曾宪通著《古文字与出土文献丛考》,中山大学出版社2002年。

③ 郭锡良:《汉字古音手册》,北京大学出版社1986年,第75、41页。

④ 张儒、刘毓庆:《汉字通用声素研究》,山西古籍出版社2002年,第397页。

⑤ 季旭昇:《说文新证》,福建人民出版社2010年,第599页"窃"字条。

发散状，而“粪”上部笔画一般近乎平行状，当为书写过程中的笔形讹变。C取自清华简一《楚居》简4，D取自清华简二《系年》简79。[①]

“□”“□”与D关系密切，而D与C均从“米”“攴”。D除去“米”“攴”外，剩下的“□”即沪简《子羔》之“□”的变异写法：将“□”部件的左右两个“□”省去后，再上移到“□”中的“□”中，以便腾出空间安排左下的“米”、右下的“攴”；省去“□”上部三个“□”中的一个后，连同其下的横画下移至“□”形中，“□”就成为“□”。

《说文》解“离”为“蟲也。从内，象形”，解“内”为“兽足蹂地也”，文献中不见“离”训“蟲”用例，也不见“内”之用例。何琳仪以为“内”旁不能独立存在；[②]季旭昇《说文新证》（第992页）以为“内”为“萬”“禽”“离”“禹”等字下部繁化所造成的部件，均可信。《说文》“离”字的析形释义是不可信的。

根据上面的分析，我们以为，“离”字演化轨迹可能如下：“粪”变形音化为“□”，“□”简化为“□”，“□”简讹为“□”，“□”繁化为《说文》“离”字古文“□”，“□”省变为《说文》小篆“□”，“□”隶定为“离”。楚简中释“离”之“□”“□”是目前我们能够见到的“离”字最早的字形，为殷之先祖“偰”之专字，它们源自“粪”而不同于“粪”，为“粪”的音化分化字。

六　补记

本文初成于几年前，后来续有删增修改。前不久拜读张峰、谭生力文[③]，以为表1之C左旁来源于“業”；表1之D左旁来源于“帶”；表1之A及表2、表3诸字形所从的偏旁均为“戋”字变体（笔者按，较早提出释“戋”说的是裘锡圭《〈太一生水〉“名字”章解释——兼论〈太一生水〉的分章问题》，载《古文字研究》第22辑，中华书局2000年版）。

最近拜读韩厚明文[④]，其从学者将本文探讨的字形释为“铲”：《说文》“铲，一曰平铁”，《六书故·地理一》“铲，状如斧而前其刃，所以铲平木石者也”，又“铲”有“削”义，

---

① 李学勤主编：《清华大学藏战国竹简（壹）》，中西书局2010年，第185页；《清华大学藏战国竹简（贰）》，中西书局2011年，第170页。

② 何琳仪：《释离》，四川联合大学历史系主编《徐中舒先生百年诞辰纪念文集》，巴蜀书社1998年，第57—60页。何琳仪：《战国古文字典》，中华书局1998年，第463页下“禹”字条。

③ 张峰、谭生力：《论古文字中戋字变体及相关诸字形音义》，《江汉考古》，2016年第4期。

④ 韩厚明：《谈“辛”与“铲”字的初文》，《中国文字研究》（第25辑），上海书店出版社2017年。

《文选·鲍照〈芜城赋〉》“铲利铜山”，李善注引《仓颉篇》曰“铲，削平也”，《文选·木华〈海赋〉》“乃铲临崖之阜陆”，刘良注“铲，凿也”。由古籍注释可知“铲”除用为治田的农具外，还可以用于开山采石，这种采矿的“铲”在湖北大冶铜绿山古矿井中有发现。

笔者以为，“铲”有铲削、挖掘、铲除义，训“平”与铲削义相因。刘良注“铲，凿也”文例较晚，同时“凿”也有挖掘义，《海赋》之“铲”即是平、挖一类意思，而不是一般的锤凿之义。

此外燕王职壶铭文中的“蹼”字，其铭文辞例为“蹼祚承祀”，前引笔者《金文“戣”诸形考辨——楚简“菐”声字研究之二》一文曾谈到这个字形，以为学者读“蹼”为“践”有“践祚承祀”这一辞例的支撑，难以移易。实际上这里的“蹼”若视为从並纽屋部“菐”得声，则铭文中可读为並纽觉部的“复”（可参《汉字通用声素研究》第294页“菐通复”条）。“复祚”即重获君位，与古汉语中的“复辟”一词含义同。史载燕王哙将君位禅让给丞相子之，造成燕国大乱，后来君位复归于燕王哙之子燕王职，“复祚”即是指此。《晋书》“及惠帝复祚”，是指司马伦篡位，后来淮陵王司马漼杀司马伦的党羽，驱逐司马伦，引司马衷复位。

最后需说明的是，与本文表1—3所录字形相关的字形楚简中还有不少，对其进行考释的学者颇多，为避免行文繁缛，本文没有穷尽地列出相关字形以及诸位学者考释意见，读者若想比较全面地了解学者相关的研究论著及考释意见，可参本文注释所录李运富、何景成、张峰与谭生力、韩厚明等学者的文章。

（俞绍宏：郑州大学汉字文明研究中心，450001，郑州）

新出燕陶文选释*

徐在国

提要 《战国燕齐陶文》是一部有关燕齐陶文新材料的著录书，内容重要。本文就其中所著录的燕陶文中的个别释文提出新的看法，并对个别残存的陶文与已公布的完整陶文相互比对，做出补释。

关键词 《战国燕齐陶文》 燕陶 倒置 双声符

“燕陶文”指战国时期燕国的陶文。“新出”主要指王恩田先生的《陶文图录》[①]出版后新公布的古陶文。最近见到一本《战国燕齐陶文》[②]，里面有些新材料，我们选择其中几方燕陶文略做考释。

一

《战国燕齐陶文》051 著录如下一方陶文：

原释文为“陶攻囟皿”。

按：原书印制时将拓片放倒了，旋转后应为：

---

* 基金项目：安徽省高校人文社会科学研究基地重大项目“新出古陶文选释”（批准号：SK2017ZD01）。

① 王恩田：《陶文图录》，齐鲁书社 2006 年。

② 《战国燕齐陶文》（尚彝轩藏陶，董珊释文），文雅堂 2001 年。《陶文图录》未收。

又见于陶录 4·60·2：

王恩田先生隶定为“盅”。[1]

按：此字当隶作“盌”，释为“盟”。战国文字“盟”字或作：

上博六·寿 4 上博五·竞 7

上博五·季 10

与上揭陶文“”形体相近。

陶文“缶（陶）攻（工）盟”之“盟”，为陶工的名字。

二

《战国燕齐陶文》102 著录如下一方陶文：

原释文为“童冢”。

按：原释文估计应为造字，印刷时将一个字印成了两个字。原释文认为此字上从

① 王恩田：《陶文图录》，齐鲁书社 2006 年，第 1578 页。

“童”，下从“冡”，是正确的。上所从乃“童”之省体，此字是一个双声符的字，“童”“冡”均为声符。上古音“童”，定纽东部；“冡”，端纽东部。声纽均属端系，韵部相同。此字可能是“童”字的繁体，加注“冡”声。类似双声符的字，古文字中尤其是战国文字中不少，学者有专文研究①，此不赘述。

此为单字陶文，乃首次出现，弥足珍贵，字在陶文中可能用为人名。

三

《战国燕齐陶文》106 著录如下一方陶文：

原释文为“脑”。

按：此字释“脑”，误。此陶拓旋转以后作：

显然，字形上部从“之”，下部从“止”，“之”“止”均是声符，也是个双声符的字。此字形战国文字习见，如：

楚：郭店・五行 10　上博四・曹 21　包山 239

清华五・三寿 09　帛书甲

晋：玺汇 0906　玺汇 3451

燕：陶录 4・207・3

上录形体均与“”构形同，当隶作“𡳿”，释为“之”，加注“止”声。此为单字陶文。

古陶文常常因为拓片的倒置而误释，关于古陶文的倒置，看参拙文《说“喜”兼论

① 吴振武：《古文字中形声字类别的研究——论“注音形声字”》，《研究生论文集刊（吉林大学）》（社会科学版）1982 年第 1 期；《古文字中的“注音形声字”》，载《第三届国际汉学会议论文集文字学组：古文字与商周文明》，中研院历史语言研究所 2002 年。陈伟武：《双声符字综论》，载《中国古文字研究》第一辑，吉林大学出版社 1999 年，第 328—339 页。

古陶文著录中的倒置》。[①]

四

《战国燕齐陶文》027 著录如下一方陶文：

原释文为“陶工乙”。

按：最后一字释“乙”，是错的。此字当释为“士”。杞陶斋藏拓有如下一方燕陶：

两拓比对，即可发现最后一字形同，当释为“士”。燕陶文中习见以“士”为陶工名，如：陶录 4·83·2—4·86·4 均为“缶攻士”。《战国燕齐陶文》071 著录如下一方陶文：

原释文为“陶攻四瞉”，亦将“士”字误释了。实际上，此陶应释为“缶工士二瞉”。

五

《战国燕齐陶文》067 著录如下一方陶文：

① 徐在国：《说“喜”兼论古陶文著录中的倒置》，《安徽大学学报》（哲社版）2008 年第 5 期，第 87—90 页。

原释文为“陶攻冶□陶”。

按:“陶攻”后一字释“冶”,误。陶文左部释为“□陶”,亦误。此字当释为“坐”。正确的释文应为:缶(陶)工坐二吉(觳)。

国家博物馆藏河北易县燕下都遗址的陶文有如下一方:

历博・燕 20[1]

《战国燕齐陶文》067 应与历博・燕 20 文同。据此可知,完整的陶文有非常重要的意义,可以用它来和残缺的陶文比对,从而正确地考释出未释字和误释字。

六

《战国燕齐陶文》110 著录如下一方陶文:

原释文为“子氏虫”。

按:燕兵器铭文中有如下一字:

集成 11383 蝨生不戈　～(蚳)生不(丕)乍(作)戎戒(械)

此字学者多释为“蝨”。

---

① 史树青主编:《中国历史博物馆藏法书大观第 3 卷:陶文、砖文、瓦文》(简称“历博”),上海教育出版社 2000 年。

我们认为陶文中的“”,与兵器铭文中的“”是一个字。只是有“口”与无“口”的区别。陶文中的“”,从“蚰”,“昏”声,疑为“蟨”之繁体。《说文》:“蟨,鼠也。一曰西方有兽,前足短,与蛩蛩、巨虚比,其名谓之蟨。从虫,厥声。”“”上部所从可看作是“昏”之省,也有可能是“氒”,字亦应释为“蟨”。

综上,《战国燕齐陶文》110 应释为“蟨子”;集成 11383 应释为“蟨生(甥)”。

七

《战国燕齐陶文》111 著录如下一方陶文:

原释文为“蚤胥”。

按:此陶应为一个字。又见于燕玺,作:

玺汇 1237 乔～ 玺汇 3886 公孙生～ 玺汇 5490～

或认为从“马”,“肙”声,释为“駽”。《说文》:“駽,青骊马。从马,肙声。《诗》曰:‘駜彼乘駽。’”张振谦先生释为“鹃”。[①] 陶文为单字陶文,此字可能为人名。

八

《战国燕齐陶文》098 著录如下一方陶文:

原书缺释。

---

① 张振谦:《燕系文字研究》,河北大学博士后出站报告,2011 年,第 33—34 页。

按：此陶文拓片旋转后作：

步黟堂 234[1] 著录如下一方燕陶：

翻转后作：

唐存才先生释为“萬”。

战国文字“萬”字或作：

秦：玺汇 4493 秦风 249 秦风 249

云梦·效律 27

楚：郭店·老甲 13 上博二·容 10 上博二·容 43

清华一·保训 5 清华五·厚父 05

江汉考古 2014.4 曾侯腆钟

晋：集成 9720 令狐君壶 玺汇 4491 玺汇 4793

玺汇 4811 珍战 195

齐：集成 4649 陈侯因資敦 集成 9709 公孙竈壶

集成 4630 陈逆簠 集成 4629 陈逆簠

① 唐存才：《步黟堂藏战国陶文遗珍》（简称“步黟堂”），上海书画出版社 2013 年。

上录形体均与“”形异，释“萬”可能是有问题的。

我们认为“”与“”同，二者的区别是“”“”两部分或分离，或合在一起而已。

此字疑释作“蒐”。战国文字“蒐”或从“蒐”之字或作：

蒐云梦·杂抄 7

集成 9734 好蚉壶

宿(搴)上博六·木 1 上博六·木 3

上录文字“蒐”均与“”形近，释“蒐”可信。问题是所从之“”，如何解释？一种可能是“止”之讹变，另一种可能是“鬼”所拿的杖。

以上对新公布的燕陶文中的个别释文提出了我们的看法。对个别残存的陶文，根据已经公布的完整陶文做出了补释。已经发现的燕文字材料不多，相比较而言，燕文字中陶文的材料较为丰富，现在还在陆续发现，有许多新品均在藏家手中。希望这些材料早日公布，必将会促进燕文字以及战国文字的研究。

（徐在国：安徽大学徽文院汉字发展与应用研究中心，230039，合肥）

利用俗字校勘古书举例

蔡 伟

提要 本文尝试利用学者们对俗字研究的成果，来校正古书中误字。其中分别对《高士传》中之"则不踰君之庭"、《昌言·教禁》之"康道德"、《论衡·自纪》之"舒戟采葵"、《文子·精诚》之"要缪乎太祖之下"、《广雅·释诂》之"揖，收也"、《医心方·临御》之"捉入于子宫"及《盐铁论·诏圣》之"其亡益乎"等文句做出判断，通过俗字来校订误字，使这些古书的文句基本可通。

关键词 俗字 古书 校勘

近一个世纪以来，由于越来越多的古代写本的发现，许多特出的学者都肆力于此，使得俗字的研究逐渐成为一种专门的学问。掌握俗字的讹误演变规律，对校理写本本身以及一些传世的古书，无疑具有十分重要的作用。在这里，我们利用俗字研究的成果，来校正古书中误字。

1. 踰—蹹/踏、蹋

晋·皇甫谧《高士传》卷中"公仪潜"条下曰：

> 虽蔬食饮水，伋亦愿在下风，如以高官厚禄为钓饵，而无信用之心，公仪子智若鲁者可也，不尔，则不踰君之庭。[①]

今按："踰"当作"蹹"，"踰""蹹"形近，故"蹹"字，俗书往往误作"踰"。[②] 又从俞从翕之字亦往往讹混：

> (1)写本《群书治要》卷12引《吴越春秋》"愈心财进"(二/207)，今本作"翕心而进"。
>
> (2)写本《群书治要》卷50引《抱朴子》"在乎呼喻"(七/440)，刻本作"在乎呼噏"。
>
> (3)《可洪音义》："喻，许立反，正作噏。"[③]

---

① 罗振玉：《高士传辑本》，收入《罗雪堂合集》(第三十四函)，西泠印社2005年。

② 古书"蹹"误作"踰"，例证可参孙诒让《札迻》，中华书局2009年，第226页；又详细的讨论，可参董志翘《〈观世音应验记三种〉俗字、俗语零札》，《苏州教育学院学报》2002年第2期。

③ 韩小荆：《〈可洪音义〉研究——以文字为中心》，巴蜀书社2009年，第729页。

《妙法莲华经释文》曰：

蹹，徒合反，《广疋》云："蹹，践也。"亦作蹋、踏，三形皆同也。[①]

《孔丛子·公仪》有类似的语句作：

不然，则彼〈伋〉将终身不蹑乎君之庭矣。

《子思子·胡毋豹》作：

不然，则彼〈伋〉将终身不躐乎君之庭矣。

《高士传》之"则不踰〈蹹〉君之庭"与《孔丛子》之"则彼〈伋〉将终身不蹑乎君之庭矣"及《子思子》之"则彼〈伋〉将终身不躐乎君之庭矣"，用字虽有异，而其文义则相同，"踰〈蹹〉""蹑"（蹹、蹑古音亦近）"躐"，皆是践踏之义。

2. 康—秉

写本《群书治要》卷 45 引《昌言·教禁》曰：

肃礼容，居中正，康道德，履仁义，敬天地，恪宗庙。[②]

刻本《群书治要》与写本同。"康道德"，孙启治注：

乐好道德。《尔雅·释诂》："康，乐也。"[③]

今按："康"当作"秉"，"康""秉"形近，往往讹混。写本《群书治要》卷 32 引《管子》"有一人康剑而前"（五/131 页），卷 44 引《桓子新论》"王翁始康国政"（六/434 页），卷 44 引《潜夫论》"君内康伐贤之斧"（六/473 页），卷 46 引《中论》"康杀生之权"（七/114 页），诸"康"字之右侧，校者皆改为"秉"字，为刻本《群书治要》所承用，是其例证。又唐钞《文选》收录的曹子建《七启》，其中有"捷忘归之矢，康繁弱之弓"（二/123 页），[④]"康"亦为"秉"之俗讹字。又王莽时县名"秉义"，《水经注》亦误作"康义"。[⑤] 以上这些都是俗书"秉"作"康"的例证。根据文义，"康〈秉〉道德，履仁义"也正相对为文，而作"康道德"，则义不可通矣。

3. 鉾—鋅/矛

《可洪音义》曰：

鋅戟，上音牟，正作矛。（卷 11，A954b）

刀鋅，莫侯反，枪别名也，正作矛也，或作鉾。（卷 13，A1021a）

---

① 《妙法莲华经释文》，收入《古辞书音义集成》（第四卷），日本汲古书院 1979 年，第 105 页。

② 《群书治要》（7），日本汲古书院 1991 年，第 51 页。

③ 孙启治：《昌言校注》，中华书局 2012 年，第 350 页。

④ 周勋初纂辑：《唐钞文选集注汇存》，上海古籍出版社 2011 年。

⑤ 朱起凤：《辞通》，长春古籍书店 1982 年，第 1657 页。

釪⿰金戟,上莫求反,下居逆反,正作矛戟。(卷 23,B281a)

韩小荆说:

"釪"当是"鉾"字异写,"鉾"同"矛",《玉篇·矛部》谓"鉾"是"矛"的古文。被释词目分别出自《十住毘婆沙论》第一卷音义、《梵网六十二见经》音义和《经律异相》第四十四卷音义,今《大正藏》对应经文分别作"矛戟""刀矛""矛⿰金戟","⿰金戟"当是"戟"的增旁俗字。

《龙龛·金部》:"釪,《旧藏》作舒。"该字乃"舒"的俗字,《可洪音义》卷九《大佛顶如来密因修证了义诸菩萨万行首楞严经》第二卷音义:"釪缩,上音书,伸也,正作舒。"可证。"舒"的俗字"釪"与"矛(鉾)"的俗字"釪"同形。《字海》据《龙龛》收录"釪"字,曰同"舒",未及"矛(鉾)"字音义。①

由此我们可以推知,《论衡·自纪》说:

牛刀割鸡,舒戟采葵,铁钺裁箸,盆盎酌卮,大小失宜。

其中的"舒戟"亦当为"舒〈鉾〉戟"之误,"舒〈釪—鉾〉戟"即"矛戟"。《金楼子·立言篇下》有"牛刀割鸡,矛戟采葵,甚非谓也"之句,文义字句皆与《论衡》相似,尤为可证。蒋礼鸿不知"舒"为"鉾"之俗讹字,而以"锐戟"说之,②非是。

"釪"字,又见《一切经音义》卷 17、卷 43、卷 49、卷 73。《原本玉篇残卷》"屛,舒里反"(505 页),《篆隶万象名义》作"釪里反"(1125;221 上);写本《群书治要》卷 45 引崔寔《政论》有"吊屈子以釪愤者也"语(七/10 页),"釪"即"舒"字之俗写。

萧旭已据《金楼子》校《论衡》,但他说:

"舒"当作"矛",字之误也。张宗祥曰:"舒,展也。此言戟刃形。"非也。③

义虽是,却未得其字。

4. 要—安

《文子·精诚》曰:

至黄帝,要缪乎太祖之下。

朱弁注:

要缪,卑小之貌。

王叔岷说:

---

① 韩小荆:《〈可洪音义研究〉——以文字为中心》,巴蜀书社 2009 年,第 245 页。

② 蒋礼鸿:《义府续貂》(增订本),中华书局 1987 年,第 160—161 页。

③ 萧旭:《〈金楼子〉校补(二)》,复旦大学出土文献与古文字研究中心,http://www.gwz.fudan.edu.cn/SrcShow.asp? Src_ID=1903,2012 年 7 月 17 日。

“要缪”当作“宓缪”,《淮南子》作“宓穆”。[①]

今按:“要”“宓”形音皆不近,无缘致误。我们认为,“要”应该是“安”的误字。《邓析子·转辞》“与辩者言依于安”,《鬼谷子·权篇》作“与辩者言依于要”,[②]就是古书中“要”“安”形近讹误之例。

“要〈安〉缪”就是“安穆”的意思。《说文》:“宓,安也。”“安”和“宓”是同义词。郭店《老子甲》简10“孰能庀以动者,将徐生”,庀,今本作“安”。颜世铉曾在《郭店竹书校勘与考释问题举隅》中指出,这是同义词异文。《淮南子》“宓穆”,《文子》作“要〈安〉缪”,与郭店《老子甲》10“孰能庀以动者,将徐生”,庀,今本作“安”,可以互证。[③]

又《名义》曰:

(1301;259上)

吕浩录作:

> 毒,徒告。古文毒。要,恚也,憎也,痛也。(412B)

他说:

> “要”未详,疑当作“恶”。

今按:此“要”字亦当作“安”。《广雅·释诂》:“毒,安也。”是其证。此亦“要”“安”形近以致误之例。[④]

5. 揖—揖

《广雅·释诂》曰:

> 揖,收也。

“揖”,曹宪音“而容”,则所见本为从“茸”。案“揖”无“收”之训,张洪义曰:

> 《说文》云:“揖,推擣也。”《广韵·二肿》“軵”下云:“或作揖。”是“揖”与“軵”通。《说文》云:“軵,反推车令有所付也。”凡车行已达其地,去其所载,则反推之,

---

① 王叔岷:《诸子斠证》,中华书局2007年,第498页。

② 参王恺銮:《邓析子校正》,收入《国学小丛书》,上海商务印书馆1935年,第10页。

③ 此蒙颜世铉告知。详细的讨论,可以参考颜世铉《战国秦汉简帛校读方法研究》,台湾大学文学院中国文学系博士论文,指导教师:周凤五、叶国良,2012年,第30页。

④ 蒙梁春胜告知:吕浩之说恐不能轻易否定。“毒”训“恶”为古书常训。“恶”俗书亦与“要”相混,参苏杰《〈三国志〉异文研究》,齐鲁书社2006年,第62页;张小艳《敦煌书仪语言研究》,商务印书馆2007年,第45页。

令有付着，固防倾覆，亦免碍人行，收束之象也。今俗谓檥船就岸为拢岸，“拢”“輎”音近，其义亦同。[①]

显然牵强附会而难以信从。我们认为，“揖”当作“揖”，从“茸”从“咠”之字，俗书相近，往往讹误，如《原本玉篇残卷》“索”字下引《广雅》“缉，索也”，“缉”字，今本《广雅·释器》误作“緝”，[②]就是例证。

“揖”，有敛、聚、合等义，[③]与“收”义近。《尔雅·释诂》：“收、戢，聚也。”“戢”“揖”亦声近而义同。

根据上述，《广雅·释诂》：“揖，收也。”当校订为：

揖〈揖〉，收也。

6.捉—投

《医心方·临御》有下引一段话：

候女动摇，取其缓急，即以阳锋攻其谷实，捉入于子宫，左右研磨。[④]

其中“捉入于子宫”之“捉”作“捉”，从字形上看，确是“捉”字，但“捉”字义不可通。我们认为，“捉”当为“投”，上文有类似的语句作“即以阳锋投入子宫”（五/11A），可为其证。

因为“捉”“投”俗书相近，故往往相混，如下引：[⑤]

1.写本《群书治要》卷46引《典论》“琦怒捉印”（七/139）、“挟宜愠之成画，捉必忿之常心”（七/140），两“捉”字右侧，校者皆改为“投”字，刻本则分别作“琦怒投印”“挟宜愠之成画，投必忿之常心”。

2.《淮南子》“捉得其齐”，《太平御览》卷754引作“投得其齐”，王念孙据以校《淮南子》。[⑥]

3.写本《群书治要》卷39引《吕氏春秋·谨听》“昔禹一沐而三投发”（六/112），刻本作“捉”，是也。

都是例证。

---

① 张洪义：《〈广雅疏证〉拾补》，转引自徐复主编《广雅诂林》，江苏古籍出版社2000年，第266页。

② 说见胡吉宣《〈玉篇〉引书考异》，载《中华文史论丛》增刊《语言文字研究专辑（上）》，上海古籍出版社1982年，第115页。

③ 宗福邦、陈世铙、萧海波：《故训汇纂》，商务印书馆2003年，第911页。

④ 〔日〕宿称康赖《医心方》（五），台北新文丰出版公司1976年，卷28，第11页。

⑤ “投”“捉”讹混之例，可参曾良《俗字及古籍文字通例研究》，百花洲文艺出版社2006年，第107—109页。

⑥ 王念孙：《读书杂志》，江苏古籍出版社2000年，第895页。

7. 亡—云

《盐铁论·诏圣》曰：

故罢马不畏鞭棰，罢民不畏刑法，虽曾而累之，其亡益乎？

王先谦说：

《治要》"亡"作"有"，义并通。[1]

检日本写本《群书治要》卷45引《盐铁论》，实作：

（六/323页）

案""即"云"字，"云"字旁有校者改为"有"字，即为刻本《群书治要》所承用。

其实"云"字并非误字，只是校书者以为不通，而改为义近的"有"字罢了。古书中的"云益"就是"有益"的意思，如《荀子·法行》曰：

曾子曰：《诗》曰：毂已破碎，乃大其辐，事已败矣，乃重大息，其云益乎？

王念孙说：

云益，有益也。古者多谓"有"为"云"。《大雅·桑柔篇》"民有肃心，荓云不逮"，言使有不逮也。"为民不利，如云不克"，言如有不克也。"云"字或作"员"。《秦誓》曰："虽则员然。"言虽则有然也（今本"员"作"云"，乃卫包所改，今据《正义》及《汉书·韦贤传注》改正。以上三条，说者多失其义，辩见《释词》），故《广雅》曰："员、云，有也。"《文选·陆机〈答贾长渊诗〉》注引应劭《汉书注》曰："云，有也。"《晋语》"其谁云不从"，韦注曰："谁有不从。"[2]

可以为证。

"云""亡"俗书形近，往往讹误：

1.《名义》"云"写作"亡"

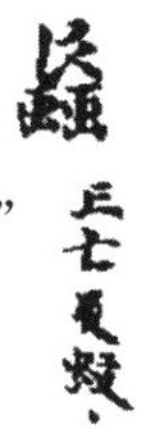

（1304；259下）

① 转引自王利器《盐铁论校注》，天津古籍出版社1983年，第613页。

② 王念孙：《读书杂志》，江苏古籍出版社2000年，第670页。

2. 写本《群书治要》卷 19 引《汉书·鲍宣传》，其中的“二云”“三云”“四云”“五云”“六云”“七云”(三/104 页)，“云”皆为“亡”之误。

3. 亦有从“亡”之字，而误写为从“云”者，如写本《群书治要》卷 41 引《淮南子》“思心尽忘”，“忘”字作“”(六/239 页)。

皆其例证。

自宋本《盐铁论》误“云”为“亡”，其义遂不可通。至于郭沫若《盐铁论读本》作：

故罢马不畏鞭棰，罢民不畏刑法，虽曾而累之，其亡(无)益乎！[①]

据误字而改读，则尤为不可通矣。

根据“云”“有”同义，我们还可以校正古书的一处衍文。《孔丛子·独治》有下引一段话：

大丈夫不生则已，生则有云为于世者也。

冢田虎曰：

“有云为”谓有事也。古者男子生，则悬弧于门，示其有事也。[②]

萧旭说：

冢田说非也。云，犹所也(参见刘淇《助字辨略》，中华书局 1954 年版，第 61 页；又参见裴学海《古书虚字集释》，中华书局 1954 年版，第 201 页)。有云为，犹言有所作为，建功立业也。[③]

我们认为，《孔丛子》此文疑衍“有”字，当作：“生则{有}云为于世者也。”云为，即有为。就是有作为的意思。

《庄子·田子方》曰：“尝与汝登高山，履危石，临百仞之渊，若能射乎？于是无人遂登高山，履危石，临百仞之渊，背逡巡，足二分垂在外，揖御寇而进之。”按：“足二分垂在外”，当依敦煌唐写本 P. 8739 作“足二垂在外”，“足二垂”即“足二分”，就是足的三分之二。“垂”古汉语中有作为分数的用法，[④]《淮南子·要略》：“文王四世累善，修德行义，处岐周之间，地方不过百里，天下二垂归之。”《太平御览》卷 89 引“垂”作“分”，是“垂”作“分”同义。萧旭反据误衍之今本而谓唐写本脱“分”字，[⑤]大误。

---

① 郭沫若：《盐铁论读本》，收入《郭沫若全集·历史编·8》，人民出版社 1985 年，第 628 页。

② 转引自傅亚庶：《孔丛子校释》，中华书局 2011 年，第 412 页。

③ 萧旭：《孔丛子校补》，原载《学灯》24 期；后收入萧旭：《群书校补(续)》，台湾花木兰文化出版社 2014 年，第 1084 页。

④ 字或作“锤”，详细的讨论，可参刘刚：《楚铜贝“圣朱”的释读及相关问题》，收入复旦大学出土文献与古文字研究中心编：《出土文献与古文字研究》(第五辑)，上海古籍出版社 2013 年，第 448—449 页。

⑤ 萧旭：《群书校补(肆)》，广陵书社 2011 年，第 1238 页。

《孔丛子》之“生则{有}云为于世者也”与《庄子》之“足二{分}垂在外”误衍的原因相同，都是前一个字(即衍文)，与后一个字同义。可能由于后一个字的意思比较古，抄手知道这个字的意思，于是就把前一个字(即衍文)也写下来，就成了衍文与正文并存的现象。此即俞樾提出的训诂之字误入正文，“两字义同而误衍例”，[①]这种现象也颇值得注意和研究。

(蔡伟：安顺学院图书馆，561000，贵州安顺)

① 俞樾：《古书疑义举例》，中华书局1954年，第61页。

据出土文献辨读传抄讹字二例*

禤 健 聪

提要 根据出土文献用字情况，对两例文献传抄讹字进行辨析：周家台秦简《病方及其它》“欼”讹为“欲”，《国语·吴语》“越灭吴”章“逹”讹为“達”。

关键词 传抄 讹字 欲 達

文献传抄流布，鲁鱼豕亥在所难免，本文结合出土文献用字情况，讨论两例传抄讹字。

一 周家台秦简“欼”讹为“欲”

关沮周家台秦简《病方及其它》（简 321—322）：

> 人所恒吹者，上橐莫以丸礜，大如蝙蝠矢而干之。即发，以□四分升一歓之。男子歓二七，女子欲七。

“欲”字原简写作，字形清楚无误，然于句中无法读通。整理者谓：“从简文文意看应是‘歓’之讹字。”①陈伟主编《秦简牍合集（叁）》照引整理者说。② “欲”在句中所代表的音义与“饮”相近，应无疑义，如同篇简 323 谓“瘕者，燔剑若有方之端，淬之醇酒中。女子二七，男子七以歓之”，所述与此相似。然本篇“饮”写作“歓”，如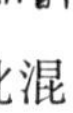（简 322）、（简 323）等，左半“酓”旁与“欲”所从之“谷”旁形体相去较远，似不易讹混。

“欲”应是“欼”之误字，“欼”即“歠”字异体，义正为饮。“欼/歠”写讹作“欲”之例，已见于上海博物馆藏战国竹书四《曹沫之陈》（简 2—3）：

> 昔尧之飨舜也，饭于土轁，欲于土型，而抚有天下。

---

* 本文为国家社科基金项目“战国楚系出土文献用字差异及其时空层次研究”（16BYY121）研究成果。

① 湖北省荆州市周梁玉桥遗址博物馆：《关沮秦汉墓简牍》，中华书局 2001 年，第 129 页。

② 陈伟主编：《秦简牍合集（叁）》，武汉大学出版社 2014 年，第 59 页。

整理者李零先生即指“欲”字是“歠”字之误，并谓：“这两句话是古书所常见，如今本《墨子·节用中》‘饭于土塯，啜于土刑’（《史记·太史公自序》引‘塯’作‘簋’，《汉书·司马迁传》引‘塯’亦作‘簋’，‘啜’作‘歠’），《韩非子·十过》‘饭于土簋，饮于土铏’（《史记·秦始皇本纪》引‘簋’作‘塯’，‘饮’作‘啜’，‘铏’作‘刑’，《李斯列传》引‘簋’作‘匦’，‘饮’作‘啜’），就是类似的文例。”[①]

“叕”本从“大”，于“大”之手足处施以点画，以象人有所系缚之形，如秦简之作（睡虎地秦简《日书》乙种简 145），引申之则有连缀之义。[②] 点画移位、“大”形演变，就易讹与“𠂈”形相近。上海博物馆藏战国竹书五《弟子问》（简 7—8）[③]：

吾闻父母之丧，食肉如饭土，饮酒如涇，信乎？

“涇”字原形作，陈剑先生括注为“啜？水”[④]，当可从。“饭土”与“啜水”相对成文。“涇”字所从之“𠂈”，应即“叕”之讹变。我们曾分析过，“惙”字新蔡简作（简甲三 31），郭店简《五行》则作（简 10），后者所从“叕”旁作，点画已有移位，其进一步形变，就变作“涇”所从之。而笔画分离作，或笔画交错成，于战国秦汉文字并不罕见。[⑤] 故上博竹书《曹沫之陈》和周家台秦简《病方及其它》“歠/歠”偶写讹为“欲”，自不足为奇。

《说文》：“歠，歙也。”《楚辞·渔父》：“众人皆醉，何不餔其糟而歠其醨。”“歠”即“歠”之异体。《集韵·薛韵》：“歠，《说文》：‘歙也。’或作歠。”《字汇·欠部》：“歠，同歠。”出土文献又写作“欼”。马王堆帛书《五十二病方》“歠”“欼”并见，前者如（283 行），后者如（214 行），与“歙”同见，用法相近，其例颇多。周家台秦简《病方及其它》与马王堆帛书《五十二病方》属同类性质文献，正可说明问题。故本文讨论的周家台秦简此“欲”字，与“饮”义近但非“饮”之讹字，应是义同于“饮”的“歠”字之误。

二 《国语·吴语》“逆”讹为“達”

《国语·吴语》“越灭吴”章：

---

① 马承源主编：《上海博物馆藏战国楚竹书（四）》，上海古籍出版社 2004 年，第 244 页。

② 汤余惠：《略论战国文字形体研究中的几个问题》，《古文字研究》第 15 辑，中华书局 1986 年，第 61 页。

③ 此从陈剑先生缀合，见陈剑：《谈谈〈上博（五）〉的竹简分篇、拼合与编联问题》，简帛网，2006 年 2 月 19 日；收入《战国竹书论集》，上海古籍出版社 2013 年，第 177 页。

④ 见陈剑：《谈谈〈上博（五）〉的竹简分篇、拼合与编联问题》。

⑤ 禤健聪：《释战国文字的“叕”》，《古籍研究》2007 卷下，安徽大学出版社 2007 年，第 187 页。

(越王)乃不许成。因使人告于吴王曰:"……寡人其达王于甬句东,夫妇三百,唯王所安,以没王年。"

"寡人其达王于甬句东"句,《国语·越语上》作"吾请达王甬句东"。韦昭注:"达,致也。"历来注家多将此"达"解释为送往、送达。《汉语大词典》"达"字条下,立有"送到;传送"义项,所举早期书证,即《国语·吴语》此例。[①]

"达"在古书中常表到达、达到义,《书·禹贡》:"浮于济漯,达于河。"引申之则有送达义,但语义重点在至、到这一结果,"达"后通常连接的成分是送达的目的地或人,而非送达之物,即作某物"达"于某地某人,而不作"达"某物于某人某地。"达王于甬句东",似是孤证。即如《汉语大词典》"送到;传送"义项下所列其他书证"尺书远达兮,以解君忧"(唐李朝威《柳毅》)、"能探天上信,善达海边书"(明冯梦龙《女丈夫·女侠修书》),也非此类。[②] 所以,把上述《国语·吴语》的"达"训为送达,将"达王于甬句东"解释为将吴王送到甬句东,实际上并不符合"达"的通常用法。

清华大学藏战国竹简七《越公其事》(简73—74)有与《吴语》类似的记述:

不谷其牆王于甬句东,夫妇三百,唯王所安,以屈尽王年。

与《吴语》"达"对应的是"牆"。清华简整理者括注为"将":"将,送行。《诗·燕燕》'之子于归,远于将之',郑玄笺:'将亦送也。'"[③]"牆"字在战国古文中通常用为表示将帅之"将",而古书中训为"行也、奉也、送也、衛也"等义之"将"出土文献则通常写作"遟"或其省体"逘"。如:

(1)颂其万年无疆,日遟天子覭令。(史颂簋,《集成》4229等)

(2)越潕君羸遟其众以归楚之岁。(常德夕阳坡楚简[④])

(3)伍鸡逘吴人以围州来,为长壑而洍之,以败楚师,是鸡父之洍。(清华二《系年》简81—82)

徐中舒指出"日遟"之"遟"当读为"日就月将"之"将"。[⑤] 黄德宽认为"遟"即训为"行也、奉也、送也、衛也"等义的"将"的本字,"由于'△(引按:指"遟")'为借字'将'所夺,故

---

① 罗竹风主编:《汉语大词典》(缩印本),汉语大词典出版社1997年,第6346页。

② 《汉语大字典》在"送到;传送"义项下首列《周礼·夏官·怀方氏》"掌来远方之民,致方贡,致远物,而送逆之,达之以节"一例,按此例之"达"当是通行、传送之意,谓以节通行。郑玄注"达民以旌节,达贡物以玺节",就是指持不同符节以为通行的凭证。见汉语大字典编辑委员会:《汉语大字典》(第二版),崇文书局、四川辞书出版社2010年,第4111页。

③ 李学勤主编:《清华大学藏战国竹简(柒)》,中西书局2017年,第151页。

④ 刘彬徽:《早期文明与楚文化研究》,岳麓书社2001年,第216页。

⑤ 徐中舒:《金文嘏辞释例》,《中央研究院历史语言研究所集刊》6本1分,1936年,第38页。

‘将’行而‘△’废，△字功能也就由‘将’字肩负，使之成为一个义项复杂的字。”[①]

将帅义与率领义本密切相关，故楚简亦以“遥”记写将帅之“将”。如：

(4)臣闻之：三军出，其遥卑，父兄不存，由邦御之，此出师之机。（上博四《曹沫之陈》40→42）

“行也、奉也、送也、衛也”等义之“将”的用字由“遥”改易为“将”，很可能就是以用来表示将帅之“将”这一用法为过渡的。[②] 如前所述，战国古文将帅之“将”通常记写作“牆”，所以在战国竹书中，实际上就是“遥”改易为“牆”。清华简七《越公其事》以“牆”记写将送之“将”，正是此类用例。又清华简七《赵简子》表率领义之“将”，作“遥”（简2），又作“牆”（简1）[③]，亦是其例。

总之，将送义之“将”古本记写作“遥”，后改易为“牆”（战国古文）或“将”（秦系文字），最终归并于“将”。“遥”应是从“辵”“匡”声，“匡”当是以“羊”为声，故“遥”又可简省作“迷”。

今本《吴语》所谓的“达”，很可能是“迷”字传写讹误，其原本应与《越公其事》一样，记写的是将送之“将”这一音义。

战国文字“遥”作（包山简76）、（夕阳坡简），“迷”作（清华二《系年》简81）、（包山简226）。“達（达）”古文字作（墙盘，《集成》10175）、（睡虎地秦简《日书》乙种简19.1），《说文》小篆作，所从“羍”旁其上作或，与“羊”旁本区别明显。但在早期隶书里，“達”又或作：

（马王堆帛书《经法》58行下）　（马王堆帛书《经法》8行下）

（马王堆帛书《九主》2行）

“羊”则或作：

（马王堆帛书《战国纵横家书》229行）　（马王堆帛书《五十二病方》10行）

诸例“達”所从的“羍”旁，上方部件简省并与“羊”旁黏连，与“羊”字的写法相当接近。此时的“迷”字被误写误认为“達”，是完全有可能的。战国秦汉之际，大部分“遥”或“迷”应已为“将”所替代，今本《国语·吴语》所据，或尚存古文遗迹作“迷”，当时人不识，又因其与“達”形近，遂致误认转写为“达”。

（禤健聪：广州大学人文学院，510006，广州）

---

① 黄德宽：《说遥》，《古文字研究》第24辑，中华书局2002年，第272—276页。

② 禤健聪：《战国楚系简帛用字习惯研究》，科学出版社2017年，第166—167页。

③ 此从整理者“一说”释读，见李学勤主编：《清华大学藏战国竹简（柒）》，第108页。

《越绝书》校勘一则
——附论与“岝㟧”有关的几组联绵词

刘 刚

提要 《越绝书·吴地记》的“莋碓山”,《水经注》《姑苏志》《北堂书钞》等书又写作“岝嶺(岭)山”“莋雄山”“莋雒山”,其中只有“莋雒山”才是正确的。“莋雒”是“岝㟧”这个叠韵联绵词的另外一种形式,“碓”和“雄”都是“雒”的形近讹字。文献中的“柞鄂/柞格”“岨峿/鉏铻/龃龉”“错迕—错愕—错落”等词语和“岝㟧”应该也有同源关系。

关键词 岝㟧 莋雒 柞鄂 鉏铻 错迕

《越绝书》是研究吴越历史的重要文献。其卷二《吴地记》记载了春秋战国时期吴地的山川、亭馆、水利交通等沿革情况,被誉为中国最早的地方志。① 其中关于“莋碓山”的一段叙述了“莋碓山”得名的原因、地理位置及其周边的名胜:

> 莋碓山,故为鹤阜山,禹游天下,引湖中柯山置之鹤阜,更名莋碓。放山者,在莋碓山南。以取长之莋碓山下,故有乡名莋邑。吴王恶其名,内郭中,名通陵乡。莋碓山南有大石,古者名为“坠星”,去县二十里。

上引“禹引湖中柯山置之鹤阜,更名莋碓”的说法近于小说家言,但说“莋碓山”曾经名为“鹤阜山”还是有可能的。张宗祥在“故为鹤阜山”下有注云②:

> 即岝㟧山。图经云:形如狮子,故亦名狮子山也。梁隐士何求、何点葬此,后改名何山。

据此可知“莋碓山”又被称作“岝㟧山”“狮子山”“何山”③。不惟如此,《姑苏志》卷九说此山又名“莋雄山”,《北堂书钞》卷一六〇引作“莋雒山”④,《水经注》卷二十九则引

---

① 张仲清:《越绝书校注》,国家图书馆出版社 2009 年,第 33 页。

② 参看李步嘉《越绝书校释》,武汉大学出版社 1992 年,第 55 页。

③ 《姑苏志》卷九又说“何山在狮山北一里”,似分狮山、何山为二,与此说小异。

④ 虞世南:《北堂书钞》,中国书店影印孔广陶刻本 1989 年,第 704 页。

作“岝嶺(岭)山”[①]。

“莋碓”“莋雄”“莋雒”形体相近,很显然是由传抄讹误而形成的。至于这些异名孰是孰非,首先要从“岝崿”一词说起。“岝崿”为叠韵联绵词,形容山势起伏貌[②]。

《文选·左思〈吴都赋〉》:“虽有石林之岝崿,请攘臂而靡之。”

“咢”声字和“各”声字音近可通[③],所以“岝崿”又可写作“岝峉”“岝㟧”。

《文选·张衡〈南都赋〉》:“岝峉𡾰嵬。”

《文选·木华〈海赋〉》:“启龙门之岝㟧。”

狮子山之所以又被称作“岝崿山”,大概是因为其山势起伏较大的缘故。《水经注》所引“岝嶺(岭)山”,“嶺(岭)”字全祖望、赵一清校改为“崿”,熊会贞校改为“㟧”,熊氏按语云:“㟧”“崿”音近,此“嶺(岭)”与“㟧”形近,当为传钞之误。[④] 今按,熊氏之说甚是。熊氏又认为《越绝书》“莋碓”之“碓”乃误字,也是正确的,但是他断言《北堂书钞》卷一六〇引作“雒”亦误则失之拘泥。其实《北堂书钞》的这个异文不仅没有错,还非常重要,它恰好能帮助我们解释“莋碓”“莋雄”等异名产生的原因。

“岝”和“莋”是通假字,“雒”字和“㟧”“峉”皆从“各”声;亦可通用,所以“莋雒”是“岝崿”这个叠韵联绵词的另外一种形式。“雒”“碓”“雄”三者形近,由“雒”字误为“碓”“雄”两字是很自然的事情。典籍中就有“雒”“雄”互讹的例子:《吕氏春秋·淫辞》“空雄之遇”,《听言》篇作“空雒之遇”[⑤]。《史记·越世家》“公孙雄”,或本作“公孙雒”。

综上所述,可以把“岝崿山”的异名错讹情况用下表揭示出来[⑥]:

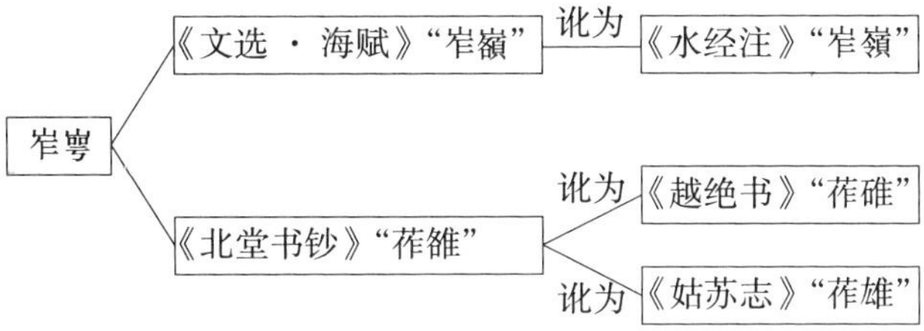

附带讨论一下和“岝崿”可能有同源关系的几组词语。

---

① 陈桥驿:《水经注校证》,中华书局 2007 年,第 685 页。

② 《文选·张衡〈南都赋〉》李善注引《埤苍》曰:“岝峉,山不齐也。”“岝峉”与“岝崿”同。

③ 参高亨、董治安:《古字通假会典》“鄂与雒”条、“鄂与辂”条,齐鲁书社 1989 年,第 828 页。

④ 杨守敬、熊会贞:《水经注疏》,江苏古籍出版社 1989 年,第 2443—2444 页。

⑤ 杨宽:《战国史料编年辑证》,上海人民出版社 2001 年,第 821 页。

⑥ 此图表仅表示文字的错讹情况,不代表文献、版本的时代先后次序。

(一)柞鄂/柞格(从纽铎部、疑纽铎部)

1.《周礼·秋官·雍氏》:"春令为阱擭沟渎之利于民者,秋令塞阱杜擭。"郑玄注:"擭,柞鄂也。坚地阱浅,则设柞鄂于其中。"贾公彦疏:"柞鄂者,或以为竖柞于中,向上鄂鄂然,所以载禽兽,使足不至地,不得跃而出,谓之柞鄂也。"

2.《墨子·备蛾傅》:"柞[1]格,狸四尺,高者十尺,木长短相杂,兑(锐)其上,而外内厚涂之。"

3.《商君书·兵守》:"客至而作土以为险阻及柞格阱陷,发梁彻屋,给徙,徙之;不给而熯之,使客无得以助攻备。"

"柞鄂"或作"柞格",本为联绵词,《周礼·雍氏》贾疏引或说将其分开训释,恐有不妥。"柞鄂"一词的本义,《墨子·备蛾傅》篇的"木长短相杂"已经解释得非常清楚了。以长短不齐的木条竖立于阱擭之中,禽兽掉落其中,很难向上跳跃而出,这是"坚地阱浅"也能获取猎物的一个重要原因。《墨子·备蛾傅》和《商君书·兵守》用于战争的"柞格"不知是否置于阱擭之中使用,即便不是,其取义于"长短相杂"则是和"柞鄂"一致的。"柞鄂"和"岝崿"同源是没有问题的:施之于山则曰"岝崿",施之于木则曰"柞鄂""柞格"。

(二)岨峿/鉏铻/龃龉(从纽鱼部,疑纽鱼部)

1.《文选·陆机〈文赋〉》:"或妥帖而易施,或岨峿而不安。"注云:"岨峿,不安貌。"

2.《楚辞·九辩》:"圜凿而方枘兮,吾固知其鉏铻而难入。"

3.扬雄《太玄·亲》:"其志龃龉。"范望注:"龃龉,相恶也。"

4.《广韵》八语"龉"下云:"龃龉,不相当也;或作鉏铻。"

"岨峿"在《文赋》中与"妥帖"对文,其义为"不妥帖"可知矣。这个词的另外两种形式如"鉏铻""龃龉"都是表示不平整、参差不齐的样子,在语音上也和"岝崿"非常接近,应该也有同源关系。古代一种名为"敔"的乐器上也有"鉏铻"。《尚书·益稷》:"合止柷敔。"郑玄注:"敔,状如伏虎,背有刻鉏铻,以物擽之,所以止乐。"《吕氏春秋·仲夏纪》:"调竽笙埙篪,饬钟磬柷敔。"高诱注:"敔,木虎,脊上有鉏铻,以杖擽之以止乐。"《旧唐书·音乐志》:"敔,如伏虎,背皆有鬣二十七,碎竹以击其首而逆刮之,以止乐也。"辞书或把"敔"上的"鉏铻"解释为栉齿状物,目前可见的后代木敔的造型也是如此。但是从"鉏铻"一词的语源义看来,"鉏铻"的排列可能是有参差的,这也可以解释《旧唐书·音乐志》为何要用"碎竹"以击其首而逆刮之。

---

① 本作"杜",此据孙诒让《墨子间诂》校改。

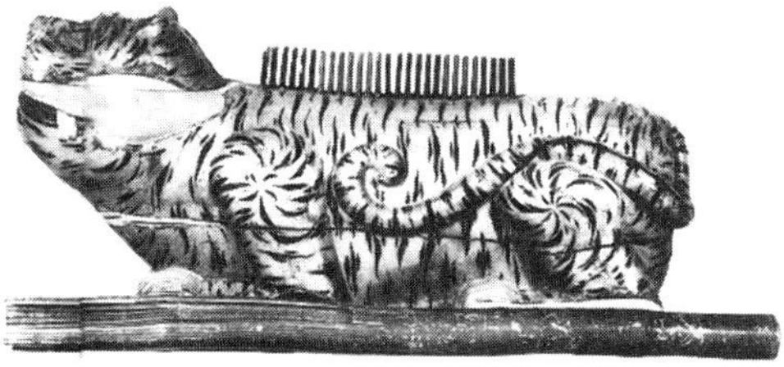

木敌图片

(三)错迕/错愕/错落(清纽鱼/铎部,疑纽铎部)

1.《文选·宋玉〈风赋〉》:"耾耾雷声,回穴错迕。"李善注:"错迕,错杂交迕也。"

2.《后汉书·寒朗传》:"朗心伤其冤,试以建等物色独问忠、平,而二人错愕不能对。"李贤注:"错愕,犹仓卒也。"

3.《文选·班固〈西都赋〉》:"屋不呈材,墙不露形,裛以藻绣,络以纶连。随侯明月,错落其间。"

"错迕"和"错落"等词表示的"错杂、交错"义,可能也是由"长短相杂"的意思引申而来的。李贤注训为"仓卒(猝)"的"错愕",审其文义,应当是回答问题与实际有出入的意思。后代使用"错愕"一词,也多用于应对的语境中。不过词义已经逐渐演变为与"仓卒(猝)"相关的"惊慌失措"了①。

(刘刚:安徽大学汉字发展与应用研究中心、出土文献与
中国古代文明协同创新中心,230039,合肥)

① 可能是受到"愕"字词义的影响造成的。

阜阳汉简《诗经》补说十六则*

刘 信 芳

提要 阜诗“苞苞”应读为“浮浮”，与“泛泛”皆为水流貌；毛诗“墙有茨”用“茨”不用“荠”，是因为“荠”之本义乃菜名，已有“其甘如荠”用例，其文本形成有内在合理性；“搼”“拜”乃古文异体，不宜解为古今字；“委蛇委蛇”不必读为“委委蛇蛇”；阜诗“韦”用其本音本义，今本用通行字“违”；阜诗“离”不妨依今本读为“靁”；“畜”“慉”之释读没有必要与“嬸”相联系；太史公多改先秦典籍繁难字为汉代通行字，阜诗“蒙茸”与毛诗“蒙戎”，犹《史记》引“龙茸”作“蒙茸”；“亲”“榛”异文，可比照《左传》古文“亲”今本作“榛”例；阜诗“居”宜读为“车”；阜诗“妪”与毛诗“姝”对应，应依《方言》解为好色貌。

关键词 诗经 异文 经典诠释

1977年，安徽阜阳双古堆西汉汝阴侯墓出土大批竹简，多残断，保存情况不好。其中有《诗经》残简约170余片，是20世纪所发现最早《诗经》文本，与今本相校多异文。《诗经》异文历来为研究者高度关注，阜诗异文学术价值尤为突出。本文谨依阜诗异文，参考历代《诗经》注疏及当代学者有关研究，补说如下。

一 樛木

阜诗：南有杛木，卌八字——S002

上博藏一：梂木之时——诗论10

毛诗：南有樛木

杛，《韩诗》作“杛”，与本简同。上博藏一《诗论》作“梂”，毛诗作“樛”。《诗·周南·樛木》“南有樛木，葛藟累之。乐只君子，福履绥之”，郑笺：“樛木枝以下垂之故，故葛也藟也得累而蔓之，而上下俱盛。兴者，喻后妃能以意下逮众妾，使得其次序，则众妾上附事之，而礼义亦俱盛。”除“后妃”而外，郑笺大意不差。树木之枝下垂曰樛，

* 本文为国家社会科学基金重点项目“简帛诗学文献释读与研究”（13AZD034）的阶段性成果。

《说文》:“樛,下勾曰樛”;“朻,高木也。”段玉裁注:“今考《释木》曰:‘下勾曰朻’,‘南有樛木’毛传曰:‘木下曲曰樛。’下曲即下勾也,樛即朻也。一字而形声不同,许则从丩声者。”

胡平生云:

> 桂馥《义证》认为,《说文》“朻”“樛”二字,义训互误。《说文》:“丩,相纠缭也”,与“下勾”义合;“翏,高飞也”,与“木高”义合,应以“樛”为高木,而以“朻”为下勾,二字同声相通(上古音皆见母幽部字)。按:桂说胜段说,可从。《阜诗》作“朻”,当为正字。[①]

兹后有陆锡兴(《诗经异文研究》,中国社会科学出版社,2001年)、胡旋(《阜阳汉简〈诗经〉集释》,吉林大学硕士学位论文,2013年)等学者皆以“朻”为正字,[②]另有部分学者以通假解释“樛”“朻”之异文。

按:“翏”之“高飞”义与“樛”之“下勾”义是两回事,桂说混为一谈,理据并不充分。树枝一般是弧弯向上,但塔松、塔柏下部树枝先向上弯,因受上部树枝压制,转而向下弯曲或横向伸展,有了空间后,复弯向上。此所以有郑笺“樛木枝以下垂之故,故葛也藟也得累而蔓之”之解。可见“樛”“朻”皆指此类下弯后又遒劲向上之树枝,二字只是异文关系,并无“高木”“下勾”之别。若一定要解“樛”为高木,上引毛传、郑笺将失去理据。至于以“朻”为“正字”说,如果能够确认“朻”字为原作者所用,文本通行,当然可以成立。但问题是,《韩诗》《阜诗》作“朻”,上博藏一《诗论》作“梂”,毛诗作“樛”,仅就目前所能见到的文本先后论,《诗论》的年代早于《阜诗》,如果认为《诗论》之“梂”为正字,恐怕学者很难认同。在无法排出各文本实际先后的情况下,由于《毛诗》传承有自,有历代经师注解,不妨以经史惯用字为正字。

二 〔勿〕諓勿揼

> 阜诗:〔勿〕諓勿揼——S007
>
> 毛诗:勿翦勿拜

諓,读为“翦”,毛诗作“翦”。《韩诗》《鲁诗》作“刬”,《鲁诗》亦作“鬋”。《诗·召南·甘棠》“蔽芾甘棠,勿翦勿伐,召伯所茇”,毛传:“翦,去。伐,击也。”

---

① 胡平生:《阜阳汉简〈诗经〉异文初探》,《中华文史论丛》1986年第1辑,第37—38页。

② 以下引部分学者论著用简称,参文后简称表。

𢷎，毛诗作“拜”，读为“拔”。《说文》“𢷎，首至地也，从手、𠦪。𠦪音忽。𢶁，杨雄说拜从两手下。𢱭，古文拜。”胡平生解“𢷎”“拜”为异体字，程燕等从其说。① 陆锡兴认为“𢷎”为“拜”之古字，《改并四声篇海·手部》引《余文》：“𢷎，古文拜字。”胡旋等从其说，解“𢷎”“拜”为古今字。② 于茀谓“𢷎，当是本字，拜是由𢷎演化而来”。③

按：拜，本作“𢷎”，分化作“拜”。“𢷎”“拜”有形声、会意之别，作“拜”者有减省笔画的意味，符合汉字发展趋势。汉代以后，“拜”行而“𢷎”废。“𢷎”字金文习见，战国文字多作“拜”。异体字有历时异体，有共时异体，“𢷎”“拜”乃古文异体，不宜解为古今字。

《诗·召南·甘棠》“蔽芾甘棠，勿翦勿拜”，郑笺：“拜之言拔也。”《广韵》：“扒，拔也。《诗》曰：‘勿翦勿扒’。”学者或以为“拜”读为“扒”。按“𢷎、拜、扒”异文，宜依郑笺读为“拔”。

三 委蛇委蛇

阜诗：蛇＝，自公□——S010

毛诗：委蛇委蛇，自公退食

蛇＝前依例可补“委＝”，委＝蛇＝，毛诗作“委蛇委蛇”。《诗·召南·羔羊》“委蛇委蛇”，毛传：“委蛇，行可从迹也。”郑笺：“委蛇，委曲自得之貌。”释文：“读此两句当云委虵委虵，沈读作委委虵虵。韩诗作逶迆，云公正貌。”或以为此句既可读为“委委蛇蛇”，又可读为“委蛇委蛇”。④《后汉书·杨秉传》“然逶迤退食”，李贤注：“委虵，委曲自得之貌。”按“委蛇委蛇”“逶迤”屡见于经史，是不必读为“委委蛇蛇”。

四 何斯韦斯

阜诗：南山之阳。何斯韦斯，莫敢——S011

毛诗：在南山之阳。何斯违斯，莫敢或遑

① 胡平生：《初探》，第40页。程燕：《辑考》，第28页。

② 陆锡兴：《研究》，第13页。胡旋：《集释》，第15页。

③ 于茀：《诗经研究》，第13—14页。

④ 胡平生：《初探》，第41页。胡旋《集释》，第17页：“‘委＝蛇＝’是读作‘委委蛇蛇’还是‘委蛇委蛇’，则有待于进一步研究。”

韦，毛诗作“违”。《诗·召南·殷其靁》“殷其靁，在南山之阳。何斯违斯，莫敢或遑”，毛传：“违，去。”《说文》：“违，离也。”阜诗S031“有韦，不远。”《诗·邶风·谷风》“行道迟迟，中心有违”，毛传：“违，离也。”

于茀云：“金文韦作，违作。从金文字形来看，违应当是由韦孳乳而来。此处，‘韦’假借为‘违’。”①

按：于氏谓“违”乃“韦”之孳乳字，这是正确的分析。但要说“此处，‘韦’假借为‘违’”，②恐怕有问题。《说文》：“韋，相背也。从舛囗声。兽皮之韋，可以束物枉戾相违背，故借以为皮韋。”“韋”之形符“舛”为上下分置，方向互逆，所谓“相背”也。声符“囗”，围也。“韋”既“借以为皮韋”，于是有加区别符“辵”表“去”“离”之“违”。《诗·召南·殷其靁》“何斯违斯”，阜诗“韦”用其本音本义，是本作“韋”，今本用通行字“违”。但凡涉及何字为本字的问题，言通假都有必要谨慎行事。

五 印其离

阜诗：印其离，在南山之下。何斯韦□——S014

伯诗：磤其雷，在南山之侧——P.2529

毛诗：殷其靁，在南山之下，何斯违斯

印，毛诗作“殷”，③伯诗作“磤”。离，毛诗作“靁”，字亦作“雷”。罗振玉云：“各本磤作殷，雷作靁。按：磤，别字。《释文》‘靁，亦作雷’。”④

胡平生云：“印，毛作‘殷’。印，上古音是影母真部字；殷是影母文部字，音近可通。又，离，来母歌部字；靁，来母微部字，音亦相近。印、殷，可读为‘慇’。《说文》：‘慇，痛也。’段注谓即《邶风·柏舟》‘耿耿不寐，如有隐忧’之‘隐’。毛传：‘隐，痛也。’‘印（殷）其离’，伤痛别离也。”⑤陆锡兴支持其说并有所补：“按：《楚辞·离骚》序云：‘离，别也。骚，愁也。’洪兴祖补注引太史公曰：‘离骚者，犹离忧也。’义同。而此篇言召南大夫远行从政，而期‘归哉，归哉’，皆‘伤痛别离’之旨。”⑥

---

① 于茀：《诗经研究》，第15页。

② 已有多位学者与于茀说相同或相近，恕不一一引及。

③ 阜诗S097“印亓盈诶”，今本毛诗作“殷其盈矣”。

④ 罗振玉：《敦煌古写本毛诗校记》，《罗振玉学术论著集》（第四集），上海古籍出版社2010年，第152页。

⑤ 胡平生：《初探》，第42—43页。

⑥ 陆锡兴：《研究》，第13—14页。

已有多位学者从胡、陆说。[①] 亦有学者同意胡、陆说，然不废旧说，胡旋云："《阜诗》'印其离'无论读为'磤其靁'，还是读为'殷其离'，都文从字顺。若读为'磤其靁'，则该诗运用了'兴'的艺术手法，主人公由靁声而想起在外服役未归的丈夫。若读为'殷其离'，则该诗直入主题，开头便是主人公伤痛其夫离别在外。至于这两种读法孰优孰劣，则见仁见智了。"[②]

为便于讨论，谨照录《殷其靁》原文：

殷其靁，在南山之阳。何斯违斯，莫敢或遑。振振君子，归哉归哉。殷其靁，在南山之侧。何斯违斯，莫敢遑息。振振君子，归哉归哉。殷其靁，在南山之下。何斯违斯，莫或遑处。振振君子，归哉归哉。

《诗序》："殷其靁，劝以义也。召南之大夫远行从政，不遑宁处，其室家能闵其勤劳，劝以义也。"

按：胡平生解"印(殷)其离"为伤痛别离，今本"靁"当读为"离"，学者多从其说。依此理解，伤痛离别在南山之阳，那么"归哉归哉"是离别寄语？还是离别后思念之呼唤？朱熹《诗经集传》："妇人以其君子从役在外而思念之，故作此诗。言殷殷然靁声则在南山之阳矣，何此君子独去此而不敢少暇乎！于是又美其德，且冀其早毕事而还归也。"很显然，依朱熹之解，"归哉归哉"是离别后的事情。若一定要说成是分手道别即时语，人还没送走就唱"归哉"，读者不妨试作译文，恐怕是费力不讨好的事情。

从文献传承的角度说，自《诗》《诗序》而下，毛传郑笺、释文集传，《殷其靁》之"靁"或"雷"高度稳定，传本相当可靠。而作"离"者目前仅阜诗一例，此所谓孤例。依《诗序》解《殷其靁》，"殷其靁，在南山之阳"，雷电风雨交加，勾起我的思念，起兴也；"何斯违斯，莫敢或遑"，励志也；"振振君子，归哉归哉"，寄情也。畅通无违，全然正能量好诗。虽然学者依"离"作解不能说没有依据，但并不能否定二千余年传本及历代注家之训释。权此二者，笔者认为阜诗"离"不妨依今本读为"靁"。

六　〔不〕我有怒

阜诗：我有怒。采葑——S030

毛诗：不宜有怒。采葑采菲

---

① 李春艳、时世平：《出土文献对〈诗经〉训诂的作用》，《阜阳师范学院学报》(社会科学版)2006年第6期，第15页。陈波：《南方〈诗经〉的流传及〈诗经〉文本的相关问题》，四川师范大学硕士学位论文，2007年，第22页。

② 胡旋：《集释》，第19—20页。

"我"字前可依例补"不"字。

不我有怒，今本毛诗作"不宜有怒"。"我""宜"异文，学者多倾向于依"我"字读，亦有学者持断然否定态度，认为依"我"字读"说不通"。

胡平生云："上古音'我'、'宜'皆为疑母歌部字，故谓二字相通亦可。文献中从我声的'义'字，与从宜声的'谊'字通假之例甚多，如'礼谊'作'礼义'，'经谊'作'经义'等等。循此例'不我有怒'可读如'不宜有怒'，诗义不变。但《谷风》诗共六章，其第三章云：'不我屑以'，第五章云：'不我能慉'；又，第二章云：'薄送我畿'，第六章云：'以我御穷'，都点明为第一人称之自述，故《阜诗》此句'我'字亦可能仍读为尔我之'我'，与《毛诗》异文异义。"①

读"我"为"宜"是一般意义的通假分析，而读"宜"为"我"则具有发现与创新的学术价值，学者多对胡氏后一说感兴趣。如黄宏信云："'不我有怒'抑或更近《诗经》的原貌。"②于茀云："胡平生的推断是有道理的……于诗义来说，'不我有怒'比'不宜有怒'义长。"③

与以上学者的理解不同，胡旋列举今本毛诗中"不我……"句式 39 例，云："这些句子中'我'后的词或是及物动词，如'不我遐弃'之'弃'；或是连词，如'不我以归'之'以'。④ 但《阜诗》该句中'我'字后的'有怒'是一个动宾短语，不可能将'我'作为宾语。若将该句理解为'我不有怒'或'不有我怒'，则无论在语法上还是全诗的诗义上都说不通。"⑤

学者还不至于将"不我有怒"理解为"我不有怒"或"不有我怒"。于茀云："'不我有怒'的意思是'不要有怒于我'。"胡旋没有提及，不知道是什么原因。于说可资参考，不过于氏译文"不要有怒于我"，"于"属添加，恐难免添字解经之嫌。

其实"不我有怒"也许可以说通，"有"能否理解为动词词头？

古代汉语有名词词头、形容词词头，对此学者分歧不大。而动词词头则处于探索阶段，仅就《诗》而言，学者举出的辞例如下：

《邶风·日月》：胡能有定，宁不我顾？⑥

---

① 胡平生：《初探》，第 48—49 页。

② 黄宏信：《阜阳汉简〈诗经〉异文研究》，《江汉考古》1989 年第 1 期，第 91 页。

③ 于茀：《诗经研究》，第 33 页。

④ 胡旋原注：《诗·邶风·击鼓》"不我以归，忧心有忡"郑笺："'以'犹'与'也。与我南行，不与我归期。"是知"以"为连词。

⑤ 胡旋：《集释》，第 38—39 页。

⑥ 毛传："定，止也。"其释不及"有"。郑笺："何能有所定。"依郑笺，"有"不必为词头。

《邶风·泉水》：女子有行，远父母兄弟。①

《墉风·载驰》：大夫君子，无我有尤。

《豳风·七月》：春日载阳，有鸣仓庚。②

值得注意的是，“无我有尤”与阜诗“不我有怒”句法关系全同，郑笺：“无我有尤，无过我也。”依此模式，不我有怒，不怒我也。完全可以讲通。

从诗义来看，《诗·邶风·谷风》：“习习谷风，以阴以雨。黾勉同心，不宜有怒。采葑采菲，无以下体。德音莫违，及尔同死。”“黾勉同心”是双向的，是对夫妻二人的勉励；“不宜有怒”也可以理解为双向的，是今天大白话夫妻之间有话好好说，不发脾气的意思。而“不我有怒”则是单向的，有妻子对丈夫提出戒律的意味。诗中女主人公在“及尔同死”深情告白之时，冒出一句“不我有怒”，确实在行文情理上有难以理解之嫌。

综上，胡平生、于茀等学者对阜诗“不我有怒”的解释可资参考，单就句法看，“不我有怒”有《墉风·载驰》“无我有尤”辞例支撑，不存在“说不通”的问题。笔者有保留地采纳胡旋意见，本简阜诗“我”依今本读为“宜”。同时有必要强调，阜诗“不我有怒”句作为可靠文本之例，研究价值超出《诗》之本身，值得充分重视。

七 〔薄〕送我几

阜诗：□送我几。谁谓——S032

毛诗：薄送我畿。谁谓荼苦

几，今本作“畿”。《诗·邶风·谷风》“不远伊迩，薄送我畿”，毛传：“畿，门内也。”“几”“畿”谐声通假，王先谦《诗三家义集疏》：“畿从几省声，经典几、畿、机三字互通。”《易·屯》“君子几”，释文“郑作‘机’”。《礼记·大学》引《诗》“邦畿千里”，释文：“又作‘几’。”凡此简明解释，诸家已备。然而涉及何为本字，则学者有不同意见。

马瑞辰《毛诗传笺通释》：“畿者，机之假借。《周礼》郑注：‘畿，犹限也。’王畿之限曰畿，门内之限为机，义正相近。《吕氏春秋·本生》篇高注：‘机槷，门内之位也。’《广雅》：‘槷、机、阒，朱也。’朱或作捆，又作阃。《说文》：‘捆，门槷也。’蔡邕《司徒夫人灵表》曰‘不出其机’，言不出于捆也。‘薄送我畿’即送不过捆之谓。捆设于门中，不过

① 郑笺：“行，道也。”其释不及“有”。

② 韩大伟：《浅说“有”字充当动词词头》，《语文学习》2010年第10期，第35页。

机则为门内矣。”

胡平生云：“几，《尔雅・释诂》：‘近也’。毛传‘门内’之训，似由此引申而来。是《阜诗》作‘几’为正字，毛作‘畿’为通假字。”①学者或支持马瑞辰说，如于茀云：“依马瑞辰说，阜阳汉简字作‘几’当是‘机’字的假借，与今本毛诗‘畿’字相比，阜阳汉简‘几’字更近于本字，但并不是本字。”②或支持胡平生说，如胡旋云：“几、畿、机三字皆有‘近’义。胡平生言‘几’为本字、‘畿’为借字，是。程燕从之。于茀、李春艳、时世平同意马瑞辰说，认为‘机’为‘门内之限’的本字，恐误。”③

按：“几”之本义为“微也”（《说文》），“近也”（《尔雅》）；“畿”之本义为领地之限；④“机”之本义为“主发谓之机”（《说文》），有如户机，弩机。马瑞辰所谓“王畿之限曰畿”，畿之本义也。至于所谓“门内之限为机”，恐怕有问题。上博藏七《武王践阼》甲7：户机⑤曰：“皇皇隹（惟）堇（谨）口，口生敬，⑥口生訽（怠），⑦谿（慎）之口。”户机乃门户旋转开闭装置，此所以比之于人说话之“口”。类似之比有睡虎地秦简《为吏之道》：“口，关也，舌，几（机）也。一堵（曙）失言，四马弗能追也。”蔡邕《司徒夫人灵表》“不出其机”，“机”充其量用其引申义，须有“言不出于捆也”做说明，一般读者才能读懂。若一定要说“不出其机”之“机”用其字本义，则作为文字学意义的“机”究竟是定义为“主发谓之机”，还是“门内之限为机”？恐马瑞辰难以为说也。《周礼》有国畿、侯畿、甸畿、男畿、采畿、卫畿、蛮畿、夷畿、镇畿、蕃畿，举凡领地之限，皆“畿”也。门内之“畿”，室家之限也。是知毛传“畿，门内也”，依“畿”本有之义作解也。马瑞辰解《谷风》“畿”为“机之假借”，其实并不可信。

至于胡平生引《尔雅》释“几”为“近”，断言“几”为正字，也是有问题的。其一，胡氏认为毛传“门内”之训，由《尔雅・释诂》释“几”为“近”引申而来，恐怕说不过去。“毛传”含大小序以及随文作传，其中既有毛氏自作，亦存古训。而《尔雅》为解经之

---

① 胡平生：《初探》，第49页。

② 于茀：《诗经研究》，第33页。

③ 胡旋：《集释》，第41页。

④ 《说文》“畿，天子千里地，以远近言之则言畿也”，段注：“薄送我畿，传曰：‘畿，门内也’，谓门限也……古几、畿通用。”

⑤ “户”字释读参程燕：《〈武王践阼〉“户机”考》，www.gwz.fudan.edu.cn 2009-1-6。机，今本《大戴礼记・武王践阼》作“机”。

⑥ 堇（谨），今本作“敬”。孙诒让《斠补》：“孔广森云：王本‘敬’下多‘口口生敬’四字，严校云：《续笔》亦引有‘口口生敬’四字。按：王本是也。此读‘皇皇唯敬口’五字句，‘口生敬’、‘口生垢’皆三字句，‘垢’与‘诟’声同字通。言惟敬慎其口，慎则见敬，不慎则招诟辱也。”

⑦ 訽，读为“怠”，今本作“诟”。

作，是在经典训释积累到一定阶段的基础上形成的。先有基础研究，而后有总结性意义的相关工具书，小学附属于六经，中国传统图书分类学即反映了这一学术发展规律。言毛传“由”《尔雅》解经，不仅缺失“毛传”与《尔雅》孰先孰后之先决条件，也低估了“毛传”在经传形成过程中的学术地位。其二，《尔雅·释诂》“迩、几、昵，近也”，郭璞注：“昵，亲近也。”邢昺疏：“迩者，《郑风·东门之墠》云‘其室则迩’。几者，《聘义》曰‘日几中而后礼成’。昵者，郭云‘亲近也’。《小雅·菀柳》云‘无自昵焉’。”解阜诗“〔薄〕送我几”之“几”为“近”，若为远近之“近”，恐不辞；[①]若为亲近之“近”，则明显不合诗义。其三，若一定要强断阜诗“几”为本字，仍不免为孤例，不足以否定传本及注家解说。

综上，阜诗之“几”，谨慎的处理应依今之文本以及毛传读为“畿”，存阜诗“几”之异文可也。

八　放之州之

阜诗：就亓深诶，放之州之。就亓浅——S035

斯诗：就其深矣，舫之舟矣——S.10

毛诗：就其深矣，方之舟之。就其浅矣

放之州之，今本作“方之舟之”。放，读为“方”，敦煌本一作“舫”。《荀子·子道》“放舟”，《说苑·杂言》作“方舟”。《月令》舫人，字亦作“榜人”。州，读为“舟”。胡平生云：“《阜诗》‘舟’皆写作‘州’。”[②]“州”“舟”相通假，经史习见。

《诗·邶风·谷风》“方之舟之”，郑笺：“方，泭也。”《说文》：“方，并船也，象两舟省总头形。”《说文》又云：“舫，船师也。明堂《月令》曰舫人，习水者。从舟，方声。”“船师”，段注依《韵会》改为“船”，则原文为“舫，船也”。《礼记·月令》季夏之月“命渔师伐蛟”，郑玄注：“今《月令》渔师为榜人。”《国语》“方舟设泭，乘桴济河”，韦昭注：“方，并也。编木曰泭，小泭曰桴，济，渡也。”《荀子·子道》“江出于岷山，其始出也，其源可以滥觞。及其至江之津也，不放舟，不避风，则不可涉也”，杨倞注：“放，读为方。”

《说文》解“方”为“并船”，熟悉甲骨文、金文的学者或不满意。于省吾云：“方字的

① 作为诗的语言，“薄送我畿”有实时情，实时景，成为画面。倘解“几”为“近”，“薄送我近”，送多远为“近”？送行之远近与夫妻之情份是否有必然联系？更何况“不远伊迩，薄送我几”，迩，近也，几亦近也，何以词穷？费解且寡淡，何以成“诗”？

② 胡平生：《初探》，第50页。

造字本义,《说文》训为'并船',妄测无据。"[1]胡旋云:"方,《说文》释为'并船也'。以甲骨文、金文等早期字形来看,许氏之说似不可信。今人对'方'字多有讨论,[2]但因其字在甲骨文中所用之义似皆与其字形无涉,[3]故尚无定论。"[4]

按:《说文》"并船"是释义,"象两舟省总头形"是解形。许慎没有见到甲骨文,所见金文也很有限,方字"象两舟省总头形"的解形是否合理,须要重新审视。为学之道后出转精,有关讨论是必要的。

但不能不说的是,许慎"并船"说是有历史原因的。《谷风》"方""舟"相对为文,古以刳木为舟,独木舟是也。比独木舟还要古久原始之水上运载工具,并木为木排、并竹为竹排之"方"是也。独木舟不能抵御风浪,势必有并木。工艺进步,并木为帮,中空以承载,头尖朝上以分浪,中部弧宽以增容,分舱加舵,后世谓之船也。并木至船发展缓慢,历三代至战国,其间过渡形态,《说文》所谓"并船"是也。《尔雅·释言》"舫,舟也",郭注:"并两船。""并船""并两船"皆指此类并木加工的原始船。[5]《释言》又云:"舫,泭也。"《方言》卷九"泭谓之䉀,䉀谓之筏。筏,秦晋之通语也。""舫"既释为"舟",又释为"泭"(木筏),看似歧义,其实正反映了原始并木渡水亦舟亦泭的时代特征。《论语·公冶长》"道不行,乘桴浮于海",注引马融曰:"桴,编竹木也,大者曰栰,小者曰桴也。""方、舫、泭、桴"音义皆近,盖原木相并即为"方",再并者为"桴"、为"泭"、为"栰"。原木刳空即为"舟"。并木且刳空则亦"舟"亦"泭",演进为"船"。明白这一历史进程,可知《说文》解"方"为"并船"是可以给出合理说明的。当代学者斥许慎说为"妄测无据",恐怕是过于严厉了。

从古至今,凡沿江河之山林所产竹木,冬季伐竹木扎排,春夏涨水放排顺流而下,运送至所需处。可知《谷风》"方之舟之"者,水乡如画之景也。

九 〔不我能〕畜

阜诗:□□□畜,反以我为雠。既沮我直——S036

---

① 于省吾:《甲骨文字释林》,第147—148页。又见于省吾主编:《甲骨文字诂林》,中华书局1996年,第3153页。

② 胡氏原注:可参田胜男:《"方"字本义研究评述》,《昌吉学院学报》2009年第2期,第39—41页。

③ 胡氏原注:"方"字在甲骨文中的用法可参徐中舒主编:《甲古文字典》,四川辞书出版社1989年5月,第954—955页。

④ 胡旋:《集释》,第45页。

⑤ 严格地说,郭注解"舫"为"并两船"是有缺陷的。《尔雅》既释"舫"为"舟",又释"舫"为"泭",可知舫实际上是将舟、泭加工原理相结合的改进型。并木即为泭,将并木按造舟的方法制作,即为舫。

毛诗：不我能慉，反以我为雠。既阻我德

畜，今本作“慉”。《诗·邶风·谷风》“不我能慉，反以我为雠”，毛传：“慉，养也。”郑笺：“慉，骄也。君子不能以恩骄乐我。”《说文》：“慉，起也。从心，畜声。诗曰‘能不我慉’。”钱大昕《十驾斋养新录·卷四》：“古音畜与好同……诗‘不我能慉，反以我为雠’，传云：‘慉，养也’，慉即畜字。”马瑞辰《毛诗传笺通释》：“《释文》：‘慉，毛，兴也。王肃，养也。’据此，知注疏本作‘养’者，从王肃本，非毛传之旧也。慉与雠对，当读如畜好之畜。畜古读如畜，故与雠为韵……畜者，嫱之省借。《广雅》：‘嫱，好也。’不我慉即不我好也。《说文》：‘嫱，媚也。’媚亦悦好之义……‘能不我慉’承上章而言，犹云乃不我畜也。俗本作‘不我能畜’，亦误。”马氏释“慉”详明，但依《说文》引《诗》谓今本“不我能慉”为俗为误，[①]则过于强断。胡平生云：“今《阜诗》‘畜’，读如字，当训为‘养’；释为‘慉’之假借亦通。”[②]

沮，今本作“阻”，毛传：“阻，难也。”阜诗沮读为“阻”。

直，今本作“德”。胡平生云：“直，同‘值’。‘既沮我直’，意谓‘既已贬损我的价值’。”[③]若依今本，则直读为“德”。《说文》：“悳，外得于人，内得于己也。从直心。”段注：“直亦声。”郭店简《唐虞之道》20“上(尚)直(德)”，直，读为“德”。上博藏六《天子建州》乙4、5“文直(德)紿(治)，武直(德)伐，文生武杀”，直，《天子建州》甲5作“悳”。郭店简《缁衣》16“则民悳(德)弌(一)”，41：“厶(私)惠不坏(怀)悳(德)”，悳，今本作“德”。上博藏一《诗论》6“不㬎(显)隹(维)悳(德)”，悳，今《诗·大雅·烈文》作“德”。

《诗·邶风·谷风》“既阻我德，贾用不售”，郑笺：“既难却我，隐蔽我之善，我修妇道而事之，觊其察已，犹见疏外，如卖物之不售。”售，释文同，市救反。钱大昕《唐石经考异》云：“盖本作雠。”《说文》“雠”，段注云：“物价之雠，后人妄易其字作‘售’，读承臭切，竟以改易《毛诗》‘贾用不雠’。”

胡平生引钱、段说云：“《阜诗》‘既沮我直’，与毛异文异义……‘贾用不售’之‘售’，正应训为‘价值相当’之意，恰与前句‘既沮我直’承接。”

按：胡氏自是一说。今本作“售”，小字本、相台本同。释文作“售”，唐石经“售”据

---

① 马瑞辰谓慉“當讀如畜好之畜”，而畜乃“嫱之省借”，是指作“慉”作“畜”为俗也。谓“不我能畜”“不我能慉”与《说文》引《诗》“能不我慉”语序不合，是其指误也。《左传》宣公二年“骊姬之乱，诅无畜羣公子”，宣公四年“若敖娶于䢵，生斗伯比。若敖卒，从其母畜于䢵”，杜注：“畜，养也。”是知“畜者，嫱之省借”乃别出枝节也。《说文》引《诗》“能不我慉”与《毛诗》“不我能慉”具有同等文本价值，就语序言，“能不我慉”为孤例，而“不我能慉”则有“不我能畜”为旁证，是知马氏之指误乃强词夺理也。

② 胡平生：《初探》，第51—52页。

③ 同上。

释文磨改。郑笺作“售”，孔颖达依“售”字作疏，则孔疏底本作“售”，可断言也。作“售”之文本传承有致，段氏“后人妄易其字作‘售’”说其实并无依据。

依胡氏之说，“既沮我直，贾用不雠”，既已贬损我的价值，沽用已不值钱[①]。依今本，“既阻我德，贾用不售”，既已败坏我的名声，沽用已卖不出去。《谷风》女主人公因丈夫“宴尔新昏”“而弃其旧室，夫妇离绝”（《诗序》），夫妻之间已经没有商量余地，则今本“贾用不售”更合于原诗情理。权此二者，笔者倾向于依今本作解。

十 狐裘蒙茸

阜诗：狐裘蒙茸，诽——S038

毛诗：狐裘蒙戎，匪车不东

蒙茸，毛诗作作“蒙戎”。诽，毛诗作“匪”。

《诗·邶风·旄丘》“狐裘蒙戎，匪车不东”，传：“大夫狐苍裘，蒙戎，以言乱也。不东，言不来东也。”郑笺：“女非有戎车乎？何不来东迎我君而复之。”阜诗“诽”依今本经传读为“匪”；若依郑笺，则阜诗“诽”、毛诗“匪”并读为“非”。

蒙戎，《左传》僖公五年士芳自作诗“狐裘龙茸”，杜预注：“龙茸，乱貌”。《史记·晋世家》作“狐裘蒙茸”。上博藏三《周易·蒙》1“六四：困龙（蒙），吝。六五：僮（童）龙（蒙），吉。上九：毃（击）龙（蒙），不利为寇（寇），利御（御）寇（寇）”，龙，帛本、今本作“蒙”。《周易·序卦》：“物生必蒙，固受之以蒙。蒙者，蒙也，物之穉也。”“蒙”“龙”双声，“戎”“茸”叠韵，太史公多改先秦典籍繁难字为汉代通行字，依《史记》引“龙茸”作“蒙茸”例，《旄丘》本如阜诗作“蒙茸”，今本《诗》作“蒙戎”也。

附带说一句，胡平生云：“《史记·晋世家》引《诗》作‘狐裘蒙茸’，与《阜诗》同。”[②]陆锡兴说与胡氏同。[③] 按该例出自士芳自作诗，与《诗》不是一码事。

十一 山有業〈亲〉

阜诗：山有業，湿有□。云——S040

---

① 贾用，参考本文上引郑笺“我修妇道而事之”，知《谷风》将女子事夫喻为“贾用”，贾犹“沽”也。《论语·子罕》：“子曰：沽之哉，沽之哉。我待贾者也。”

② 胡平生：《初探》，第53页。

③ 陆锡兴：《研究》，第17页。

毛诗：山有榛，隰有苓。云谁之思

亲，毛诗作“榛”，胡平生云：“‘亲’应是‘亲’字之误。”[①]《诗·邶风·简兮》“山有榛，隰有苓”，毛传：“榛，木名。”《说文》榛，“榛木也，从木秦声”，段注引《邶风》“山有榛”，解“榛”为假借字，“榛行而亲废矣”。《说文》亲，“亲实如小栗，从木辛声。《春秋传》曰：女挚不过亲栗”，亲栗《左传》庄公二十四年作“榛栗”，杜注：“榛，小栗。”《说文》所引六经，“皆古文也”（《说文序》），知《左传》“亲”，古文也。阜诗“亲”，《简兮》古文“亲”字之误写也。今《诗》作“榛”者，古文经典经转录之通行字也，正可比照《左传》古文“亲”今本作“榛”例。“榛”“亲”皆音侧诜切，《说文》二字并存，为我们了解古文演变历程提供了可靠例证，值得重视。

湿，今本作“隰”，“湿”依今本读为“隰”。毛传“下湿曰隰”，《尔雅·释地》同，释文：“溼俗作濕”。《说文》：“隰，阪下溼也。”《说文》“濕”为“濕水”（水名），“溼”为“幽溼”，段注：“汉隶以濕为燥溼字。”郭店简《太一生水》2“溼（濕）澡（燥）”，“溼”“濕”古今字。上博藏二《容成氏》18“山陵坪（平）徑（隰）”，“山陵、平隰”与《简兮》“山、隰”皆相对为文也。

十二 攜手同居

阜诗：惠然好我，攜手同居——S045

毛诗：惠而好我，携手同车

然，毛诗作“而”。居，毛诗作“车”。《释名·释车》：“车古者曰车，声如居，言行所以居人也。今曰车，车，舍也，行者所处若车舍也。”

“居”“车”异文，或以为“异文异义”，依“居”作解，读今本“车”为“居”；或以为“异文而非异义”，依“车”作解，读阜诗“居”为“车”。胡平生以“同车”《阜诗》作“同居”为例云：“异文异义非常明显。”[②]继又申其说：“‘攜手同居’……则诗意正循序而渐进，层层深入。”[③]胡念耕云：“清王先谦撰集《释名疏证补》引叶德炯曰：《礼·曾子问》：‘天子以德为车。’注：‘车，或作居。’可见古时车、居同音假借，异文而非异义。”[④]或

① 胡平生：《初探》，第54页。

② 胡平生、韩自强：《阜阳汉简〈诗经〉简论》，《文物》1984年第8期，第13—21页。

③ 胡平生：《初探》，第55—56页。

④ 胡念耕：《“车”“居”同音可以假借》，《文物》1985年3期，第92页。

"居""车"异文并存，不作取舍。陆锡兴云："简文'居'用作'车'，或说'居'读如字，也通。"[①]

多数学者支持胡平生说，许廷桂认为："携手同行""携手同归"，"行""归"为动词，"第三章之作名词车辆字，悖违《诗》法"。[②] 亦有学者认为"居假借车"。[③]

以上"居""车"异文，学者或依"居"立说，或依"车"立说，都有训诂依据且都能说通。尝试论之，诗的语言是形象的，其诠释以训诂为基础，倘训诂讨论不能决疑，则不妨以形象为依归。《北风》首章"携手同行"，二章"携手同归"，三章"携手同车"，皆画面生动。一起走路可以携手，一起回家可以携手，一起乘车可以携手；倘言"携手同居"，但凡"同居"则亲密行为何其多也，"携手"已很平常，没有表情达意之特定效果。笔者谨此认为，阜诗"擕手同居"依今本读为"携手同车"为义长。

十三 静女亓妪

阜诗：〔静〕女亓妪，□——S046

毛诗：静女其姝

《诗·邶风·静女》"静女其姝，俟我于城隅"，毛传："姝，美色也。"《说文》姁，"诗曰：静女其姁"，又：袾，"诗曰：静女其袾"，而"姝"字目下不见引诗。段注："岂许所见《毛诗》异与？抑取诸三家与？"其实若依《说文》体例则不妨说，"姁""袾"乃《静女》古文，古文非一，《说文》并存之也。毛诗"姝"不为所取，则许慎于取舍之间，已表明作"姝"者，《诗》之今文经也。论者或谓"姁""袾"取自三家诗，自是一说。

"亓"后一字左旁残失，右旁为"区"形，学者录文作"嘔"。该字既与"姝"对应，则原简有可能是"妪"字。《方言》卷十三"妪，色也"，注："妪、煦，好色貌。""妪"亦作"呕"，《广雅·释诂》："呕、煦，色也。"《逸周书·官人》"欲色妪然以愉"，陈逢衡云："妪然，好色貌。"[④]《大戴礼记·文王官人》"欲色呕然以偷"，呕，方本作"妪"。《汉书·王褒传》"是以呕喻受之"，注引应劭曰："呕喻，和悦貌。"

阜诗"妪"从今本读为"姝"。至于"嘔"为古文欤？抑或三家诗欤？谨阙疑。

---

① 陆锡兴：《研究》，第 18 页。

② 许廷桂：《阜阳汉简〈诗经〉校读札记》，《重庆师院学报》1987 年 3 期，第 66 页。类似解说参赵沛霖：《20 世纪考古发现与〈诗经〉研究》，《上海师范大学学报》2006 年第 4 期，第 70 页。陈波：《南方〈诗经〉的流传及〈诗经〉文本的相关问题》，四川师范大学硕士学位论文，2007 年，第 23 页。程燕：《辑考》，第 74 页。

③ 于茀：《诗经研究》，第 39 页。

④ 参黄怀信等：《逸周书汇校集注》，上海古籍出版社 2007 年，第 779 页。

胡平生解“嘔”“姝”之音读,[①]陆锡兴考“姝”之异文,[②]多有可取,读者请参读。

十四 〔贻〕我桐筦

阜诗:〔贻〕我桐筦,桐筦有讳,说𠷈——S048

毛诗:贻我彤管,彤管有炜,说怿女美

“说”后一字残存右旁“睪”,字从睪声。

《诗·邶风·静女》:“静女其娈,贻我彤管。彤管有炜,说怿女美。”

桐筦,毛诗作“彤管”。郑笺解彤管“笔赤管也”,知“桐”读为“彤”。管、筦异文,筦读为“管”。胡平生解管、筦为异体字,[③]于茀云:“《说文》管、筦不同字,亦不同义……筦假借为管。”[④]诗《执竞》“锺鼓喤喤,磬筦将将”,释文:“筦音管,本亦作管。”朱骏声谓筦假借为管。于茀说有可靠依据。若就古文字用例来看,上博藏五《季康子问于孔子》3“筦(管)中(仲)”,筦中,经史作“管仲”。望山简二48“二筦(莞)侵(筵)”,包山简263“二莬(莞)筶(席)”,《说文》“莞,艹也,可以作席”,段注:“莞之谓管也,凡茎中空者曰管,莞盖即席子艹。”由楚简“筦”同“莬”,𠔿既为“管仲”之“管”,亦可作“莞席”之“莞”,可知胡平生谓管、筦为异体字不失为一说。

讳,毛诗作“炜”。毛传:“炜,赤貌。”《说文》:“炜,盛赤也。从火,韦声。诗曰:‘彤管有炜’。”阜诗讳读为“炜”。

说𠷈,郑笺:“说怿当作说释。”释文:“说,本又作悦。”王先谦《集疏》:“此用三家改毛。《说文》无‘怿’字。‘说’下云:‘说释也。’即本此诗‘说释’意,与郑合。人说则心释然,故曰‘说释’。”罗振玉曰:“各本‘悦’作‘说’。《释文》:‘说,今本作悦。’《蜀石经》亦作‘悦’。《白帖》二十、《御览》六百五引,均作‘悦’。”[⑤]说、悦,古今字也。

十五 苞苞亓光

阜诗:二子乘州,苞苞亓光。顯言思子——S049

---

① 胡平生:《初探》,第56页。

② 陆锡兴:《研究》,第18页。

③ 胡平生:《初探》,第56—57页。

④ 于茀:《诗经研究》,第40—41页。

⑤ 罗振玉:《敦煌古写本毛诗校记》,《罗振玉学术论著集》(第四集),上海古籍出版社2010年,第156页。

毛诗：二子乘舟，泛泛其景。愿言思子

《诗·邶风·二子乘舟》："二子乘舟，泛泛其景。愿言思子，中心养养。"

州，毛诗作"舟"。舟、州异文，参上文"放之州之"条。

苞，于茀认为整理者对"苞"字误释，改隶为"荀"。[1] 胡旋云："于茀之说不可信。该字写作''，整理者摹作''是很正确的。汉简中'旬'字写作'、'等形，'包'字写作'、'等形，二者形体截然不同。''所从明显是'包'而非'旬'。该字应从整理者释作'苞'。"[2]

苞苞，毛诗作"泛泛"。苞苞连语，经史未检索到用例。按苞苞犹浮浮也，有如《说文》"捊"或从包作"抱"。《说文》"浮，泛也"，又"泛，浮貌"。浮、泛互训。《诗·邶风·柏舟》"泛彼柏舟，亦泛其流"，毛传："泛泛，流貌。"《诗·大雅·江汉》"江汉浮浮"、又"江汉汤汤"，浮浮、汤汤亦状水流也。泛泛、浮浮、苞苞作为记音连语，双声可通，阜诗苞苞宜依今本释为"泛泛"。

光，毛诗作"景"。光、景上古音皆见纽阳部字，《说文》："景，光也。"若依今本，阜诗光读为"景"。景，"或音影"（释文）。《周礼·大司徒》"日景"即"日影"也。影者，犹"孤帆远影碧空尽"之"影"也；下章言"泛泛其逝"，言二子乘舟之远逝也。"影"与"逝"遥相照应。论者或以为阜诗"光"，"近于正字"，[3]自是一说。盖光本义为光源，物受光照，成景成象，背阴则成"影"。若以诗之意境言，二子乘舟，泛泛其影，画面生动；倘言二子乘舟，泛泛其光，"光"有费解之嫌，一般读者恐怕读不出诗之形象。权此二者，笔者以"泛泛其影"为义长。《孟子·万章上》："说诗者不以文害辞，不以辞害志，以意逆志，是为得之。"笔者不敏，愿学焉。

顯，毛诗作"愿"。郑笺："愿，念也。"《尔雅·释诂》："愿，思也。"《方言》："愿，欲思也。"《玉篇》《广韵》"顯"同"愿"。阜诗"顯"依今本读为"愿"。

阜诗 S050："二子乘州，苞苞亓䢣。顯言思〔子〕"䢣，今本作"逝"，毛传："逝，往也。"阜诗 S034"毋䢣我□"，今本毛诗作"毋逝我梁"。

《论语·子罕》"子在川上曰：逝者如斯夫，不舍昼夜"，郑注："逝，往也。言凡往者如川之流也。"《老子》："大曰逝，逝曰远，远曰反。""泛泛其逝"与上章"泛泛其影"相照

---

① 于茀：《诗经研究》，第 41—42 页。

② 胡旋：《集释》，吉林大学硕士学位论文，2013 年，第 64 页。兹后于氏发表文章，重申旧说，对胡旋的意见置之不理。参于茀：《阜阳汉简〈诗经·二子乘舟〉被忽视的异文》，《古籍整理研究学刊》2014 年第 5 期，第 25—26 页。

③ 于茀：《研究》，第 41—42 页。

应，上章言：二子乘舟，川流泛泛身影渐依稀。次章言，二子乘舟，泛泛川流斯人已远去。此所以有“愿言思子”，寄托祝愿。斯时也乃有斯诗也。

十六 墙有穧

阜诗：𤖨有穧，不可□——S054

上博藏一：牆又荠——诗论 28

毛诗：墙有茨，不可埽也

“𤖨”，原简残存左旁，上博藏一《诗论》28 作“牆”，毛诗作“墙”。

穧，字从禾，齐声，同“穧”。毛诗作“茨”，《诗论》28 作“荠”。“不可”后依例可补“埽也”二字。

荠（包括穧）、茨异文，自汉代以来各自有可靠的文本传承及诠释依据。其一，毛传：“茨，蒺藜也。”《尔雅·释草》：“茨，蒺藜。”茨亦作“薋”，《玉篇》“薋，蒺藜也”。《易·困》“据于蒺蔾”，释文：“蒺蔾，茨草。”其二，齐诗、韩诗作荠。《说文》：“荠，疾藜也。从艹，齐声。诗曰：‘墙有荠’。”

马瑞辰《毛诗传笺通释》：“今《毛诗》作茨，《楚辞》章句引《诗》‘楚楚者薋’，皆假借字也。”王先谦《诗三家义集疏》：“‘荠’正字，‘茨’借字。”

按：《说文》释“茨”为“茅盖屋”，《释名·释宫室》“屋以草盖曰茨。茨，次也。次此草为之也”，则《说文》“茨”与《诗·墉风·墙有茨》无关。《说文》“荠”字目下引“墙有荠”，此所以朱骏声《说文通训定声》谓“茨”，“假借为荠”。是知作“荠”者，古文经正字也，《诗论》“牆又荠”可证也。齐诗、韩诗作“荠”同古文经，“穧”与“荠”二字声符同，形符则由艹替换为禾，则阜诗“穧”乃古文异体。以通假读为“荠”，也能成立。

“荠”为《诗》之古文，则作“茨”者是否能解为“假借为荠”？“茨”是否为《诗》之今文？则是很难回答的问题。

《毛诗》蒺蔾义的字不作“荠”。检《诗》“茨”“荠”用例，“茨”计四例，《诗·墉风》“墙有茨”（三章重唱）；《小雅·楚茨》“楚楚者茨”，郑笺：“茨，蒺蔾也”；《小雅·莆田》“如茨如梁”，郑笺：“茨，屋盖也”；《小雅·瞻彼洛矣》“福禄如茨”，郑笺：“茨，屋盖也。”“荠”仅一例，《邶风·谷风》“谁谓荼苦，其甘如荠”，荠乃菜名，既言“甘”，可知是大家都爱吃的荠菜。

在《诗》文本形成过程中，“荠”之本义乃菜名，已有用例，“茨”既释蒺蔾，亦释屋盖。“墙有茨”之“茨”释蒺蔾，诸家无异辞，可见该句用“茨”不用“荠”有内在合理性，由《毛诗》传承至今。

不妨作一假设，若简单地解茨"假借为荠"，则《毛诗》一系文本传承之学人不能接受。荠乃"荠菜"，"墙有荠菜"不成辞。若谓"茨"为今文，以其不能排除"茨"为古文的可能性，不能下此断语。虽说目前尚未见到"茨"为古文的可靠例证，然而说有易，说无难，学海无涯，只能有一份材料说一份话。

综上，荠、茨异文，"墙有荠"（齐诗、韩诗以及《说文》所据文本）、"墙有茨"（《毛诗》）皆传承有致，不妨疑以传疑，并存诸文本。

简称表：

《初探》	胡平生：《阜阳汉简〈诗经〉异文初探》，《中华文史论丛》第1辑，1986年
《研究》	陆锡兴：《诗经异文研究》，中国社会科学出版社2001年
《诗经研究》	于茀：《金石简帛诗经研究》，北京大学出版社2004年
《辑考》	程燕：《诗经异文辑考》，安徽大学出版社2010年
《集释》	胡旋：《阜阳汉简〈诗经〉集释》，吉林大学硕士学位论文，2013年

（刘信芳：安徽大学历史系，230039，合肥）

敦煌一棵树烽燧遗址汉简释文校订

白 军 鹏

提要 本文针对本世纪初敦煌一棵树烽燧遗址出土的9枚汉晋简牍中的4枚进行校释。主要新释及改释了"大煎都""别治富昌""居""状""私""御""正"等字词，对其中涉及的问题也进行了一些探索研究。

关键词 敦煌 一棵树 汉简

2004年，敦煌市博物馆在检查小方盘城遗址西段长城烽燧时于小方盘城西南65千米处发现一处汉晋时期烽燧遗址。2008年12月①，敦煌市博物馆进行抢救性发掘。共发现汉晋简牍16枚，其中7枚为无字简，9枚有字简中有2枚属晋简。关于此遗址的发掘及保存情况，杨俊先生《敦煌一棵树汉代烽燧遗址出土的简牍》②一文已经做了详细的说明，此不赘引。

此次所获简牍，石明秀先生在《敦煌一棵树烽燧遗址新获简牍考释》③一文中公布了其中2枚，李岩云先生《敦煌西湖一棵树烽燧遗址新获简牍之考释》④一文中则公布了全部的9枚有字简。读过各位先生的文章，使我们受益匪浅。在研读的过程中，我们发现有些简的释读仍有问题，因此不揣浅陋，为此小文，以就教于各位方家。所引各简释文先依李、石二位先生文，简的编号皆依李文。文中需要讨论之处以数字"①②③④"标示出，以便称引。

---

① 关于这个时间，李岩云先生称2008年元月，石明秀先生则谓2009年元月，而据杨俊先生文章中说2008年12月敦煌市博物馆进行抢救性发掘，由此推测发掘完成时间或许应在2009年元月。

② 杨俊：《敦煌一棵树汉代烽燧遗址出土的简牍》，《敦煌研究》2010年第4期。

③ 石明秀：《敦煌一棵树烽燧遗址新获简牍考释》，《中国国家博物馆馆刊》2012年第6期。为称引方便，以下简称"石文"。

④ 李岩云：《敦煌西湖一棵树烽燧遗址新获简牍之考释》，《敦煌研究》2012年第5期。以下出现简称"李文"。

一

初元四年十月丙午朔，甲戌□□①候丞□□□□②敢言之，移君③官治□④，敢言之。

08dh－1

①李文认为此处当有两字，且未释出为何字。此简文作，显然为三字，首字释“大”当无可疑。次字略有残损，且有草写倾向，似不易辨识。今按，此字当释为“前”，斯坦因所获汉简中有“前”字作，可为其证。第三字草化更为严重，不过依辞例亦可推知其为“都”字。“敦煌汉简”1684“都”作，其左侧下部与之接近。“大前都”显然即“大煎都”，“敦煌汉简”中此例并不鲜见，如简15“大煎都”即作“大前都”，“大煎都”为玉门都尉所辖两侯官之一。

②李文认为当有四字，未释。今按，此处有五字，分别为：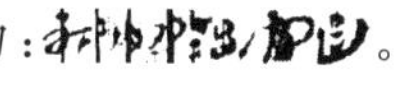。首字为此大煎都侯丞之名。后四字当作“别治富昌”。“敦煌汉简”1685有“十二月癸丑，大煎都侯丞罢军别治富昌燧。谓部士吏：写移书到，实籍吏出入关。人、畜、车、兵、器物，如官书，会正月三日，须集移官，各三通，毋忽，如律令。”此一棵树烽燧距“凌胡”“广昌”“厌胡”等非常接近。加之简文所载，可以确定汉代为大煎都侯官所属部燧。

大煎都侯官是玉门都尉两侯官中西面的一个，其治所在斯坦因编号T6b的凌胡燧遗址，大煎都侯官亦是整个汉王朝直接管辖地域的最西端。由《敦煌马圈湾汉代烽燧遗址发掘报告》可知，“据1979、1980年长城调查，汉塞西段终点，于D11（T4a，引者按，括号内为斯坦因编号）折向南，止于一风蚀台地下。大煎都侯官所属之烽燧，则分布于榆树泉盆地东侧的戈壁边缘或风蚀台地上，东自D15（T7）始，往西有D14（T3）等5座烽燧；往西南有D9（T4c）等6座烽燧；往西北过疏勒河，有D9（T1）等4座烽燧，共计现存烽燧遗址15座。”①

在“一棵树”烽燧发现后，现存烽燧数当增加为16座。《发掘报告》统计了当时可见全部“敦煌汉简”，认为大煎都侯官所属可知者有六侯长：大煎都侯长、万世侯长、广武侯长、高望侯长、通望侯长、步昌侯长；三士吏：厌胡士吏、步昌士吏、富昌士吏；二侯史：广昌候史、斥地侯史。燧十四：广昌、厌胡、大煎都、凌胡、步昌、益昌、广武、富昌、

① 见李永良、吴礽骧、马建华《敦煌汉简释文》，甘肃人民出版社1991年，第336页。

获虏、斥地、美水、服胡、破胡、莫当。

又“敦煌汉简”185“始建国元年四月壬寅朔乙巳，大煎都丞审敢言之。谨案：丞治步昌燧”。按照王国维考证，大煎都侯官驻于凌胡燧[1]，由本简及简185、1685可知大煎都丞在当时经常到各燧驻守办公。长沙五一广场出土东汉简牍中有“沮鄉别治掾”。[2] 可见，在两汉时期，官吏“别治”的情况并非罕见，而且似乎渐趋固定。

③此字李文释“君”。今按，字作，确实与“君”相似，不过从辞例上看，显然应该释为“居”。且仔细观察字形，其与“居”字更相近，“居官”一词尝见于汉简。“居延新简”TPT65.36“应府记休田，君诚毋与为治，愿得令史三人居官”。

《尚书·酒诰》“越在内服，百僚庶尹，惟亚惟服，宗工，越百姓里居”，王国维据史颂簋“里君百生”考证出“里居”乃“里君”之误，现在已经得到学术界的认同。不过关于“君”之误为“居”的时代，却无人谈及，我们据此推测，《酒诰》中“君”字应该是在汉代，在草书的书写背景下出现的讹误。王念孙在《读书杂志》中常据某两字草书写法相近为校释依据，结合旁证，往往能得到正确的结论。

④李文未释。此字作，显然当释“状”。“治状”即官吏施政的状况或成绩。“悬泉汉简”Ⅱ0216②:54“永光五年七月癸卯朔丁巳，使送于阗王诸国客，卫司马参、副卫侯临，移敦煌太守，一过不足以考功，致县略察长吏居官治状。侍客尤辨者，涉头、渊泉尽治所。”亦有“居官治状”一语，而所述更为详细，其称“略察长吏”之“居官治状”，显然是考察官吏之施政状况。而简08dh-1之“移居官治状”则是将施政之状况呈交上级，不过这里的“居官治状”是指其本人的“治状”，还是由其负责监察的其他的官吏的“治状”，则未可知。

二

宽中客，美阳不审里男子田博，一名谭，字子真。一姓王氏，年卌五六，为人黄色，中壮，美发少须。坐与宽中共投临泾狱宇，篡取死罪囚王博等与偕亡。初亡时，衣皂布单衣，白绔□□。履弋韦沓，□冠小冠，带刀剑，乘革色车，勿盖，驾騩牡马，载黑弩二，熊皮服、箭橐各一，箭百七十枚，中仲子稺载。　08dh-2

此简石文释文较李文更准确。因此释文以石氏为底本。李文误而石文已作确释

① 罗振玉、王国维：《流沙坠简》，中华书局1993年，第220页。

② 长沙市文物考古研究所：《湖南长沙五一广场东汉简牍发掘简报》，《文物》2013年第6期。

者一般不出校。陈伟先生亦对此枚简牍进行过考释①,“坐与宽中共投临泾狱宇”一句中,陈先生改“投”为“攻”,改“宇”为“牢”,均值得参考。

“真”,李文释“莫”。今按,字作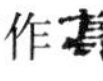,从字形上看与“莫”更近,但是汉人字“子莫”者未见,而字“子真”者甚多,如西汉破羌将军辛武贤之子辛庆忌,字子真;《高士传》载西汉有郑朴,字子真;“居延汉简”屡有“子真”出现,如502.11之“方子真”,300.12之“子真足下”等均为其例。300.12为书信,依照汉代的情况,此处当为字。因此,我们认为此字当释为“真”,而汉简中“真”“莫”二字形近,很容易造成讹混。

“发”,李文释“髯”,不确。字作,当释“鈛”,应为“髪”之异体。石文径释“髪”。与字形亦不符。

“履弋韦沓”,李文于“弋”为断,引沈约《答沈麟士书》“冀幽期可托,克全素履弋,钓泉皋以慰闲暮,则生平之心,于此遂矣。”然而此文《艺文类聚》卷三十七作“冀幽期可托,克全素履,与尊弋钓泉皋,以慰闲暮,则生平之心,于此遂矣。”《全梁文》作“与尊贤弋”。未见有如李文作者,因此其说似不可从。“居延汉简”262.28有“弋韦沓,一两,直八百五十。”裘锡圭先生认为“弋”当训黑,引《汉书·文帝纪赞》“身衣弋绨”颜注“弋,黑色也”为证。显然是正确可从的。石文认为“履弋韦沓”即穿黑皮鞋,亦不误。“弋韦沓”除居延简262.28外,仅此简一见,很值得珍视。

“冠”前未释之字,李文释“美”;石文释“帻”。字作,可知二氏所释均不可从。石文将其从上断,然未作解释,从辞例上看,此字为补充说明“履弋韦沓”的,似当单独成句。

三

□□马一匹,正月食用粟六石。　　08dh-12

“马”前一字李文未释。字作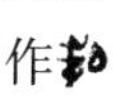,当释“私”。“敦煌汉简”351“贺私马一匹,六月食麦五石二斗二升”。与此简同例。

“私”前一字当如简351中“贺”一样为人名。

四

横子使女来卿,三月食用粟一石十斗五升。　　08dh-13

---

① 陈伟:《敦煌一棵树烽隧汉简09dh-2校读》,“简帛网”2014年12月31日。

“卿”字一般均用为男子称呼及姓名，似未见有用于女子名者。其字作，当释为“御”。

“三”字作，当释为“正”。

（白军鹏：东北师范大学文学院，130024，长春）

东汉铜镜铭文复音词札记
——兼谈对《汉语大词典》的补正

王 卉

提要 本文对汉铜镜铭文中的一些疑难词语进行了考释，提出了自己的看法。对一些词语在《汉语大词典》中的释义进行了补正，并补充了新的例证。

关键词 铜镜 铭文 复音词 《汉语大词典》

铜镜铭文指的是铸在铜镜背面的文字。汉代是我国铜镜发展的重要时期，与同时代的其他实物数据相比，铜镜铭文有许多独特的地方，是研究汉代文学、文字学、词汇、宗教、思想史等的重要数据。中古汉语词汇处于承上启下的历史阶段，既继承、保留先秦古汉语或由先秦古汉语发展而来的词语，还包括从民间、道教等处吸收的词语，在汉语词汇发展史上处于重要的变化时期。

东汉铜镜铭文复音词中保留了许多当时的俗语词，出现不少看似易懂实际含义并不普通的词语，这些复音词可以增补《汉语大词典》的词目，补充《汉语大词典》的义项。下面是我们对东汉铜镜铭文复音词的一些探讨，请教于方家。

1.郡督

延康元年二月辛丑朔十二日壬子，师□□□□□□□作明镜，玄湅（炼）章（商）乃成以晶清不可言，伏（服）者老寿，高升二千石，郡督部巛（坤）于事。（《新修泉屋清赏》四二，延康元年半圆方形带神兽镜）[①]

谨按：郡守。《汉语大词典》未收词条。

“郡”，《说文》：“周制：天子地方千里，分为百县，县有四郡。故春秋传曰：上大夫受郡。是也。至秦初，置三十六郡以监其县。”“督”，指将领。《后汉书·郭躬传》：“军征，校尉一统于督。”李贤注：“督，谓大将。”《三国志·蜀志·诸葛亮传》：“将军向宠，

---

① 本文所引金文材料根据原文引录，缺字用□标明，括号内对该字的释读系笔者所加，下同。

性行淑均，晓畅军事，试用于昔日，先帝称之曰能，是以众议举宠为督。"《资治通鉴卷六十八·汉献帝建安二十二年》："盛忠而勤强，有胆略器用，好万人督也。"

文献中没有关于"郡督"的记载，只有"郡将"和"郡尉"。郡将，太守的别称，因太守统兵得名。郡尉，秦、汉郡守佐官，掌军事。《文献通考》卷六十三云："守治民，丞佐之，尉典兵。"语意似为守与尉分典民政、军事。后人多据此立论。然《汉书·百官公卿表》云："郡尉，秦官，掌佐守典武职甲卒，秩比二千石。"据此则尉为佐官甚明。汉人常称太守为郡将，郡尉为副将。太守领兵作战之事，亦史不绝书。景帝中元二年(前148)，改称都尉。东汉光武帝建武六年(30)，裁撤各郡都尉，用兵临时设置，事毕即省，惟边郡仍有设置。

根据"郡督部坤于事"，"部"，部署，安排布置。《东观汉记·钟离意传》："钟离意，辟大司徒侯霸府，诏部送徒诣河内。""坤"可能是指军队阵势，故"郡督"为统领军队之郡守。

2. 眇彻、五解

遗杜氏造珍奇镜兮，世之眇(妙)彻，名工所刻画兮，湅(炼)五解之英华，□而无极兮，辟邪配大禄，奇守(兽)并来出兮，三鸟……所饮，吏人服之曾(增)秩禄，大吉利。(《浙江出土铜镜》图92，东汉龙虎镜)

谨按："眇彻"训为精细巧妙。

"眇"，《说文》："一目小也。从目从少，少亦声。"《楚辞·九歌·湘君》："美要眇兮宜修。"洪兴祖补注："眇，与妙同。"《荀子·王制》："仁眇天下"，王先谦集解引郝懿行曰："眇，古妙字，古书皆以眇为妙。"《周易述·易微言》："淮南览冥曰：夫物类之相感玄妙深微。"案："妙，古文眇。"

"彻"通"微"，《大戴礼记·本命》："三月而彻昫，然后能有见。"卢辩注："昫，精也，转视貌。'彻'或为'微'也。"王聘珍《大戴礼记解诂》："'彻'或为'微'也。"

"微"，《说文》："隐行也。从彳，𢼸声。""𢼸"，《说文》："妙也。从人从攴，岂省声。"段玉裁注："𢼸，眇也。眇各本作妙。今正。凡古言𢼸眇者，即今之微妙字。眇者，小也。引伸为凡细之称。微者，隐行也。微行而𢼸废矣。""妙"上古音属明母宵部，"微"上古音属明母微部，"妙微"应是双声联绵词。

故"眇彻"可训为"妙微"，犹精妙。三国魏曹植《七启》："佩则结绿悬黎，宝之妙微。""微妙"，精细巧妙。《孙子·用间》："非微妙不能得间之实。"《荀子·议兵》："兼是数国者，皆干赏蹈利之兵也，佣徒鬻卖之道也，未有贵上安制綦节之理也。诸侯有能微妙之以节，则作而兼殆之耳。"杨倞注："微妙，精尽也……诸侯有能精尽仁义，则能起而兼危此数国。”《汉语大词典》将“妙微”与“微妙”分开解释，实际上“妙微”就是“微妙”。

五解，五礅也，我们推测可能指五种矿石。《汉语大词典》未收词条。

按：首先，“五解”应该与道教三辟五解之说无关。“五解”，道教传说中的五种逃脱遁术。依据每日五行属性，分别借助金、木、水、火、土五种物质隐身解脱。又称“隐身五脱”。《灵宝无量度人上经大法》：“隐迹五解品，是为隐身五脱之法。以庚子日行金解，甲子日行木解，丙子日行火解，壬子日行水解，戊子日行土解。”

其次，在两汉铜镜铭文中“涑”之后通常是“三商”。两汉镜铭有“幽涑金冈”，又有作“幽涑三刚”者，则金为最刚之物。金冈即金刚。汉有铜镜铭为：“汉有善铜出丹阳，和以银锡清且明，左龙右虎主三（四）彭（旁），朱爵（雀）玄武顺阴阳，八子九孙治中央。”（《金石索》卷六，汉八子九孙镜）可证铸镜须炼制铜、银、锡三种金属。幽涑三商即幽涑三金，“五解”不太可能指五种金属。

“五石”之名最早见于《淮南子·览冥训》中“女娲炼五色石以补苍天”的记载。《史记·扁鹊仓公列传》中亦有记载“齐王侍医遂病，自练五石服之。”五石在汉代也被用于冶铸压胜用的威斗及祭祀用的阳燧和方诸。《汉书·王莽传下》“是岁八月，莽亲之南郊，铸作威斗。威斗者，以五石铜为之，若北斗，长二尺五寸，欲以压众兵。”《华严经音义》卷一引许慎注：“阳燧，五石之铜精，仰日则得火。方诸，五石之精，作圆器似杯仰月则得水也。”东汉王充在《论衡》中也多次提到销炼五石铸造阳燧和方诸。

五石不仅见于传世文献，在考古出土实物中也屡有出现。在东汉镇墓文中常常提到“五石”，1957年西安市和平门外四号汉墓出土一件初平四年（公元193年）朱书陶瓶上有文字：“初平四年十二月己……要道中人和以五石之精。”有人认为汉代五石具体指雄黄、曾青、丹砂、礜石、磁石五种矿石。[①]

阳燧是一种特殊的铜镜，铸造阳燧有特殊的时日，即“五月丙午日中”。“五月丙午”在古代被认为是铸造金属器物的良辰吉日。在汉代刀、钩、镜铭中常常可以见到，如：永元十四年五月丙午作，保身，长生，大吉利。（《安徽通志金石古物考稿》第十六册，保身长生大吉利钩）元兴元年五月丙午日天大赦，广汉造作尚方明竟（镜），幽涑（炼）三商，周传无亟（极），世得光明，长乐未英（央），富且昌，宜侯王，师命长，生如石，位至三公，寿如东王父西王母，仙人子，立（位）至公侯，吾作明竟（镜），幽涑（炼）三商兮。（《汉唐纪年镜图录》页09，东汉元兴元年环状乳神人神兽镜）

---

① 雷志华：《汉代五石研究》，山西大学2013年博士毕业论文，第22页。

铜镜和阳燧最初是完全不同的事物，阳燧用于取火祭祀，不用于照容。但是二者的功能或形制随着历史的发展逐渐合并。这种变化先汉时期就发生了。[1] 从整条铜镜铭文的文意来看，该铜镜出自私营手工作坊，作坊主人乃杜氏。东汉有的铜镜铭文上常常有作坊主人的姓氏，如纪氏、袁氏、吕氏、叶氏等。综上所述，既然五石可以用来制作阳燧，则该作坊主认为五石也可以用来制作铜镜。

解，散也。《周易·序卦》"故受之以解"江藩述补引《京房易传》曰，《庄子·在宥》"故君子苟能无解其五藏"陆德明释文，《吕氏春秋·决胜》"民解落"高诱注。我们认为，"散"通"馓"。《康熙字典》："《周秦石刻释音》趱，薛氏作散，即馓字。"

"五解"一词在汉代铜镜铭文中仅此一例，在传世文献和大型工具书中也未见，旁无他证，我们期待未来有更多出土实物文献的佐证出现。

3.纾如

泰言之纪镜纾如，仓(苍)龙在左白虎在右，辟去不阳(祥)宜古(贾)市，长宜，宜君子孙。(《广州汉墓》5036：41，规矩鸟兽纹镜)

谨按：(铜镜)宽舒的样子。《汉语大词典》未收词条。

"纾"，《说文·糸部》："缓也。从糸，予声。"有"舒缓、延缓"义，《诗·小雅·采菽》："赤芾在股，邪幅在下。彼交匪纾，天子所予。"毛传："纾，缓也。""缓"引申为"宽"义。《中说·关朗》："法速，宁若缓。"阮逸注"缓，宽也。"《慧琳音义》卷十二注引顾野王云"皮缓"。故此处"纾"有"宽"义。此外，传世文献中有"纾宽"，犹"宽舒"，"纾缓"犹"宽缓"。

"如"，"凡言如者，大率皆形容之词。"《群经平议·周易一》"厥孚交如"俞越按。所以，"纾如"中的"如"为语助。

4.太师

永康元年正月五日，幽湅(炼)黄白，早(造)作明竟(镜)，买者大富，延寿命长，上如王父西王母兮，君宜高位，立(位元)至王侯，长生大吉，太师命长。(《汉唐纪年镜图录》页21，东汉永康元年环状乳神人神兽镜)

按：对铸镜者的尊称。《汉语大词典》未收义项。

"太师"在文献中有两种解释：其一，古三公之最尊者。军队统帅兼执政大臣。西周始置，吕尚(即太公望)官为大师。(《左传·成公二年》及《襄公十四年》)既是武王伐商的最高统帅，又为执政大臣。《书序》："召公为保，周公为师，相成王为左右。"周公官为太师。《诗·大雅·常武》有太师皇父。西周晚期金文有伯太师和仲太师，都

① 练春梅：《器物图像与汉代信仰》，三联出版社2014年，第117页。

是重臣。太师与太保、太傅合称“三公”。《周礼·地官·序官》：保氏下，贾公彦疏引《郑志》：“赵商问：按成王《周官》：‘立大师、大傅、大保，兹惟三公’，即三公之号，自有师保之名”。《周官》为汉代相传的《古文尚书》的一篇，今已散失，这十一个字是佚文。秦废。汉复置。后代相沿，多为重臣加衔，作为最高荣典以示恩宠，并无实职。亦指太子太师，为辅导太子之官。其二，乐官之长。《国语·鲁语下》：“昔正考父校商之名颂十二篇于周太师。”韦昭注：“太师，乐官之长，掌教诗、乐。”《周礼·春官》有太师，掌六律六同，教六诗。《荀子·乐论》：“使夷俗邪音不敢乱雅，太师之事也。”汉班固《东都赋》：“而乃食举《雍》《彻》，太师奏乐。”

综上，此两种解释都不符合镜铭文意。“太”有表示身份最高或辈分最高的意思，如“太公”“太母”等。“师”可指专精某种技艺的人。《孟子·告子上》：“今有场师，舍其梧槚，养其樲棘，则为贱场师焉。”赵岐注：“场师，治场圃者。”铜镜铭文中还有类似的用法，如“铸师”，即铸造铜镜的工匠。“汉有（善）铜出丹山，服者贵，铸师神，左龙右虎拜鲜（仙）人，法天而地传子孙，葆（保）长命寿万（万）年。”（《善斋吉金录·镜录》卷一页34—35，汉善铜镜二）

两汉其他铜器铭文中也有把铸造者单称为“师”的，如：“大（太）岁在甲戌初平五年，吴师作，宜子孙。”（《小校》卷十三第十八页）“建安廿二年四月十三日市造，第五百八十，师稽福，郭工常。”（《小校》卷十四第十三页）“主师作，上牢，宜子孙，邓次严铜锺一只，直（值）钱六千五百卅，主人相宜。”（《文物》60，3，邓次严铜钟）

5. 威央、威田鸟

尚方作竟（镜）大真毋（无）伤，神人□时□□□夫妻相重□于威央。（《息斋藏镜》图56，藤叶纹带“尚方”铭龙虎纹镜）

李氏作竟（镜）四夷服，多贺国家人民息，胡虏殄威（灭）天下服，风雨时节五谷孰（熟），长保二亲得天力，传告后（后）世乐无亟（极）。自有纪，上有山（仙）人不知老，渴饮玉淉（泉）饥食枣，夫妻相爱如威田鸟，长宜子。（《湖南出土汉代铜镜文字研究》第22页，李氏作镜之一）

谨按：陈直先生认为“威央”当读为“威英”，“疑为用晋文公得南之威事”。“晋文公得南之威”见于《战国策·魏策二》，原文是“晋文公得南之威，三日不听朝，遂推南之威而远之，曰：‘后世必有以色亡其国者’。”此为一说，但不无可疑。[①] 传世文献中不见“威央”的记载，其他两汉出土实物中也不见“威央”字样或相关图像。

---

① 陈直：《汉镜铭文学上潜在的遗产》，《文史哲》1957年第4期。

我们认为,“威田鸟”可能就是“威央”。

首先,从《湖南出土汉代铜镜文字研究》第22页李氏作镜之一铭文的行文格式来看。“夫妻相爱如威田鸟”之前都是七字句,到了这一句变成了八字句似乎不太对仗,与铭文的行文格式有些不符。当然这个结论不能绝对,我们只是根据现有铜镜铭文行文格式所作的一种判断。

其次,从字形上看。我们查阅了传世文献和大型工具书,没有发现“田”与“央”通假的例证。为何此处“田”与“央”会混同,可能是因为字形的关系。

镜铭中“央”的字形与“田”的字形极为相似,如果将“长宜子孙镜”[①]与汉代“长年未央钩”[②]及“除凶去央铃范”[③]等器物上“央”字形作对比则不难发现。以上字体风格属于草篆,是铸器者在刊刻时追求简便,且受到文字隶变的冲击而形成。铜镜经常为满足构图的需要,行款比较整齐,故“央”被铸成四四方方的形状。受此影响,在释读铜镜铭文的过程中,释读者误将“鸯”字分开释读为“田”和“鸟”两个字。

最后,“威央”可能属于类似于“鸳鸯”雌雄相伴的禽类。

汉代墓葬有很多是(或准备)夫妻合葬的墓,因此在生离死别之际,对情爱的地久天长的愿望、对妻子的爱护也成为铜镜铭文表达的内容。两汉镜铭中常有“愿毋(无)相忘,长乐未央。”(《济南市博物馆藏历代铜镜选粹》图六,草叶规矩文镜)“始建国天凤二年作好竟(镜),常(长)乐富贵庄君上,长保二亲及妻子,为吏高迁位公卿,世=(世世)封传于毋(无)穷,子丑寅卯辰巳午未申酉戌亥。”(《汉唐纪年镜图录》页04,王莽天凤二年八乳方格四神镜)之类的铭文。

既然铜镜铭文强调夫妻“相爱”“相保”“相重”“相宜”,那么形影不离的鸳鸯可能是恩爱夫妻的最佳象征。《诗·小雅·鸳鸯》:“鸳鸯于飞,毕之罗之。”毛传:“鸳鸯,匹鸟也。”晋·崔豹《古今注·鸟兽》:“鸳鸯,水鸟,凫类也。雌雄未尝相离,人得其一,则一思而死,故曰疋鸟。”

6. 忘忘、沄结

君忘忘而先志兮,爱使心臾者臾不可尽,行心沄结而独愁,明知非不可久巳。(《奇觚室吉金文述》卷十五,汉先志镜)

按:此处的“忘忘”训为“忘”,第二个“忘”字疑多余。

① 孙慰祖、徐谷甫:《秦汉金文汇编》,上海书店出版社1997年,第359页。

② 同上书,第393页。

③ 刘体智:《小校金阁金石文字》,1935年石印,卷十三,第48页。

“忘”在句子中充当谓语，“古文字材料中的动词和形容词一经重叠，功能就发生变化，它们不再充当句子的主要成分，而成为修饰性的成分。没有发现一例重叠的动词或形容词可以充当直接谓语，动词重叠后大量用作状语、补语和定语。”[①]

根据整条镜铭的文意来判断，我们认为“忘”训为“丧失、失去”。《尚书·大诰》：“敷前人受命，兹不忘大功。”王引之《经义述闻·尚书上》：“忘，与‘亡’同，言不失前人之大功也。”《汉书·戾太子刘据传》：“子胥尽忠而忘其号，比干尽仁而遗其身。”颜师古注：“忘，亡也。吴王杀之，被以恶名，失其善称号。”

“沄结”训为人心情繁乱，郁结。

按：“沄”，《说文》：“转流也。从水，云声。”《广韵》：“水流回旋貌。”《后汉书·张衡传》：“扬芒熛而绛天兮，水泫沄而涌涛。”李贤注：“泫音胡犬反，沄音户昆反，并水流貌也。”“沄沄”有“纷繁、纷乱”意，汉徐干《中论·谴交》：“饥不暇餐，倦不获已，殷殷沄沄，天下大事几去。”

“结”，《说文》：“缔也。从糸，吉声。”引申为“郁结”。《资治通鉴·晋纪二十一》：“以写伫结之情。”

7. 下土

马氏作竟(镜)自有纪，涑(炼)治同(铜)清去下土，利孙子。(《善斋吉金录·镜录》卷一页57，汉马氏镜)

谨按：“下土”，炼制金属原料之后舍去的渣滓。《汉语大词典》未收词条。

“清”有“纯净、纯洁”义，《书·尧典下》：“夙夜惟寅，直哉惟清。”汉张衡《东京赋》：“京室密清，罔有不韪。”“清”，还指澄去其不纯的成分。《周礼·考工记》：“涑帛以栏为灰，渥淳其帛，实诸泽器，淫之以蜃，清其灰而盝之。”郑玄注：“清，澄也。”孙诒让正义：“盖以水澄去其灰之粗滓。”镜铭中的“铜清”为名词，指滤去渣滓，炼制铜镜所需的纯净金属。

“下土”一般有以下解释：(1)大地。(2)四方；天下。(3)指人间。(4)偏远的地方。(5)低洼之地。《书·禹贡》：“厥土惟壤，下土坟垆。”孔传：“高者壤，下者垆。”一说，下等土地。孙星衍注引马融曰：“豫州地有三等，下者坟垆也。”

但是用以上五义解释镜铭，都不甚合适。“下”有“除去、舍去”义。《周礼·秋官·司民》：“司民掌登万民之数，自生齿以上，皆书于版……岁登下其生死。”郑玄注：“下犹去也，每岁更着生去死。”

---

① 郑刚：《古文字资料所见叠词研究》，《中山大学学报》(社会科学版)1996年第3期，第110页。

“土”音 chǎ,《集韵》丑下切,上马彻,鱼部。传世文献中有“土苴”,意为“渣滓、糟粕。”《庄子·让王》:“道之真以治身,其绪余以为国家,其土苴以治天下。”陆德明释文:“司马云:土苴,如粪草也。李云:土苴,糟魄也,皆不真物也。”

故“下土”当时指炼制金属的过程中,舍去的渣滓,相当于今“下脚料”。“下土”在目前所见东汉铜镜铭文中仅见一例。

8.长吏

中平六年正月丙午日,吾作明竟(镜),幽湅(炼)三羊(商)自有己(纪),除去不羊(祥)宜孙子,东王父西王母,仙人玉女大神道,长吏买竟(镜)位至三公,古(贾)人买竟(镜)百倍田家,大吉。天王日月,吾作明竟(镜),幽湅(炼)三羊(商),天王日月,位至三公。(《善斋吉金录·镜录》卷一页27,汉中平六年镜)

按:泛指县之令长。《汉语大词典》未收词条。

《汉书·百官公卿表》谓县令或长及所属丞、尉均为长吏,百石以下者为少吏。《汉书·文帝纪》:“赐物及当禀鬻米者,长吏阅视,丞若尉致……二千石遣都吏循行,不称者督之。”《汉书·高帝纪下》:“且法以有功劳行田宅,今小吏未尝从军者多满,而有功者顾不得,背公立私,守尉长吏教训甚不善。其令诸吏善遇高爵,称吾意。且廉问,有不如吾诏者,以重论之。”

邹水杰认为,“秦及西汉时期,‘长吏’还没有完全专有名词化,故还有用作‘大吏’和‘上级官吏’之意,到东汉则基本为地方治民长官专用了。”①张欣认为,“长吏在秦汉时期有泛指高级官吏的用法,……东汉和西汉一样,郡国守相及县的佐官当都称长吏。……直到东汉末期长吏一词还未成为专有名词,泛称与确指的用法并存。”②

根据镜铭文意判断,此处“长吏”应是泛指县之令长。

参考文献:

[1]管维良:《汉魏六朝铜镜中神兽图像及其有关铭文考释》,《江汉考古》1983年3月。
[2]裘锡圭:《昭明镜中的“忽穆”》,《古文字论集》,中华书局1992年。
[3]周世荣:《湖南出土汉代铜镜文字研究》,《古文字研究》第十四辑,中华书局1986年。
[4]詹鄞鑫:《汉字说略》,辽宁教育出版社1991年12月。

(王卉:华东师范大学对外汉语学院,200062,上海)

① 邹水杰:《秦汉长吏考》,《中国史研究》2004年第3期。
② 张欣:《秦汉长吏再考——与邹水杰先生商榷》,《中国史研究》2010年第3期。

越南汉字资源整理研究的现状与思考*

何华珍　刘正印

提要　越南汉字文献构成了越南的巨大文库，其内容涵盖了越南古代的政治、经济、文化、教育、科技、民俗等一切领域，亦是中国文字学研究的域外资源之一。梳理越南汉字资源整理研究的现状，揭示越南汉字资源的整理路径和研究重点，这是拓展中国文字学研究领域的重要一环。

关键词　越南汉字文献　汉字资源　汉字传播

一　引言

越南汉字资源即以越南汉籍为载体，以汉字为呈现形式的汉字形体、结构、字用、文化等汉字元素的总和。从广义汉字论，即以字形为中心，兼及音、义、用，亦包含汉字文化以及汉字传播、受容、变异、衍生诸多生态要素形成的汉字资源。

21世纪以来，郑克孟《越南的汉喃遗产研究》(2003)、阮俊强《越南汉喃研究院所藏汉喃数据的历史、特征与前瞻》(2017)对越南汉字资源的存储情况进行了详实介绍。目前，越南汉籍主要收藏在越南汉喃研究院和越南国家图书馆，部分文献分散于法国、日本、中国等。越南汉喃研究院是越南专门负责收集、保存和研究汉喃文献的重要机构。据统计，汉喃研究院至今收藏纸本古籍6000多种，计33000余册，收藏碑刻拓本约68000份。其中，用汉字书写的纸本文献有5200多种，占全部文献的80%以上；碑铭文献正文主要由汉字写成，喃字只用于记录人名或地名。面对如此巨大的汉字文献宝库，中外文字学界尚未引起足够重视，亟须整理研究。

* 基金项目：国家社科基金重大项目“越南汉字资源整理及相关专题研究”(17ZDA308)。

二 越南汉字资源整理研究的现状

(一)越南汉字文献整理研究

1.越南汉字碑铭文献整理研究

(1)汉字碑铭文献汇编

越南汉字碑铭是深受中国铭文影响,同时依据本国自然环境和具体生活需求而形成的一种文化现象,具有民间普遍性。越南周年雨量大、湿度高、战乱多,纸质文献难以保存,碑铭是当地普通百姓记载他们日常活动的主要方式之一,真实地反映了越南过去乡村中政治、经济、文化、社会等多方面情况,是越南汉字文献资源的重要组成部分。越南曾经进行两次大规模铭文拓片搜集工作。第一次是法国远东学院从1910年到1945年收集到11651铭文单位的20980份拓片。从1990年以来,汉喃研究院进行第二次拓片搜集,已收集约30000份拓片。此外,还接受了来自法国远东学院的21000份拓片。至今,总共已收集拓片68000份,数量是纸本文献的两倍多。目前,中外学界整理出版的代表性越南汉字铭义汇编资料如下。

A.《越南汉喃铭文汇编》,由法国巴黎远东学院和越南河内汉喃研究院合作完成,已出版第一集(北属至时期李朝)和第二集(陈朝)。《越南汉喃铭文汇编(第一集)》(1998),潘文阁、苏尔梦主编,所采集的铭文是从北属时期至李朝(1010—1224),按年代先后汇集了27篇铭文。《越南汉喃铭文汇编(第二集)》(2002),毛汉光、郑阿财、潘文阁主编,分为上下两册,所采集的铭文出于陈朝(1226—1400),按年代先后排列了44篇铭文。两集《汇编》对所收铭文从历史学和文化学角度进行了考校注释,在汉喃铭文研究史上颇具代表性,诸多学者对其展开了深入的研究,台湾学者耿慧玲是其代表。遗憾的是,两集所收铭文篇数较少,其中有多篇或无拓本,以抄本补录,如“皇越太傅刘君墓志”;或为后世重刻,如“奉圣夫人黎氏墓志”。部分碑铭刻录时间不明或有误,如“大阿耨三宝田碑”不属陈朝而属莫朝。

B.《越南汉喃铭文拓片总集》,越南汉喃研究院与法国远东学院合作整理,所收集的多是散落在庙宇、村社、神祠等附近的碑铭,由越南文化通讯出版社出版,先拓印后影印,大致以时间顺序进行编排。现已出正卷22册,收录铭文共22000条。《总集》所收铭文多以石碑为载体,主要用汉字系统地记载了越南北部民族的生活文化状况,时间跨度主要是16世纪至20世纪初,内容包括规约类、寄忌类、事功颂德类、诗歌类及其他类等。《总集》拓本较为清晰,数量甚多,时间跨度大,记载内容丰富,但除了对早期部分拓片进行编录外(见《越南汉喃铭文汇编》《陈朝碑文》),并没有进行任何整理或注释,无法直接应用于汉字研究。

此外,越南学界还出版了一些碑铭单行本,如《李陈诗文》《陈朝碑文》《河内碑文》《谅山碑文》《河西碑文》等,这些著作大都将碑文直接翻译成越南语,缺少对原本的校释,因受语言限制,影响不广。

(2)汉字碑铭文献的编目与研究

在出版《越南汉喃铭文拓片总集》之后,另有 8 册《越南汉喃铭文拓片书目》(2007—2012),是按照《总集》编号顺序撰写的越南语目录提要,目前只收录了《总集》前 16 册 16000 份铭文,包括题目、碑铭年代、主要内容等。

至于碑铭研究,早在 14 世纪上半期,黎崱《安南志略》中就录有数篇李朝碑铭;19 世纪前,后黎朝晚期的黎贵惇、黎末阮初的裴辉碧等就利用碑文作史学研究;近代以来,高朗《黎朝进士题名碑记》,黄春瀚利用李朝碑文材料编成《李常杰与李朝外交和宗教史》,何文晋《铜铭文石刻文——铭文与历史》对北属时期的铭文进行收集、考察和研究,吴德寿、丁克顺、阮金芒等多利用碑铭材料进行避讳及相关历史文化研究。阮翠娥《越南碑铭的整理与研究工作》(2003)介绍了越南汉喃研究院所藏的汉喃古籍和碑铭的整理与研究工作,并对铭文文字的特点、内容、版本的情况进行了介绍。阮氏金英《在越南的后碑》(2007)、阮文元《越南铭文及乡村碑文简介》(2007)探讨了越南民间特别盛行而许多笔纸资料未曾重点涉及的"后碑"问题,并对其成因进行分析。

在我国,耿慧玲在《越南史论——金石数据之历史文化比较》(2004),对越南碑铭进行了历史、民俗、语言、文字、文化等研究。陈日红、刘国祥《〈越南汉喃铭文拓片总集〉述要》(2013)从道德、制度、风俗、宗教等四个方面对该材料的汉文化影响进行了例释,揭示越南河内以北的民族文化与汉族文化的历史渊源。

2.越南汉字纸本文献整理研究

纸本文献指书写或刊印在纸张上的古籍或文字资料,主要包括写本和刻本。越南拥有丰富的纸本文献资源。早在越南独立不久,就有大兴库(1023)所藏的三藏经、重兴库(1036)的大藏经,以及仙游书院(1038)、天长库(1295)的佛经。此外,陈朝时的宝和殿亦有藏书。黎朝则有蓬莱书院。西山朝有崇正书院(1791)。阮朝时代,书库逐渐变多,重要的有:(1)明命时的聚奎书院,收藏 4000 部越、中、欧等书籍近 9000 本。(2)建于 1825 年的藏书楼,收藏古籍、六部文书和嘉隆时代文献近 12000 本。(3)史馆书院,建于 1841 年,收藏 169 部书。(4)内阁书院,成立于 1862 年,收藏 2500 部书,近 7000 本单册。(5)新书院,建于 1909 年,藏 2640 部书,分经、史、子、集、国书单册 51371 本，另外还有约 7000 单本。(6)古学院书院，建于 1922 年，藏书 3000 部。至今，越南纸本文献现存 7000 多种，汉字文献有 5700 种左右，占全部文献的 80%以上；在汉字文献中，写本有 4000 多种，其余为刻本(含汉喃研究院藏)。

(1)汉字刻本文献整理

在越南，纸本文献的保存与整理工作在整个汉字文化圈地区相对滞后。虽然在摆脱法国殖民统治建国以后，越南也影印整理了部分汉喃古籍，其中相当部分具有较高水平，如 1997 年由河内世界出版社出版的《越南汉文小说总集》四册，对数十种小说书籍做了详细的文献考订。但总体而言，相当多的越南古籍整理着眼于文化普及，多将汉文翻译成现代越南文，做简单的越文介绍和粗糙的翻印，缺乏细致的校勘、辑注，尚未建立相应的学术规范。

在日本，明治十七年(1884)，引田利章校订了吴士连等编修的《大越史记全书》，由埴山堂出版。越南史研究专家松元信广编校《大南一统志》，由日本印度支那研究会于昭和十六年(1941)发行。日本庆应义塾大学言语文化研究所于昭和三十六年(1961)至昭和五十六(1981)陆续影印出版了《大南实录》，共二十册。1987 年，日本创价大学出版陈荆和编校的《校合本大越史略》。以上整理本文献均成为学术界开展越南研究最基本的史籍，成为学界广为流传的通行本。

在中国内地，商务印书馆 1936 年出版《越史略》，上海古籍书店 1979 年出版武尚清校注本《安南志略》，北京大学 2013 年整理出版《儒藏·精华编·越南之部》，西南师范大学出版社 2015 年据内阁官版等出版标点校勘本《大越史记全书》等。在港台地区，先后整理出版了《钦定越史通鉴纲目》《艮斋诗集》等。

(2)汉字写本文献整理

越南的写本虽远多于刻本，但学界对其影印整理亦不甚多。在越南，近年陆续影印出版了《阮朝硃本目录》《云仙古迹传》等，对原文献转移为现代越南语。在中国，1971 年，陈荆和编校《国史遗编》，所用底稿为法国远东博古图书馆的写本。继之，1980 年出版了阮述《往津日记》，其底本为法国戴密微 1939 年在河内所获之孤本，此前未曾刊行过，是一份非常珍贵的历史资料。中州古籍出版社 1991 年出版了戴可来等《岭南摭怪等史料三种》。2010 年，孙逊、郑克孟、陈益源主编的《越南汉文小说集成》，由上海古籍出版社出版，所据文本大多是写本。2010 年，大型文献丛书《越南汉文燕行文献集成》(25 册)由复旦大学文史研究院和越南汉喃研究院合作出版。此书收录的主要是越南陈朝、后黎朝、西山朝和阮朝出使中国的燕行使者的著述，原本大多来自越南汉喃研究院藏写本，印刷清楚，成像清晰，且在每一分卷前有简介若干，交代了作者生平及所取用的版本。西南师范大学出版社影印出版了法藏写本文献《大南一统志》《皇越一统舆地志》。另，台湾学者分别于1987年、1992年整理出版了《越南汉文小说丛刊》第一、二辑，由法国远东学院出版，台湾学生书局印行。

(3)纸本文献的编目与研究

早在1904年，法国传教士就为越南汉籍编纂了相关目录。如加第尔、伯希和《安南史上史料之初步研究》。1935年又有加柏顿编成《安南书志》一书。布德与布治雅合编的《法领印度支那书志》，于1928年至1939年陆续刊行。后来，中国学者冯承钧在此基础上编成《安南书录》。以上这些著作主要反映了越南历史上所记存的书籍情况。

在日本，诸多学者编制了关于越南古籍的现代目录，如：松元信广《河内法国远东学院所藏安南本书目》《越南王室所藏安南本书目》；山本达郎《河内法国远东学院所藏字喃本及安南版汉籍书目》《河内法国远东学院所藏安南本追加目录》《巴黎国民图书馆所藏安南本目录》《巴黎亚细亚协会所藏安南本书目》；川本邦卫《越南社会科学书院所藏汉喃本目录》；藤原利一郎《巴黎国立图书馆新收安南本目录》；岩井大慧《永田安吉氏搜集安南本目录》《东洋文库朝鲜本分类目录附安南本目录》。

在越南，张文平《荷兰莱顿大学所藏汉喃古籍》，陈义《英国图书馆所藏的汉喃书籍》，陈义、阮氏莺《日本四大书馆所藏的越南本总目录》反映了汉喃古籍的现代遗存及其在越南域外的传播和收藏状况。杨泰明等《汉喃书目》，越南汉喃研究院与法国远东学院《越南汉喃遗产目录》《越南汉喃遗产目录补遗》则是对越南所藏汉籍书目的介绍。

目录编纂的集大成者当属中国台湾"中央"研究院文哲研究所《越南汉喃文献目录提要》。该目录是在《越南汉喃遗产目录》的基础上编纂而成，运用中国古典文献学的方法进行梳埋，包括经、史、子、集四部，共五十类、六十目，并对每部书籍、每宗文献的名称、作者、编印者、撰写年代、编写年代、版本、序跋、基本内容、抄写或编写方式作了逐一介绍。《提要》共收5023种古籍，经部147种，史部1665种，子部1527种，集部1684种；汉字文献有4229种，喃字文献794种；中国书重印重抄本越500种左右。2004年，中越学者刘春银、林庆彰、陈义在《提要》的基础上进行增补，撰成《越南汉喃文献目录提要补遗》，由中国台湾"中央"研究院亚太区域专题研究中心编印出版。《补遗》体例与《提要》一致，分上下两册，上册为目录正文，下册为索引，共增补2280种文献，其中汉文文献多达2035种。两本书出版的同时，也建设完成"越南汉喃文献目录资料库系统"，为广大读者提供了便捷的网络检索服务。就目前来看，《提要》《补遗》以及在此基础上建成的资料库，已然成为学界广为利用重要工具。但由于受时间和经费等条件限制，加上合作各方学术观念的差异，此书尚有许多错误和不完善之处。

在越南纸本文献研究方面，中华书局出版了张伯伟主编的《域外汉籍研究丛书》，其中陈益源《越南汉籍文献述论》、刘玉珺《越南汉喃古籍的文献学研究》、王小盾《从敦煌学到域外汉文献研究》均是经典之作。特别是《越南汉喃古籍的文献学研究》，是第一本关于越南文献的通论性著作，对于越南纸本文献的整理研究具有道夫先路之功。

（二）越南汉喃小学类文献整理研究

1. 越南汉喃小学类文献整理

按照传统的文献分类，语言文字之学谓之“小学”，包括文字、音韵、训诂、音义等。《越南汉喃文献目录提要》收录此类文献 25 种，包括《三千字历代文注》《今文字略》《字典节录》《字学训蒙》《字学四言诗》《字学求精歌》《村居便览》《钦定辑韵摘要》《安南国语新式》《检字》《难字解音》《三千字解音》《大南国语》《千字文解音》《三千字解译国语》《日用常谈》《五千字译国语》《字类演义》《指南玉音解义》《南方名物备考》《指南备类》《国音新字》《嗣德圣制字学解义歌》《汉字自学》《翻切字韵法》等。目前学界对该类文献的整理处于空白阶段。

2. 越南汉喃小学类文献研究

近年，越南学界开始关注汉喃古辞书研究，如吕明姮《考究汉越双语辞典：大南国语》(2013)、黄氏午《指南玉音解义》(2016)，附录影印原始文本，用现代越南语进行翻译注释。2017 年 5 月，浙江财经大学与越南汉喃研究院联合主持召开“东亚汉籍与越南汉喃古辞书国际学术研讨会”，越南学者提交了多篇论文。如陈仲洋《中世纪越南汉字词典的类型与特点》(2017)对中世纪越南汉字字典的类型、汉越双语词典的特点进行分析，认为汉越—汉喃对照词典是越南中世纪汉字教学的教科书，是学校汉字教学实践过程中所形成的结果，其主要功能是给学生们学习基本汉字提供教材。丁克顺《〈嗣德圣制字学解义歌〉版本及文字等问题研究》(2017)对《嗣德圣制字学解义歌》的作者、版本、内容、用字和词汇进行了简要介绍。吕明姮《从词典论看越南中代辞书：以〈大南国语〉〈日用常谈〉〈南方名物备考〉为中心》从中国词典论角度，对越南古辞书的内部结构进行剖析，并与中国辞书对比，凸显其特征。杜氏碧选《以字典为编写方式的越南中代汉字教科书研究——以〈三千字解音〉和〈嗣德圣制字学解义歌〉为例》(2017)分别对两本越南古辞书的编纂方式、押韵方式和教学功能进行介绍。陈氏降花《十九世纪末二十世纪初汉喃双语辞典:〈南方名物备考〉案例研究》(2017)考察了《南方名物备考》的成书背景、行文结构,探究其在越南社会文化中的影响。阮氏黎蓉《越南〈千字文〉字书两种汉字字形考》介绍了《千字文》的成书背景及相关材料《千字文解音》《千字文译国语》,并对部分汉字异体字从形体和结构进行考察。

在中国,陈荆和《嗣德圣制字学解义歌译注》(1971)在香港出版,这是我国对越南古辞书整理的唯一著作。近年,梁茂华博士论文《越南文字发展史研究》(郑州大学,2014)从民族思想文化、民族意识、民族认同、跨民族文化交流等角度对越南文字发展史进行了梳理,对《指南玉音解义》《三千字解音》《嗣德圣制字学解义歌》《大南国语》等几部重要的越南汉喃辞书的成书背景、体例、内容进行探究,认为古代越南双语辞书的特点是,以字喃解汉字音义,而且不少辞书是以越南传统的腰脚韵进行编排。郑阿财《从敦煌文献看日用字书在东亚汉字文化圈的容受——以越南〈指南玉音解义〉为中心》(《中国俗文化研究》2015 年第 1 期),这是专论中越辞书关系的第一篇重要论文。李无未《近代越南汉喃"小学""蒙学"课本及其东亚汉语教育史价值》(《东疆学刊》2017 年 7 月第 3 期),对近代越南汉喃"小学""蒙学"课本的学术价值进行探讨,与朝鲜朝、日本江户明治汉语官话课本进行比较,进一步凸显越南汉喃"小学""蒙学"课本文献在东亚地域汉语史视野内所具有的独特价值。温敏《越南汉喃双语辞书研究价值初探——以〈指南玉音解义〉为中心》(2017)以《指南玉音解义》为中心,以《大南国语》为参照进行初步考察,认为这类辞书类目丰富,因日用和实用的特点直接反映社会生活,汉喃两相对照的体例有利于考察汉越词汇特点和汉字的字形、结构和功用属性,是研究汉越语、汉字喃字差异、汉越文化交融的优质语料。李宇《越南汉字辞书〈字典节录〉研究》(2017)对《字典节录》成书背景、编纂体例和价值进行了初步研究。陈楠楠《〈三千字历代文注〉初探》(2017)从版本、成书背景、编纂体例、价值等方面对《三千字历代文注》进行了简要介绍。

(三)越南汉字文献字形整理研究

1. 越南汉字文献字形整理

关于越南文献字形整理,早见于王力《汉越语研究》(1948)。其文附录 100 个越南省笔字,此为早期关注越南汉籍俗字之作。陈荆和《校和本大越史记全书》(1984—1986)附录《越南俗字、简体字与惯用汉字对照表》,为越南刻本文献字形整理提供字样。刘玉珺《越南汉喃古籍的文献学研究》(2007)列举了越南刻本中的特创俗字。另外,亦有数篇学位论文涉及越南汉籍俗字字形整理,详见下文。

2.越南汉字文献字形研究

关于越南文献字形研究，成果多集中于中国。除上述所列外，郑阿财《越南汉文小说中的俗字》(1993)对《岭南摭怪列传》《天南云篆》《听闻异箓》等文献俗字进行了分类探究。张涌泉《汉语俗字研究》(1995)对越南钟铭中出现的俗字进行探源或国别判定。陆锡兴《汉字传播史》(2002)认为越南简俗字的构形方式与汉语俗字大致相同。王锋《从汉字到汉字系文字》(2003)从汉字符号的类型和表音化趋势对汉字在越南的使用情况作了简要介绍。范宏贵、刘志强《越南语言文化探索》(2008)分析了在越南使用的中国俗字、方言字等。何华珍《俗字在越南的传播研究》(2013)探究越南俗字与汉语俗字之传承变异，指出辞书及学界有关失误；《域外汉籍与近代汉字研究》(2015)揭示了域外汉籍对于近代汉字研究的价值和意义，指出域外汉字研究的内容、范围、路径。刘正印、何华珍《越南汉喃铭文酒器量词字用初探》(2016)对汉喃铭文中记录酒器量词与中国的酒器量词用字进行比较分析。何华珍、刘正印《越南汉文俗字的整理与研究——兼论〈越南俗字大字典〉的编撰》(2017)分别从碑刻、刻本、写本等不同载体展示越南汉文俗字资源的状况，从传承和变异角度进行分类研究，凸显《越南俗字大字典》编撰的必要性。刘正印、何华珍《越南汉喃碑铭用字研究导论》(2017)以《越南汉喃铭文拓片总集》为语料，对其中的用字现象从传承和变异两方面进行调查研究。何婧《越南瑶族民间古籍中的汉语俗字研究》(2017)从汉字传播角度出发，对其中的传承俗字进行了调查和例释，揭示了汉语俗字在越南瑶族民间古籍中的传承性。甄周亚《冯克宽使华汉诗疑难俗字考释》对五组疑难俗字进行了详细考证。

近年，出现数篇研究越南汉字文献与异体俗字的学位论文。如：刘康平《越南汉文写卷俗字研究》(西南交大，2011)用汉字构型理论阐释了这些写本文献中一些重要俗字的演变规律和结构特征，并同《宋元以来俗字谱》的俗字进行了比较。贾盖东《越南汉籍〈大越史记全书〉俗字研究》(浙财大，2014)以正和本、国子监复刻本、戴密微藏本三个不同版本的《大越史记全书》为语料，对其中的异写俗字和异构俗字进行分类研究。甄周亚《冯克宽使华汉诗写本俗字研究》(浙财大，2015)以《越南汉文燕行文献集成》中的冯克宽使华汉诗写本为语料，对其中的俗字进行了穷尽式的调查和整理，展示俗字在越南的传播轨迹。刘正印《越南汉喃铭文用字研究》(浙财大，2016)运用“汉字职用学”和“传承俗字和变异俗字(国际俗字和国别俗字)”等相关理论，对越南碑铭用字情况进行了较为全面而系统的研究。何婧《越南瑶族民间古籍俗字比较研究》(浙财大，2016)调查了具有代表性的越南瑶族民间古籍中的俗字字形，通过比较研究等方法揭示其传承变异现象与规律。

在越南，研究汉字的学者不多。关于汉字理论，华人施达志（Thi Đạt Chí）在1960年出版了《汉字研究》一书，但全书不足50页，属于入门书籍。2008年，阮光红（Nguyễn Quang Hồng）在喃字研究著作《喃字文字学概论》的开始部分讨论了东亚学者关于文字学中各类型方块字的相关概念。2015年，阮庭复（Nguyễn Đình Phức）等《汉字文字学》是第一部在越南出版的汉字文字学研究专著，可惜内容有限，不足100页。关于古文字，由于材料匮乏，仍处于起步阶段。叶少飞和丁克顺（Đinh Khắc Thuân）2016年4月在韩国发表的《越南新发现东山铜鼓自铭“金甗”释》，与阮越（Nguyễn Việt）、郑生（Trịnh Sinh）、安之（An Chi）等学者对越南早期出土文献进行讨论，但多是从考古学或历史学角度进行考释，专题研究古文字的十分少见。关于近代汉字，阮玉协《越南陈朝禅宗三书研究——以文献、文字、词汇为中心》（2013）以《禅苑集英》《圣灯语录》《慧忠上士语录》三本越南汉籍刻本为主要材料，选取其中的代表性俗字，从形体结构方面进行剖析和解读。郭氏娥《越南北属时期汉字文献用字研究》（2013）探讨了越南北属时期汉字文献的用字状况，并探讨了所用汉字的构造特点。阮氏莺《错误的汉字——在香港出版〈国史遗编〉案例》（2016）对《国史遗编》域外的抄本、印本及越南语文本进行了介绍比较，从用字的角度纠正了香港排印本的一些错误。范氏草《〈阮朝硃本〉对联的异体字考》（2017）首先对《阮朝硃本》中的对联简介，然后对其中的异体字进行分类并总结其形体特点。另，吴德寿（Ngô Đức Thọ）《越南历代避讳字研究》（1997）和阮金芒《越南宁平省陈朝碑刻避讳字研究》（2016）对越南历史中的避讳字进行了专题研究。

（四）汉字在越南的传播与发展研究

关于汉字传播，涉及面广，内容丰富，诸如汉字音义、民族新字、词汇演变、文化传承，均可从不同侧面进行探讨。简要分述如下：

1. 汉越音与汉越词研究

王力《汉越语研究》（1948）对越南语的词汇系统和语音系统进行探究，词汇系统分为越语词和汉越语词两层，汉越语词的字音系统分为汉越语、古汉越语和越化汉语三层。欧阳觉亚等《京语简志》（1984）在语音和词汇章节分别对汉越音和汉越词展开讨论，其中对汉语借音和借词进行了详细阐述。张卫东《〈明心宝鉴〉及其所记汉越音》（2003）对所用材料的域外版本进行了梳理，分析了《明心宝鉴》的汉越音音系。范宏贵、刘志强《越南语言文化探究》（2008）将越南语词汇分为是固有词和汉语借词，从文化语言学的角度论述了汉越语词产生的历史背景及其含义的多种演变，探求了汉语与越南语中汉语与汉越语的声母、韵母、声调上的对应规律。罗文青《越南语双音节汉越词特点研究与汉语比较》(2011)通过研究双音节汉越词特点,为汉越语接触及汉越词研究的深入提供了参考。罗启华《语言的亲情——越南语汉源成分探析》(2013)从汉越读音、汉越词语、俗成汉越词等方面对越语和汉语语料源流关联进行探析。咸蔓雪《汉语越南语关系语素历史层次分析》(2016)提出"汉语越南语关系语素"的概念,从关系语素的声韵调对应人手,以中古汉语音系为出发点,并参照上古音,对照汉语和越南语的历史音变,全面展开严格的语音对应研究,确定了不同声韵调对应组的历史层次。

日本三根谷彻是研究越南汉字音的著名学者,《中古汉语と越南汉字音》(1993)则是研究中越音韵关系的代表作。越南的阮才谨(Nguyễn Tài Cẩn)(1979)、阮大瞿越(Nguyễn Đại Cồ Việt)的博士论文(北京大学,2011),对越南汉越音均有深入研究。阮庭贤《汉越语音系与喃字研究》(复旦大学,2012)将汉越语音系和《广韵》音系进行比较,找出它们之间的对应关系,讨论汉越语的一些音变现象;在此基础上,找出汉越语的例外读音,对例外读音进行分类;最后讨论汉越语对古汉语声韵调研究的价值。陈仲洋《15世纪越南语中的越语汉来词——以阮廌的〈国音诗集〉为例》(2016)从历史语言学和词源学角度对阮廌的《国音诗集》中的词汇进行穷尽性考察,总结出词源考证的依据,并对词汇结构进行分类。

2.喃字和古壮字研究

汉字南部传播,对民族文字的产生起着重要作用。喃字和古壮字是类汉字的代表。在研究汉字南传过程中,将涉及喃字、古壮字中的俗字因素、结构类型等。

闻宥是喃字研究的开创者,其《论字喃之组织及其与汉字之关涉》(1933)是关于越南京族所用喃字与汉字关系研究的拓荒之作。王力《汉越语研究》(1948)第八章对喃字进行了分类,认为其是一种类汉字。张元生《壮族人民的文化遗产——方块壮字》(1984)对壮字进行了分类,并对其中的两种情况进行了深入分析,揭示了方块壮字对研究古汉字和古汉越音的价值。李乐毅《方块壮字与喃字的比较研究》(1987)从产生背景、构字法对方块壮字和喃字作了比较,并评价了它们在文字发展史上的贡献。1989年,广西壮族自治区少数民族古籍整理出版规划领导小组编纂了《古壮字字典》。何九盈等《中国汉字文化大观》(1996)提到了喃字及其字形结构和发展演变。王锋《从汉字到汉字系文字——汉字文化圈文字研究》(2003)介绍了喃字构字法,并对其结构进一步分类。谭志词《中越语言文化关系》(2003)上编第五节介绍了汉字对字喃的影响。赵丽明《从越南版〈三字经〉初探喃字体系用字》(2003)对研究材料中的喃字用字作了相关考察,揭示了汉字在越南传播中的普遍规律。王元鹿等《中国文字家族》(2007)第三章谈到喃字的构成以及喃字的性质。陈增瑜《京族喃字史歌集》(2007)包括《京族史歌》《京族哈节唱词》《京族传统叙事歌》等三部分，均是京族“喃字”书写记载，对京族历史文化的研究极具价值。覃晓航《方块壮字研究》(2010)详细论述了方块壮字的研究史、方块壮字产生的条件及其发展和演变、方块壮字方言差异的原因、方块壮字的教育等，同时，还对汉文古籍中的方块壮字和前人留下来的不明文字进行考释和破解。刘兴均《〈京族喃字史歌集〉中的音义型喃字》(2014)、《〈金云翘传〉中的音义型喃字》(2015)认为音义型字喃字是一种构字部件借自汉字，却又是自创组合、自主表词的一种文字。韦树关《京语研究》《中国京语词典》和何思源《中国京族喃字汉字对照手册》，是跨境喃字研究的重要参考文献。

在越南，喃字研究队伍强大，成果丰富。越族喃字研究的主要方面有：起源、出现时间、历史演变、文字结构、音意类型、造字法、喃字与越南语的历史关系、汉字对喃字的影响、喃字与越南的民族性等。对此，越南学者留下了许多著作，其中有代表性的是：宝琴 Bửu Cầm《喃字研究入门》(1975)简单介绍了喃字的来源、结构以及优缺点。陶维英Đào Duy Anh《喃字：起源、构造、演变》(1975)对碑铭文献和纸本材料考证，认为是由于早期资料的缺乏而无法确定喃字产生的年代，但早期喃字系统主要是假借汉字形成。黎文冠 Lê Văn Quán《喃字研究》(1981)以越南语语音为基础，对喃字进行了研究分析。阮才谨 Nguyễn Tài Cẩn《关于喃字的一些问题》(1985)亦是从音韵出发，分析喃字的起源、结构和演变。黎智远 Lê Trí Viễn《汉喃语文教程》(1984)从喃字的结构及读音入手进行探究。阮圭 Nguyễn Khuê《喃字的一些基本问题》(1987—1988)对前人的研究成果作了评述，并针对喃字的起源、构造、演变发表了新的看法。阮光红(Nguyễn Quang Hồng)的《喃字文字学概论》(2008)内容丰富，规模宏大，对喃字的相关问题都有广泛而深入的研究；后又在《越南“字喃”研究几个大题的概述》(2016)中对“字喃的起源及其成为文字系统的历史时期”“字喃的内部结构及其演变”和“越南语文之分期以及字喃之社会功能”进行了详实阐述。阮进立《汉字与喃字形体结构比较之研究》(2009)以汉字“六书”造字法为依据，对汉字与喃字的结构进行比较分析，对它们的形体演变进行探讨。吕明姮《造字法之异同——日本和字与越南喃字比较研究》(2016)将喃字与和字从造字角度进行比对分析，认为日语和越语间互相影响，但这种影响多是建立在汉文化的基础上。此外，有关喃字研究的学者还有：阮玉珊 Nguyễn Ngọc San (1987、2003)，阮佐珥 Nguyễn Tá Nhí(1997)，黄氏午 Hoàng Thị Ngọ(1999)，陈文玾 Trần Văn Giáp(2002)，阮氏林 Nguyễn Thị Lâm (2006)，张德果 Trương Đức Quả，黄红锦 Hoàng Hồng Cẩm，花玉山 Hoa Ngọc Sơn

(2005),陈仲洋 Trần Trọng Dương(2012),阮俊强 Nguyễn Tuấn Cường(2012),阮氏秀梅 Nguyễn Thị Tú Mai(2012),杜氏碧选Đỗ Thị Bích Tuyển(2014),等等。

关于喃字字典,从 1970 年至今,越南学界已编撰多部越族喃字字典,主要有:阮光士 Quang Xỹ、武文敬 Vũ Văn Kính(1971),Viện Ngôn Ngữ Học 语言研究所(1976),武文敬 Vũ Văn Kính (1992,1994,2002),张庭信 Trương Đình Tín、黎贵牛 Lê Quý Ngưu(2007),陈文俭 Trần Văn Kiệm (2004),阮光红 Nguyễn Quang Hồng (2006,2014)。2014 年,阮光红 Nguyễn Quang Hồng《喃字字典引解》,代表了喃字字典编撰的最高成就。越族喃字字典的编撰方法,可以分为两种:首先是根据编撰者的知识记忆进行编撰,没有指出某一个喃字的详细文本来源,就算没有可考的证据;第二种是根据喃字文本引证,如阮光红(2006,2014)。

日本学者在喃字研究方面也多有建树,如富田健次《越南字喃研究》(1979),竹内与之助《字喃字典》(1988),清水政明《字喃の創出からローマ字の選択へ》(2007),川本邦卫《〈伝奇漫録増补解音集〉にみえる〔ジ〕喃について-1-》(1974)、《〈伝奇漫録〉研究ノ-ト-2-》(1984)、《〈伝奇漫録〉研究ノ-ト-3-》(1985)、《〈伝奇漫録〉研究ノ-ト-4-》(1987)、《〈伝奇漫録〉研究ノ-ト-5-》(1987)、《〈伝奇漫録〉研究ノ-ト-6-》(1991)、《覆刻本〈新编伝奇漫録〉俗语訳の性格》(1994)等。

美国越南研究院(2009)以及法国学者 Paul Schneider 春福(1993)对喃字亦有研究。

3.汉字史与文化传播研究

何九盈等《中国汉字文化大观》(1995)、周有光《世界文字发展史》(1997)、陆锡兴《汉字传播史》(2002)、董明《古代汉语汉字传播史》(2002)、王锋《从汉字到汉字系文字》(2003),对于汉字域外传播均有系统梳理与阐述。此外,专题论著亦有不少。于在照《汉字与越南的汉语文学》(2003)探寻了汉字在越南的传播和越南汉文学的发展轨迹。赵丽明《汉字传播与中越文化交流》(2004)是关于汉字传播与中越文化交流国际学术研讨会论文集。论文集中分为汉字本体研究、汉字传播与比较研究、汉喃文献研究、中越古代文化交流和信息化网络时代的汉字等板块。马达《论汉字在越南的传播及其影响》(2008)认为汉字、由汉字构成的汉语以及它们所承载的汉文化是越南语言、文学和文化发展的重要组成部分。祁广谋《越南语文化语言学》(2011)客观分析了中国语言文化对越南语言文化的影响途径、方式、程度以及越南民族吸收外来语言文化的民族价值观和处理方式。梁茂华《越南文字发展史研究》(郑州大学,2014)从民族思想文化、民族意识、民族认同、跨民族文化交流等角度对越南文字发展史进行了梳理。左荣全《汉字在越南文字史上的地位演变研究》(解放军外国语学院,2015)运用广义文字学、文化语言学、历史学等相关领域的理论,首次对汉字在越南文字史上的地位演变情况进行了系统研究。王志松《汉字与东亚近代的启蒙思潮——梁启超与潘佩珠〈越南亡国史〉》(2016)对《越南亡国史》的发表形态、政治主张、后世反响及改编作品对该著作的作者进行考辨,并从传播学角度对相关文化现象进行探究。黄兴球、韦顺莉《越南国家文字变迁的历史启示》(2017)探讨了越南国家文字的产生时间、变迁动力和历史启示。俞忠鑫《汉字在域外的功能拓展》(2017)从域外汉字使用的广阔视角,探讨汉字在日本、韩国、越南的功能拓展,其中对越南喃字的功能类型进行比较研究。黄德宽在东亚汉籍与越南古辞书国际学术研讨会上的讲话(见《东亚汉籍与越南古辞书研究·序》,2017),对于汉字域外传播研究的价值和意义,进行了宏观论述和当代阐释,言简意深,内涵丰厚,推动域外汉字学科的构建和发展。

在越南,陈义《北属时期汉字传入越南始末及其对本地文化学术形成发展所起的作用》(2003)解释了汉字是如何传播到越南以及对越南产生了何种影响等问题。武世魁《古代越南有华人血统的家族在推进汉字传播和中越文化交流方面的作用》(2003)结合历史文献详细探究了越籍华人在推进汉字传播和中越文化交流方面的作用。阮俊强、阮氏秀梅《〈三字经〉对古代汉文教材的影响》(2016)分别从文体和内容两方面阐明了《三字经》影响越南古代书籍的发展。在形式上,影响了文体的变化,产生了三字诗句;在内容上,越南学者接受了《三字经》的劝学内容和中国传统文化,并以此为准去著述。范文兴《越南古代文字狱比较研究》(2016)分别介绍了中越文字狱的情况,在此基础上开展比较研究。郭氏娥《汉字传入越南与北属时期在越南的传播》(2016)对汉字在越南北属时期的传播过程进行详细阐述。

在日本,藤堂明保《漢字とその文化圏》(1974),是研究汉字文化圈汉字传播的重要著作。在越南训读方面,岩月纯一《越南の訓讀と日本の訓讀》,小助川贞次《关于越南图书馆所藏书经大全与五经节要的加点》(2017),颇有开拓性意义。

(五)越南汉字资源数据库建设

为便于汉文学界利用藏于越南和法国两地的越南汉喃古籍与地方文献,推进东亚汉籍文献的资源共享,中国台湾"中央"研究院中国哲学所自1989年开始,联合越南、法国、中国大陆专家,致力于越南汉喃文献目录的汉译整理工作。在此背景下,"越南汉喃文献目录资料库系统"以《越南汉喃文献目录提要》(汉文版)和《补遗》作为数据支持,开发了越南汉字文献资源储备数据库。开放网页:http://140.109.24.171/hannan/。该数据库是一个面向文本处理的多功能检索资料库,内容丰富,数据庞大，界面简洁，使用方便，并附有“系统简介”“操作说明”“造字档下载”“造字库安装说明”等信息。王平、刘元春《越南汉喃文献 E 资源评介》(2017)对该系统进行了详细介绍，认为其是一个集资料贮存、多路径检索为一体的资源数据库，具有较高学术价值。

关于汉喃文字的信息化，越南汉喃研究界和通信工业界合作实现汉喃数字化(digitalization)，建设越族喃字字库(font)，并根据越南语检索的汉喃文字输入法(input method)。现已有将近 10000 个越族喃字收入 Unicode 数据库。这些工作由美国喃字遗产保存会(The Vietnamese Nôm Preservation Foundation，VNPF)、日本的文字镜会、中国台湾的 Dynalab 公司、Đạo Uyển 道菀组、越南通信工业研究院和汉喃研究院等多部门通力合作完成。目前已经有两种汉喃文字输入法在越南得到普遍使用，即宋福启(Tống Phước Khải)等人编制的 Hanokey 和潘英勇(Phan Anh Dũng)编制的 VietHanNom。另，美国喃字遗产保存会与越南国家图书馆合作，实现了馆藏的几百种汉喃书籍的数字化。

三 几点思考

综上，越南汉字资源是一座亟待挖掘的宝库，学界目前对其整理研究仍处于初始阶段。以上五方面梳理了越南汉字资源整理研究的国内外现状，亦揭示了越南汉字资源整理研究的重点和难点。具体而言，我们应在以下诸方面进行认真整理和深入拓展：

(一)对越南汉字文献进行整理，摸清家底，编撰《越南汉字文献目录提要》。越南汉字碑铭文献是一批宝贵而又亟待认识的新资源，中外学界关于该类汉字文献的整理、编目与研究，尚存诸多空缺，诸如后续碑铭的影印出版、碑铭目录的编辑整理，碑铭汉字资源的利用与研究等。越南纸本汉字文献呈现的汉字资源，理应成为汉字研究的重要材料，但从中外学界整理研究现状来看，前揭《越南汉字文献目录提要》汉喃混合，错讹甚多，亟需增补校订。

(二)对越南汉喃小学类文献进行搜集、整理和研究，特别是汉字辞书及汉字学资料，进而与东亚各国汉字辞书进行比较研究，这是越南汉字资源整理研究的重要内容。由于小学类汉喃文献不易收集，双语辞书涉及喃字解读问题，此领域的国内成果并不多见。鉴此，编著《越南汉喃小学类文献集成》，并组织力量进行专题专书的整理研究，撰成《越南汉喃小学类文献专题研究》已迫在眉睫。

（三）对于越南汉字文献字形整理研究，学界目前还局限于单个材料。我们应基于越南汉字碑铭和汉字刻本/写本文献，汇纂《越南汉字文献字形表》，撰著《越南汉字异体字大字典》和《越南汉字异体字研究》，这是越南汉字资源整理研究的基础工程，也是研究越南汉字传播史的重要材料。

（四）拓展汉字域外传播史研究，特别是越南汉字传播史研究。挖掘、梳理越南郡县时代、独立时代两个一千年的历代文献，通过汉字汇集与考证，再现越南汉字传播历史面貌。从传播学、生态学、职用学等角度，揭示汉字在越南传播的时限、媒介、机制和影响，进而在国家、民族、文化等大背景下，全方位呈现域外汉字景观，撰著《汉字在越南的传播与发展研究》。

（五）数据库建设，是当代学术研究的重要手段，也是资料整理的必然要求。目前，建设一个越南汉字资源数据库乃重中之重，其主要包括越南汉字文献目录检索系统、越南汉字异体字数据库、越南汉字文献数据库、越南汉字文献检索数据库、越南汉字研究论著索引检索系统等，为中外学界协同研究域外汉字文献与汉字传播奠定基础。

总之，在充分吸收中外学界既有成果的基础上，发掘越南汉字资源，创建数字化检索平台，助推越南汉字整理研究工程，此乃当务之急。

参考文献

[1]闻宥：《论字喃之组织及其与汉字之关涉》，《燕京学报》1933年。

[2]王力：《汉越语研究》，《龙虫并雕斋文集》，中华书局1980年。

[3]陈荆和：《校合本大越史记全书》，东京大学东洋文化研究所1984—1986年。

[4]〔越〕陈重金著，戴可来译：《越南通史》，商务印书馆1992年。

[5]〔越〕潘文阁，〔法〕苏尔梦：《越南汉喃铭文汇编》第一集（北属时期至李朝），越南汉喃研究院、法国远东学院1998年。

[6]〔越〕黄文楼，耿慧玲：《越南汉喃铭文汇编》第二集（陈朝），新文丰出版公司1998年。

[7]耿慧玲：《越南史论——金石数据之历史文化比较》，新文丰出版公司2004年。

[8]赵丽明：《汉字传播与中越文化交流》，国际文化出版公司2004年。

[9]越南汉喃研究院、法国远东学院：《越南汉喃铭文拓片总集》（1—22册），越南文化通讯出版社2005—2009年。

[10]刘玉珺：《越南汉喃古籍的文献学研究》，中华书局2007年。

[11]韦树关：《京语研究》，广西民族出版社2009年。

[12]复旦大学文史研究院、越南汉喃研究院：《越南汉文燕行文献集成》，复旦大学出版社2010年。

[13]域外汉籍珍本文库编委：《域外汉籍珍本文库》（1—5辑），人民出版社、西南师范大学出版社2011—2016年。

[14]孙逊、〔越〕郑克孟、陈益源:《越南汉文小说集成》,上海古籍出版社 2011 年。

[15]何华珍:《国际俗字与国别俗字——基于汉字文化圈的视角》,译学与译学书〔韩国〕,2014(3)。

[16]刘正印、何华珍:《越南汉喃铭文酒器量词用字初探》,《汉字研究》(第 14 辑),2016 年。

[17]咸蔓雪:《汉语越南语关系语素历史层次分析》,中西书局 2016 年。

[18]何华珍、阮俊强主编:《东亚汉籍与越南汉喃古辞书研究》,中国社会科学出版社 2017 年。

[19]三根谷彻:《越南漢字音の研究》,《东洋文库》1972 年。

[20]竹内与之助:《喃字字典》,大学书林株式会社 1998 年。

[21]清水政明:《字喃の創出からローマ字の選択》,《言语》2007 年。

[22]Nguyễn Quang Hồng. Khái luận văn tự học chữ Nôm(《喃字文字学概论》). Nxb Giao dục , Hà Nội. 2008.

(何华珍:郑州大学文学院/浙江财经大学人文与传播学院,
450001/310018,郑州/杭州
刘正印:郑州大学文学院,450001,郑州)

《汲古阁说文订》的编纂意图新探*

张 宪 荣

提要 段玉裁《汲古阁说文订》并非如其《叙》所言仅仅揭示毛氏汲古阁节次剜改之谬和恢复大徐本之原貌。从其正文看，他对剜改本和所参据诸本皆有正误是非的评判。其虽然主要在于校版本之正误，但还有相当一部分在定内容之是非，具有强烈的主观价值取向。从整体上看，此书的编纂意图与《说文解字注》如出一辙，都是旨在恢复许氏《说文》原貌，即其所谓的《说文》"古本"原貌。这种研究倾向与其校勘主张和当时《说文》的研究倾向密不可分。

关键词 《汲古阁说文订》 编纂意图 《说文》原貌

一 段《订》[①]编纂意图诸家说

清嘉庆二年七月，段玉裁《汲古阁说文订》刊行于世。此书虽不足百页，却在当时产生了巨大的轰动。严可均在《说文订订·序》中说："《汲古阁说文订》一卷，金坛段君若膺纂。其助之者，吾友又恺袁氏也。段君素以治《说文》有声于时。嘉庆三年，此书流播都下，都下翕然称之。"[②]由此可知，此书在嘉庆二年的下半年刊刻完毕，居然在次年便由江南流传到了京师，而且时人"翕然称之"，这不仅展示了此书在当时流行之广，而且也暗示了研究《说文》的风气已渐开放，汲古《说文》已为学者所知，否则"都下"之人的反应不至于如此。又清代王先谦《汲古阁说文校勘记·序》云："昔段氏据斧季手校本为《说文订》，今刊于湖北书局，人宝爱之。"[③]此序作于光绪年间，既然"人宝爱之"，说明当时的人也很重视此书。其实，段《订》在清代的流行不仅在这些序文

---

* 基金项目：国家社科基金青年项目"小学文献学研究"（16CTQ012），国家社科基金重大项目"基于资料库的古籍计算机辅助版本校勘和编撰系统研究"（15ZDB104）。

① 文内除引文外，"《汲古阁说文订》"皆简称"《订》"。

② ［清］严可均：《说文订订》，清光绪十三年许氏古均阁刻本。

③ ［清］王先谦：《虚受堂文集》卷四，光绪二十六年刻本。

中可以看出端倪，而且从其在当时使用状况也可以体现出来。清代钱泰吉《甘泉乡人稿》卷九云严鼎臣“《说文》则以段懋堂《汲古阁说文订》细书简端，并依段《注》校正。”[1]又，上海图书馆所藏毛氏汲古阁本有清代吴凌云跋云：“今两家[2]所藏凡七本，段氏据此及《集韵》《类篇》以订毛氏节次剜改之铉本，精博可爱，故详钞之。”[3]严鼎臣、吴凌云二家皆以过录段《订》之说为己之批校语，更说明此书在当时已经成为研究《说文》的权威参考用书。而段氏在文内的很多观点也为清中期以后诸家转相引用，所以《订》中所云诸本之异同，毛氏剜改之不足信等几成定论，而其所谓的“初印本”“剜改本”等这些概念也渐渐深入了人心。我们可以看到，自段《订》刊行以后，很多汲古阁“初印本”出现在了清代《说文》学著作中，而“毛氏汲古阁剜改本”这样的字眼也往往成为被攻击的对象。一直到现在，学者们一提及汲古阁本《说文》，恐怕也没有什么好的印象吧。段《订》书虽薄，影响却颇大。

那么，段氏为什么要撰写这么一部著作呢？或者说其编纂的意图究竟是什么呢？直接的证据来自其所撰自叙。

在《汲古阁说文订·叙》中，他明确说：“学者得　始一终亥之书以为拱璧，岂知其谬盭多端哉！初印往往同于宋本，故今合始一终亥四宋本及宋刊、明刊两《五音韵谱》及《集韵》《类篇》称引铉本，以校毛氏节次剜改之铉本，详记其驳异之处，所以存铉本之真面目，使学者家有真铉本而已矣。”而书末袁廷梼跋亦云：“若膺先生云：‘今海内承学之士户读毛氏此书而不知其恶，试略笺记之，以分赠同人，则人得一宋本矣，岂不善与？’因与漪塘丈及廷梼遍检宋小字本，叶抄、赵抄两宋本，《五音韵谱》宋、明二刻及《集韵》《类篇》及小徐《系传》旧钞善本，尽得其剜改所据，编为一卷而梓之。然此文豹之一斑而已，其详则有经韵楼注释全书在。”

以上一叙一跋所说大同小异，后者不过又补充了一点信息，即此《订》非段氏一人所为，而是由袁廷梼、周锡瓒等协助完成的。据此我们可知其目的有二：(1)由于当时学者皆在研读毛氏《说文》却不知其误，所以段氏等根据较之更早的本子进行校勘，以指明毛氏“节次剜改”之谬，这是其直接目的。(2)通过诸本的比对，详细记录毛氏汲古阁本与诸本之异同，来保存大徐本之真面貌，使学者家有一真正的宋本《说文》，这是其最终目的。简而言之，其编纂目的就是揭示毛氏剜改之罪，保存大徐本来之貌。那么，此书真的

---

[1] [清]钱泰吉：《甘泉乡人稿》卷九，清同治十一年刻光绪十一年增修本。

[2] 按，即青浦王昶和元和周锡瓒。

[3] 张宪荣：《〈文字音韵训诂知见书目〉研究》，北京师范大学博士学位论文，2015年，第133页。

如其所说的那样来编纂的吗？段氏在编纂的过程中真的只是在按照以上目的来做的吗？

关于此，清代以来的学者皆无异议。今人在研究段《订》时又多不着意于此①，故观点一延旧说。而林宏佳《〈汲古阁说文订〉写作模式试探：兼谈汲古阁〈说文〉的评价》一文倒是围绕这一话题展开的。在文中，他详细分析了段氏批判"后印本"的多重标准，认为段《订》的写作目的"不会单纯的只是要'使学者家有真铉本'而已，贬抑后印本才是背后更深一层的目的"。笔者以为林氏的讨论颇为详尽，但是有关段《订》写作意图的观点则尚在沿袭前人之说，因为前面所举的段叙、袁跋已经说的很清楚了，用不着大费周折地得出这么一个结论。

笔者以为，要想知道段《订》真正的意图，并不能囿于其叙、跋之说，而应该深入到其所订的具体条目方可看的明白。所以，以下的讨论皆来自《订》之本文。

二 段《订》编纂的真正意图

据笔者统计，段《订》的条目凡318条。每条先指明所属卷次部第，继引《说文》本文，最后另起一行进行考订。在作订的过程中，一般先校订版本异同，体例一般是"初印本如此，某某皆同"或"某某本皆作"等，然后指出剜改本所作之字，最后进行是非判断并指出理由。此可以说是段《订》之常例，符合其《叙》所说的揭示剜改本之谬。但其中也有很多变例并不能从《叙》的角度进行解释。今将《订》中观点归纳于下。

（一）初印本及诸宋本正确，剜改本有误。

此即笔者所称的段《订》常例，之所以如此说，乃是遵段《叙》之说也。其《叙》云其作《订》之目的之一即是令世人知道毛氏剜改之罪，故凡是剜改本有误者，段氏便不遗余力地大加批判。此种情况在《订》中凡140条，多以"初印本如此，某本同，今剜改某字为某字"的格式出现，但也有一些其他说法。今试举几例说明：

（1）卷一上丄部帝字：辛、示、辰、龙、童、音、章皆从古文丄。

---

① 按，胡朴安先生《中国文字学史》（上海科学技术文献出版社2014年，第553页）云："段氏、张氏所订正者，在于复徐氏之旧，严氏、钮氏所订，在于复许君之旧。"实际上如果我们翻看胡先生之书，可以看到他对于《订》仅仅节选了段《叙》的一部分，是跟着段氏说的，并未细看原书。而且说张行孚《汲古阁说文解字校字》是在恢复大徐之旧也是不准确的，应该是恢复毛氏汲古阁本之旧才对，因为张氏是用毛氏"初印本"来校后世"剜改本"的，与"大徐之旧"并无关系。近人研究段《订》的文章也是凤毛麟角。经本植《段玉裁〈汲古阁说文订〉与〈说文解字注〉——兼及段氏校改〈说文〉文字的缘由》一文云："《订》是为校勘汲古阁毛氏大徐本《说文》，而《说文注》则在更为广泛的范围内博取各种典籍以校勘《说文》"，其文重在比勘段《订》与段《注》的异同，非本文所探讨之内容。

段《订》云："初印本如此，王氏周氏两宋本、叶石君抄本、赵灵均抄本、《五音韵谱》皆同。今依小徐于'辛'下'示'上补'言'字。《说文》随举以见例，云辛则从辛之辛、言在其中矣，何烦补乎？"

(2)卷一上艸部蘜字：以秋华。

段《订》云："宋本、叶本作'以'。……赵抄本及他本'以'皆作'似'，而毛本因之，非是。"

(3)卷二下誩部善字：此与义、美同意。

段《订》云："宋本、叶、赵本、《韵谱》同，今依小徐剜改作'此义与美同意'，大误。"

(4)卷四下肉部脡字：从肉延声。

段《订》云："惟赵本如是为长，今毛本篆作脡，同赵抄。说解内又作'延声'，何也？"

(5)卷八上人部侉字：憊词。

段《订》云："按，宋本、叶本、赵本、《五音韵谱》《集韵》皆同，惟小徐、《类篇》作'備'，今毛本同小徐、《类篇》，盖四次以前妄改者。"

以上五条皆为段氏批判剜改本的条目。在这些条目中，段氏不仅列出剜改本与诸本之间的异文，而且还指出其剜改所据：或从小徐改，或从赵氏抄本改，或不知所从，以己意妄改。在段氏眼中，毛氏当时是否参据这些本子改过并不重要，重要的是剜改本肯定是有误的。① 所以这种情况显然是为了达到其指明毛氏剜改有罪的目的的。

（二）初印本及诸宋本或正或误，剜改本则校改正确。

段《叙》云："明经又出汲古阁初印本一：斧季亲署云'顺治癸巳汲古阁挍改第五次本'，卷中旁书朱字，复以蓝笔圈之。凡其所圈，一一剜改。考毛氏所得小字本与今所见三小字本略同，又参用赵氏大字本。四次以前微有挍改，至五次则挍改特多。往往取诸小徐《系传》，亦间用他书矣。"按，此文中所谓"初印本"，与诸宋本本来是段氏据以校订剜改本之谬误的，但是在具体条目上，反而后者所改是正确的。这样的条目在《订》中有28条。今略举几例：

(1)卷一上玉部琫字：佩刀上饰。

段《订》云："两宋本、叶本、赵本、《五音韵谱》《集韵》《类篇》'上'皆作'下'。按，下

① 按，据笔者研究，毛氏根本没有参照过赵氏抄本。段氏在《订》中以为的剜改本之误有一些也是其主观判断，并非真正的有误，严可均《说文订订》所言甚详。

文云‘珌，佩刀下饰’，此云‘上饰’，本毛传也。毛本依小徐作‘上’为是。”

(2)卷二下辵部迣字：前颉也。

段《订》云：“初印本如此，宋本同。叶、赵本、《韵谱》《集韵》《类篇》皆作‘顿’，今剜改作‘顿’不误。”

(3)卷三下攴部敹字。

段《订》云：“初印本敹后无敹，宋本、叶本、赵本皆同。今剜补作……此亦本小徐……是则铉本宜有此篆。”

(4)卷五上竹部簓字：《春秋传》曰：“泽之自簓。”

段《订》云：“两宋本、叶本及毛本作‘目’，赵本、《五音韵谱》《集韵》《类篇》皆作‘自’，疑‘目’字近似。”

以上四例中，例(1)(2)诸宋本或初印本之字，段氏以为错误，而剜改本据小徐等校改正确了。例(3)诸本皆无增篆字，剜改本据小徐增篆文字头也是正确的。例(4)中剜改本与宋本同，而与《集韵》等所引不同，也是比较正确的。所以，剜改本无论是改字，还是增篆，并不受初印本、诸宋本等的影响。其为何正确，是由段氏自己的主观判断决定的。例(2)为何作“顿”不误，例(4)为何作“目”近似？段氏并没有给出理由，显得说服力并不充分。

(三)诸宋本误。

此种情况是与上一条相对的，指的是在段《订》中仅指明宋本之误(包括叶本等)，而未提及剜改本如何的那种情况。段《订》中凡32条。如：

(1)卷一艸部莙字：牛藻也。

段《订》云：“宋本‘牛’作‘井’误。牛藻，大藻也。”

(2)卷一艸部蓍字：生千岁三百茎。

段《订》云：“两宋本、叶本皆作‘生十岁百茎’，疑脱误。”

(3)卷二上口部噴字：野人之言。

段《订》云：“宋本、叶本作‘言之’误。”

(4)卷二上口部唬字：呼讦切。

段《订》云：“宋本作‘讦’作‘许’皆非也，赵本、《韵谱》作‘讶’是。”

按，以上四例皆未提及剜改本如何，而直接指出诸宋本之误。其实如果核对存世剜改本，以上诸条中凡宋本误者，此本反而皆正确。

(四)初印本误。

此种情况与第(三)类相似，是指仅提及初印本有误，而不言剜改本如何的那种情况。段《订》中凡 2 条。今引于下：

(1)卷三上言部諴字：《周书》曰：不能諴于小民。

段《订》云："按，宋本、叶本、赵本、《五音韵谱》《集韵》皆作'不能'，今刻《集韵》作'丕能'，……今毛本《说文》'不'字作'丕'，盖初刻已误，抑或剜版再四次以前者。"

(2)卷十一上水部浪字：南入江。

段《订》云："初印本作'入海'误。"

按，以上例(1)提到"今毛本《说文》"看似指剜改本，但后面有"盖初刻已误"云云，可以推知至少是包括初印本在内的。例(2)则仅说了初印本，今将之与存世的《说文》诸本相校，可知误作"入海"者只有此本。不知是段氏校勘有误，还是其所见初印本即如是做。

(五)诸本皆误。

段氏作订时，有时会认为诸本皆误，而另立新字。此类情况在段《订》中有 8 条。例如：

(1)卷三下革部鞻字：曲轅鞼縛，直轅纂縛。

段《订》云："各本'纂'譌'暈'，不成字。车部纂下曰：'直轅车鞼也，从车具声'。"

(2)卷六上木部槎字：《春秋传》曰：山木不槎。

段《订》曰："两宋本、叶本皆无'木'字，他本有'木'。今按，当作'山不槎孽'。"

(3)卷九上页部顱字：项顱首骨也。

段《订》云："各本作'项'，皆'頊'之误。"

(4)卷十四下去部㐬字：或从到古文子，即《易》突字。

段《订》云："小徐本'去即《易》突字也'六字在'不容于内也'之下，大徐乃于此删六字，而于下文'或从到古文子'之下，赘以'即《易》突字'四字，至为不通。"

以上四例中，例(1)(2)(3)不仅指出诸本之误，而且还标出正确之字。而例(4)直接指出了大徐本之误，所以由此也可以看出其并非复大徐之原貌。

(六)诸本或可两存。

当诸本出现异文而可两存时，段氏也会进行解说。段《订》中凡 7 条。如：

(1)卷一下艸部薮字：豫州甫田、青州孟诸、沇州大野、雍州弦圃。

段《订》云："初印本如此，宋本、叶、赵本、《五音韵谱》《类篇》《集韵》皆同。今剜改甫'作'圃'字，'弦圃'作'弦蒲'从小徐，而不知二本不妨并行也。"

(2)卷八下欠部歖字：卒喜也，从欠从喜，许其切。

段《订》云："初印本如此，宋本、叶本、赵本、《五音韵谱》皆同，但篆文作'欯'，解说作‘从喜’，实不相应。今剜改篆文作‘歖’，固与解说合，然喜部曰‘歖，古文喜’，则又复矣。未详其说。”

以上两例中，例(1)虽然在批判剜改本，但是并没有否定毛氏之校改，反而明确说“不妨并行也”。例(2)初印本等与剜改本等都出现了不相应的地方，但是段氏亦未加全然否定，仅仅说“未详其说”，说明此两种情况是可以并存的。

(七)诸本正误不明。

在段《订》中，有些时候段氏并未指出诸本之正误，也未进行详细解说，而仅仅标明了版本异同。这种情况在段《订》中有143条，约占总条目的45%。今举几例：

(1)卷二下辵部迷字：惑也。

段《订》云：“宋本、叶本作‘或’。”

(2)卷三上言部谯字：读若嚼。

段《订》云：“王氏宋本及叶本‘嚼’作‘噍’。”

(3)卷四上目部睡字：从目垂声。

段《订》云：“两宋本、叶本无‘声’。”

(4)卷五上竹部笯字：读若絮。

段《订》云：“两宋本、叶本、赵本、《五音韵谱》皆作‘絮’，毛本改作‘綮’，小徐亦作‘絮’。”

以上四例中，段氏仅仅指出某些版本之异文，但未进行判断，也未详加解释，故不知到底哪个可从，这种情况有时与第(六)种情况有相似之处。但前者可以从段氏之解说中加以推断，此则不知所云。

以上七种情况所举例子或有两属的情况，但侧重点有所不同。其中，所谓诸宋本皆指大徐本，而剜改本及初印本即毛氏汲古阁本。从上文可知，段氏对《说文》大徐本和汲古阁本的态度绝不仅仅如其《叙》所云的那么明确，其编纂《订》的意图也并不是那么单纯。如果依照《叙》所云，其编纂意图在于指出毛氏汲古阁本之谬，那么文中为何还会出现剜改本正确的条目呢？如果其深层意图在恢复大徐本之原貌，那么为何文中还要明确指出宋本之误呢？如果其意图仅仅在于这两方面，那么为何文中又出现大量的诸本并误、观点两可或不明的情况呢？所以笔者以为，段《叙》所云与其文中所订并不一致。从其所订内容和观点来看，段氏并不以《说文》诸本之正误为准，而是在斟酌诸本的基础上，以自己的判断为准。即他认为某字应作某，那么《说文》之原貌便是作某。所以，他要恢复的并非大徐之原貌，而是主观上的许慎《说文》之原貌。

那么，他认为的许氏原貌是怎样的呢？

这里我们需要引入《订》中所提及的“古本”这一名词了。此词不见段《叙》所引，却在文内出现了多次。那么，这又是一个什么样的本子呢？今试举几例：

(1)卷四上目部睯字：氐目谨视也。

段《订》云：“两宋本、叶本皆作‘氐’，赵本作‘低’。按，许书无低字，多用氐字为之。故昏字下曰‘从氐省’，氐者下也，后人不解，尽改氐为低为底，即如上文瞗下云‘低目视也’，计古本亦必作‘氐目’矣。”

(2)卷九上髟部髟易字：从髟从刀，易声。

段《订》云：“初印本如此，宋本、叶本、赵本、《五音韵谱》皆同，今剜改‘易’字为‘剔’字，而不知上文已云‘从刀’，则断不得云‘剔声’矣。盖欲以小徐而未省小徐作‘从髟剔声’，无‘从刀’二字也。……小徐本作‘从髟剔声’，非古本也。”

(3)卷十下㚔部圉字：囹圄，所以拘罪人。

段《订》云：“初印本如此，宋本、叶本、赵本、《五音韵谱》皆同，惟小徐及《集韵》《类篇》作‘囹圉’，今剜改‘圄’字为‘圉’字以合之，非也。不如古本为长。”

(4)卷十下夰部奡字：《论语》曰：奡汤舟。

段《订》云：“按，宋本、叶本、宋刻《五音韵谱》《类篇》《集韵》皆如此，古本也。许所据与今《论语》异，今毛本‘汤’作‘盪’，以傅合小徐本、赵本及近刻《五音韵谱》，非也。古人以左右冲杀为盪阵，音汤，今俗语尚耳。”

(5)卷十下心部惄：《诗》曰：惄如輖饥。

段《订》云：“按赵钞本及近刻《五音韵谱》作‘輖’，盖古本也。……宋本《说文》及今毛本作‘朝饥’，非是。”

(6)卷十二下女部嫢字：秦晋谓细腰为嫢。

段《订》云：“按，宋本如此，叶本作‘谓细嫢’，无‘为’字，皆真古本也。……今毛本作‘秦晋谓细腰为嫢’，与赵抄本、《五音韵谱》及小徐合而非古本，恐是妄沾字耳。”

(7)卷十二下女部媛字：从女从爰。爰，於也。

段《订》云：“按，宋本、叶本如此。‘於’当作‘于’，此古本也。于谓女子于归。《毛传》曰：‘于，往也。’他本皆作‘爰，引也’，毛板同之。”

以上不厌其烦地引出七例，可以比较清楚地看到所谓“古本”的真面貌。其中，例(1)中诸宋本作“氐”，赵本作“低”，段氏以为前者正确，最后说了一句“计古本亦必”云云，由其中的“计”字可以推知，所谓“古本”段氏自己应该是没有见过的。例(2)(3)以为小徐本、《集韵》《类篇》等非古本，例(4)则以为诸宋本、《类篇》《集韵》是古本；例(5)以为小徐及明刻《五音韵谱》是古本，例(6)以为汲古阁本因与小徐本等合，故非古本，那么小徐本等自然又非古本了。综合以上看法，在段氏眼中，诸宋本、小徐本等时而是古本，时而又不是，显然这个"古本"并不是一个固定的本子，而仅仅是对于某一或某几种版本的一种称呼。结合例(7)，段氏似乎以为宋本及叶本皆非古本，而"'於'当作'于'"显然是他自己判断出来的，这才是古本！所以，笔者以为所谓"古本"并非段氏作《订》时所参照的某个版本。它不是一个实际存在的本子，而是其主观判断出的许氏原本。那么，又如何解释前面诸宋本、小徐本有时是古本的情况呢？那是因为这些版本的用字符合其古本的标准，故径直称之为古本了。正因为如此，在其《说文解字注》中，凡《订》言古本作某之处，段氏皆径改之了。那么，回头我们再看前面的那个问题，便知道原来段氏认为的许氏《说文》原貌便是其所谓的"古本"的模样。所以，隐藏在诸本背后的"古本"才是段氏判断其所据版本正误与是非的最高标准。[①]

三　段《订》编纂的学术背景

段氏之《订》成书并刊行于嘉庆二年，而其另一部堪称经典的著作《说文解字注》(以下简称"段《注》")也是在此时前后开始编撰的，[②]故二书的渊源关系也成为学者们讨论的话题。据研究，段《订》与段《注》观点一致或可相互补充的条目占了绝大多数，而意见相反的仅有30多处，[③]说明《订》的观点基本在《注》中得到了吸收。不仅如此，《订》中体现出来的编撰意图更在《注》中发挥到了极致。后人评价段《注》时，虽然将之推崇备至，叹为绝学，[④]但是又称其"武断支离"[⑤]"擅改《说文》"[⑥]。现今存世的"匡段""订段""补段"的著作，专门对段《注》中"增篆""改篆""删篆""改释语"等行为进行了细致的批驳，今人亦将之当作此书之失误。[⑦] 其实，如果换个角度看，段氏为

① 其实"古本"一词在段《注》中也出现过多次，清代学者的著作中亦时有云"古本"者，故笔者以为此词当为时人所熟知的一个术语，由此一词便可知时人对《说文》的研究倾向。

② 刘盼遂著，聂石樵辑校：《段玉裁先生年谱》，载《刘盼遂文集》，北京师范大学出版社2002年，第416页。

③ 经本植：《段玉裁〈汲古阁说文订〉与〈说文解字注〉——兼及段氏校改〈说文〉文字的缘由》，《四川大学学报》(哲学社会科学版)1985年第3期。

④ [清]钮树玉《段氏说文注订自叙》云："时下推尊以为绝学。"又，[清]阮元《段氏说文注订叙》云："可谓文字之旨归，肄经之津筏矣。"

⑤ 见(清)王筠《说文释例自叙》，载《说文解字诂林·前编上·序跋类五》，中华书局1988年，第293页。

⑥ 王力：《中国语言学史》，山西人民出版社1981年，第116页。

⑦ 如王力《中国语言学史》(山西人民出版社1981年，第116—118页)分5点指出段《注》之不足，蒋骥骋《说文段注改篆评议》(湖南教育出版社1993年，第29—32页)分4点论其失误等。

什么要或增或改，为什么敢改，却是一个值得深思的问题。关于第一点，笔者以为那些就是他试图为恢复许慎《说文》原貌这一意图所做的一系列实践性工作。前辈学者在总结段《注》的贡献时，每每引用段氏的两句话：其一，“其要在以经注许，以郑注许，而尤要在以许注许。”①其二：“然则其读之也宜何如？一曰：以《说文》校《说文》。”②其中前者中“以许还许”跟后者“以《说文》校《说文》”的意思基本一样。那么，此为何意？段氏的解释是：“《说文解字》中字多非许旧，则自为龃龉，即以《说文》正之，而后指事、象形、形声、会意之说可明也。”如果换成校勘学上术语，那就是本校法。即不从他书中寻求证据，而是就《说文》内部诸字的解释中寻求规律来进行注释。毫无疑问，这样的做法自然更能体现许慎的本意，但同时也带来了很强的主观性。因为其所谓的“以许”“以《说文》”云云并不是许慎明确说出来的，而是由段氏自己归纳出来的。主观归纳并不能完全与许氏的本意画等号，故而段《注》中随处可见其以意改许的举动。如果说段《订》尚是带着恢复大徐之原貌的外衣暗自进行恢复许氏《说文》原貌的活动的话，那么，段《注》则毫无忌惮地为了这个编纂意图而努力了。钮树玉在批判段《注》有六大弊端时说其“非许书本来面目”一句道出了天机，这句话反过来说就是段《注》是试图恢复“许书本来面目”的，只不过钮氏认为其做的有瑕疵而已。所以，从整体上看，段《订》与《注》的编纂意图是一脉相承的，后者则比前者更加具体和明显。如果追溯源头的话，段氏的这种编纂意图应该是与他校书的观点有密切关系的。其在《与诸同志书论校书之难》一文中说：“校书之难，非照本改字不讹不漏之难也，定其是非之难。是非之难有二，曰底本之是非，曰立说之是非。”③其中，“定其是非”一句在具体的校书活动中难道没有很强的主观性吗？

如果我们将段《订》与段《注》编纂意图再放大一点，可以发现在乾嘉时期的《说文》学著作中，有相当一部分编撰者都在试图为恢复许氏《说文》原貌而著书立说。如钱坫《说文解字斠诠·凡例》有“斠毛斧季刊本之误”“斠宋本徐铉官本之误”“斠徐锴《系传》本之误”“斠唐以前本之误”等诸多说法，几乎所有的《说文》本子都是他校勘的对象，这样他的意图就非常明显了。再如沈涛《说文古本考》一书，周云青为其作的凡

---

① ［清］段玉裁撰，刘盼遂辑校：《与刘端临第二十三书》，载《经韵楼集补编》卷下，《丛书集成三编》第57册，新文丰出版公司1997年，第465页。

② ［清］段玉裁撰，刘盼遂辑校：《尔雅匡名序》，载《经韵楼集补编》卷上，《丛书集成三编》第57册，新文丰出版公司1997年，第453页。又见《订》七上禾部“秳”字下条。

③ ［清］段玉裁撰：《与诸同志书论校书之难》，载《经韵楼集》卷十二，《清代诗文集汇编》第389册，上海古籍出版社2010年，第261页。

例云："因上列所举十二断，而知大徐本之譌夺舛谬，不一而足。本书引据各书……以订正之，以复许书古本之旧，故名曰：'说文古本考'。"①故从题名上就可以看到其"复许书古本之旧"的意图。此外，钮树玉《说文解字校录》、顾广圻《说文辨疑》等，莫不为此意图而殷勤献力。正因为乾嘉学者皆有试图跳出毛氏、二徐等之束缚而竭力寻求许氏《说文》原貌的倾向，所以段氏在《订》与《注》中的做法也就不足为奇了。只不过在当时，段氏在此意图的引导下走得更远一些(自信过度)，所以其阙误也自然更加明显。那么，回过头来再看上文提及的第二点疑问，我们也明白了，在这样一种学术环境下，段氏又有什么不敢的呢？

(张宪荣：山西大学文学院，030006，太原)

参考文献

[1][清]段玉裁：《汲古阁说文订》，清同治十一年崇文书局刻本。

[2]丁福保编：《说文解字诂林》，中华书局1988年。

[3][清]段玉裁：《说文解字注》，浙江古籍出版社2006年。

[4][清]段玉裁著，刘盼遂辑校：《经韵楼集补编》，《丛书集成三编》第57册，新文丰出版公司1997年。

[5]胡朴安：《中国文字学史》，上海科学技术文献出版社2014年。

[6]经本植：《段玉裁〈汲古阁说文订〉与〈说文解字注〉——兼及段氏校改〈说文〉文字的缘由》，《四川大学学报》(哲学社会科学版)，1985年第3期。

[7]林宏佳：《〈汲古阁说文订〉写作模式试探——兼谈汲古阁〈说文〉的评价》，《传统中国研究集刊》，2013年第十一辑。

① 周云青：《补说文古本考纂例》，载《说文解字诂林·前编上·序跋类一》，中华书局1988年，第232页。

《广雅》文字札记*

肖峰　蒋冀骋

提要　《广雅》经过王念孙疏证以后，其学术价值迅速提升，后贤也时有补苴，多有发明，不过仍然有很多问题悬而未决，也存在不少失误。运用新的研究成果，可以对相关问题做些补充和纠正。

关键词　《广雅》　字形　字音　字义

《广雅》在中国古代雅书中占有重要地位，尤其是经过王念孙校勘和疏证以后，更是得到学界普遍认可，一跃成为训诂研究的必读经典。王氏以其扎实的功底、精深的学问和实事求是的治学态度，穷十年心血而辑成《广雅疏证》，可以说是为古代训诂学研究树立了一座丰碑，成为后学学习的榜样。不容忽视的是，该著依然有很多问题悬而未决，这也促使后代贤俊在他的基础上不断补苴，如“俞樾、王树枏、王士濂、刘岳云、朱师彻、陈邦福等，拾遗补阙”①。徐复先生将上述著作与王氏同时代的钱大昭《广雅疏义》合并，辑而为《广雅诂林》，甚便读者，又进一步提高了该书的可读性。即便如此，也还是有一些讹误和缺释，很多地方还需要做适当补充和深入研究。

“中国古代语文辞书注音释义综合研究”这一课题旨在清理历代辞书中部分汉字存在的形、音、义等方面疑难问题，考虑到《广雅》在雅书中的重要地位，我们将其作为研究重点。研究基本思路就是在综合考察前人研究成果基础上，广泛搜集古代文献，包括传世文献和出土文献，结合当今语言文字学最新研究成果，重新审视并全面梳理《广雅》一书中汉字形、音、义三者的匹配情况，取得了一些小成果。限于体例，我们主要以《广雅·卷三上》为例做些汇报，并就正于方家。

---

* 基金项目：国家社科基金重大招标项目“中国古代语文辞书注音释义综合研究”（12&ZD184）。

① 徐复：《广雅诂林·前言》，江苏古籍出版社1998年。

一　字形

郑贤章认为加强中国古代语文辞书中的“疑难字”研究对于汉语俗字研究、大型字典的完善、传世文献的校勘整理有重要意义。[1] 我们在对《广雅》进行梳理的时候，发现部分字也值得做些辨正。

1. 妭。见《广雅·卷三上》“搒、撅、妭、擿，投也。扻”条。

王氏疏云：

> “妭”字音义未详，曹宪音内有“本作，未详，弋音”七字。考字书、韵书皆无“妭”“”二字。卷三云：“投、搥，擿也。”《释言》云：“硧，磓也。”此云：“妭、擿，投也”，则“妭”与“搥”“擿”同意。《玉篇》：“矺，竹格切，磓也。”《广韵》：“又都盍切，掷地声；又竹亚切，亦作磔。”“磔”与“妭”字相似。又《说文》：“娥，击踝也。读若踝。”“娥”与“”字亦相似，未知谁是《广雅》原文，姑并记之，以俟考正。

作者按：该字当为“娥”字之讹。“娥”字在甲骨文中作等形[2]，在金文中作、等形。在传抄过程中右下角的逐步讹变成。主要有以下两种情况：第一种情况两字字形本来就比较接近。甲金文中的“丮”作，而“女”作，均像人侧面蹲坐之形，唯不同之处在手，前者为双手并列摊开斜举，后者两手内敛交叉。因此，有些字从“丮”之构件往往稍加简省而与从“女”之构件讹混，如《刺鼎》字从从，则与“女”形之相当接近。从“娥”字来看，金文作、、等形，所从之“丮”作等，与“女”旁相差不大，这样就导致了从“丮”与从“女”之构件的讹混。第二种情况比较复杂一些，它通过先增加构件，然后构件发生讹变成即“女”，最后减省了上部之而导致成了一个讹字“妭”。拙文《〈《广雅疏证》校勘记〉商补》有关“熟”字的隶定即已提到，金文中的从之字，往往会在其下加脚趾形或[3]。最典型的就是“其”字，在金文中有等形，从“其”从“丮”。又有或等形，实际就是在的基础上添加而成。而后字形再发生进一步讹变，即“丮”下之趾逐步变成“女”旁，而成、等形。作为构件的这种讹变是比较常见的，它如“艺”字甲骨文作，金文作等。“熟”字甲骨文

---

① 郑贤章：《疑难字考释》，《语言科学》2015年第4期，第440页。

② 文如未在正文中特意指出相关字形来自何书，所录甲骨文字形多采自徐中舒《甲骨文字典》，四川辞出版社2003年。金文字形多采自容庚《金文编》，中华书局1985年；其他字形和部分甲金文字形则采自李圃等主编的《古文字诂林》，上海教育出版社2004年。余不出注。

③ 肖峰：《〈《广雅疏证》校勘记〉商补》，《古汉语研究》2016年第3期，第102页。

作，而金文作。虽然缺乏添加构件的字形，但参照“其”字的发展演变轨迹，就可以推断、分别在、基础上添加后又讹成的结果。这种情况之下，是人形，也是人形，字形偏旁重复，再加上人形在该字的构义上不具有重要地位，因而也就被舍弃了。所以在金文中，就有了从“女”旁的“其”字，如字①。由于“女”旁之字往往在左，原来在右的在类推的作用下，被移到左边而成小篆的。所以，马叙伦认为：“即《说文》之娸”，“从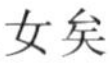犹从女矣”②，是经过充分论证而得出来的结论，很值得肯定。根据“娸”字的发展演变轨迹，我们基本可以推测出“娸”字在《广雅》一书里在传抄过程中由原来从“丮”最终讹变成从“女”的“娸”的大致过程。

从字义上来看，“娸”训“击踝”，有【击】义。从整个词条来看，无论释词还是被释词，都有【击】义。如释词“投”，《故训汇纂》云：“投，击也。《文选》马融《长笛赋》：‘碓投瀺穴。’李周瀚注。”又“投，遥击也。《慧琳音义》卷五：‘投趣’，注引《说文》。”③《汉语大词典》“投”下云：“掷；扔。《左传·成公二年》：‘齐高固入晋师，桀石以投人。’杜预注：‘投，掷也。’”④以石投人，即投石以击晋人，有【击】义。

再如被释词“搒”，王氏疏云：

> 下文云：“搒，击也。”“击”与“投”同义。“搒”，各本讹作“榜”，今订正。

作者按：王氏因该卷“击也”条中训“搒”为“击”，而改“榜”为“搒”。实际上不烦改字，“榜”亦有【击】义，如《康熙字典》“榜”下云：“《韵会》：‘榜，笞也。’《史记·张耳传》：‘榜笞数千，身无可击。’”⑤上句云“榜笞”，下句云“击”，易字为文，“榜”即有【击】义。

被释词“撅”。王氏《广雅补正》云：

> 或云“橛也”。《大荒东经》：“橛以雷兽之骨。”郭注云：“犹击也。”“橛”与“撅”通。

作者按：首先要肯定的是王氏所释正确。不过“撅”亦有【击】义。《汉语大词典》：“击，击败。《新唐书·褚遂良传》：‘昔侯君集、李靖皆庸人尔，犹能撅高昌，缨突厥。’”⑥虽然书证后于张揖时代，亦可作个旁证。

被释词“擿”。王氏疏云：

> “擿”即今“掷”字也。《说文》：“擿，投也。”《庄子·胠箧》篇：“擿玉毁珠。”崔

① 李圃等：《古文字诂林》，上海教育出版社2004年，见卷九第753页。
② 同上书，见卷三第354页。
③ 宗福邦等：《故训汇纂》，商务印书馆2003年，第867页。
④ 罗竹风等：《汉语大词典》，汉语大词典出版社1993年，第398页。
⑤ 王土然等：《康熙字典》(标点整理本)，上海辞书出版社2008年，第482页。
⑥ 罗竹风等：《汉语大词典》，汉语大词典出版社1993年，第859页。

譔注云："擿，犹投弃之也。"《徐无鬼》篇："齐人蹢子于宋。"《释文》云："蹢，投也。""擿""掷""蹢"并通。

作者按："掷"亦"击"也。《札朴·览古》清嘉庆刻本"提"下注云：

《史记·刺客列传》："以药囊提荆轲。"《集韵》："提，大计切，掷也。"《通鉴》："汉明帝性褊察，近臣尚书以下至见提曳。"胡身之注云："提读如'冒絮提文帝'之'提'，大计翻，掷物以击之也。"①

前云"掷也"，后云"掷物以击之也"，是"掷"与"击"义相因。凡与【投】义相近之字，多有【击】义。如"抛""扑"等。

被释词"扤"。王氏疏云：

《玉篇》："扤，揘击也。"《集韵》《类篇》并引《广雅》："扤，投也。"今本脱"扤"字。

以上分析可以看出，整个词条中的词都有【击】义，训"妭"为【击】是很切当的，这样不仅从字形上将"妭"与"𠬪"沟通起来没有问题，语义上更是没有问题。反观"砐"字，虽有【投】义，但其偏旁"石"与"女"在古文字形上相差较远，相混的可能性相对较小。所以，"妭"为"𠬪"字之讹是比较可靠的。

不仅如此，"𠬪"字也可以将"邚"字联系起来。"丮"与"邚"字之"邑"或"卩"有时也有相混的可能。比如传抄古文中，篆字从"卩"，隶定时有时却作"阝"，如"恤"字，《汗简》和《古文四声韵》中皆作，明从"血"从"卩"。但前者隶定作"邮"，从"阝"，而后者隶定作"卹"，从"卩"。② 最能说明问题的当是"邵"字，《说文》作，金文作，《侯马盟书》作和，从"卩"和从"阝"两存。《汉印》作、等形，皆从"阝"，盖为《说文》所取。商承祚先生进一步指出：

《诗·卫风·淇奥》"有匪君子"。韩诗作"邲"，今本《释文》及《广韵》卷四、五皆作"邲"。"却"，马王堆帛书《春秋事语》作，而《武威汉简》作"却"，《史晨碑》作"却"。"邮"，《师寰簋》作，《侯马盟书》作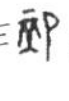，《睡虎地秦简》作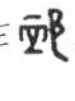，《耿勋碑》作"邮"，皆将"卩"部误书作"邑"部，由来已久。③

根据这一情况，我们有理由认为，"𠬪"字之所以讹变成"邚"，演变路径大致是这样：旁讹而为，继而讹为（从女与从卩相混，甲骨文即已出现，如宾字多作、，从"女"；亦有作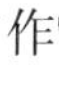、，从"卩"），或讹为。最终的结果就是将、等形在传抄过程中写成

① 桂馥：《札朴·览古》，中华书局 1992 年。

② 郭忠恕，夏竦：《汗简·古文四声韵》，中华书局 1983 年，第 15、134 页。

③ 李圃等：《古文字诂林》，上海教育出版社 2004 年，卷六第 287 页。

或𨑽(这两个字形没有出现在现有的文献中,只是作者的一种猜测),从而将其隶定作𠧪或邲。由于字书无𠧪或邲字,故云"本作邲,未详"。

至于该字下曹宪注"弋音"。由于证据不多,尚不好做过多猜测。

2.𡨄。见《广雅·卷三上》"𡨄、瞖、堙,塞也"条。

王氏疏云:

《说文》:"𡨄,塞也。读若《虞书》'𡨄三苗'之𡨄。"今书作"窜",古今字异也。𡨄,各本讹作窾,今订正。

作者按:王氏认为,窾为"𡨄"字之讹。"𡨄"字《说文》作𡨄,两字相比,其构件不同之处在于:一是窾字从"穴",而"𡨄"字从"宀";二是窾字从"款",而"𡨄"字从"𣪠"。我们需要讨论的是这两处是不是都算讹误。从第一处构件"穴"来看,在古文字体系中,从"宀"与从"穴"有时还真难以认定是讹,只能算作义近形符通用。如《说文》"𡨄"字或从"穴"作"窾",《诅楚文》有寘字,《说文·宀部》新附字有寘,孙诒让《名原·卷下》云:"段若膺谓《易》《诗》之寘字,并即窴之异文。"[①]《诗·小雅·鹿鸣》:"示我周行。"郑笺云:"示当作寘。"阮元《十三经注疏校勘记》作"示当作窴",并云:

小字本、相台本"窴"作"寘",闽本、明监本、毛本同。案:《释文》"示"下云:"郑作寘。"《六经正误》所载作"窴",十行本、正义中皆作"寘"。考此"寘"字从"宀"者在《说文·新附》,《卷耳》《伐檀》经各本皆作"寘"。段玉裁曰:"即窴之讹文。"是也。而自唐时即有分别,从"宀"者,训【置】;从"穴"者为《东山》《常棣》笺字,训【久】者矣。[②]

这段论述,我们可以知道,"宀"和"穴"字义本近,在唐以前有部分字从"宀"与从"穴"往往是可以任作的。只是随着时间的推移,慢慢有所分别,从"寘"和"窴"来看,"自唐时即有分别"。这一判断的确符合当时的实际情况,就以我们所要讨论的"𡨄"字为例,《汗简》作𡨄,《古文字四声韵》作𡨄,皆从"穴"而不从"宀"。[③]《玉篇》《广韵》作"𡨄",《康熙字典》"窜"字条下亦收古文"𡨄",这就肯定了该字从"穴"的合法性,总之,从当时的实际情况和该字的构形理据这两方面综合考虑的话,从"穴"不算是讹误。

现在再讨论该字的下部构件从"款"与从"𣪠"问题。遍查古代辞书,下部从"𣪠"而上从"宀"或从"穴"者有之,下部从"款"而上部从"宀"或"穴"者无。不过下部从"款"而上部从"宀"或"穴"者有之。如《说文解字系传》四库本、《说文解字》四库本、平

① 孙诒让著,戴家祥校点:《名原·卷下》,齐鲁书社1986年,第30页。

② 阮元:《十三经注疏》,中华书局1980年,第409页。

③ 李圃等:《古文字诂林》,上海教育出版社2004年,见卷六第906页。

津馆丛书、四部丛刊本、续古逸丛书等于“款”下云：“意有所欲也。从欠，𥨊省（声）。”皆作“𥨊”，但《系传校录》云：“按：𥨊非字。”仔细比对“窾”“𥨊”“窜”“𥦗”“窾”五字的字际关系，可以做以下梳理：在【空】义上，“窾”与“𥨊”同，读“款”音。在【藏匿】义上，与“窜”通，读“取外反”；而在【塞】义上，则只能作“𥦗”或“窾”。也就是说，在此处，该字只能作“𥦗”或“窾”。□左下从“欠”者当讹，王说是也。

最后谈谈王氏在疏文中将“窾”写作□的问题。这可能是由于小篆中很多从“出”的构件往往可以改作从“士”，如“敖”字《说文》作□，《广雅疏证·卷三上》“游、敖、契，戏也”条下作“敖”，“款”字《说文》作□，而《广雅疏证·卷六上》“款款，爱也”条下作“款”，《广雅疏证·卷三上》“賺，賣也”条下作“賣”，《九经字样》隶省作“賣”。这说明构件“出”与构件“士”在隶定过程中存在一定的对应关系。不过具体到“窾”字上，似乎有其一定的特殊性。查阅各书，如《说文解字真本》日本文政九年刊本、桂馥《说文解字义证》清同治九年湖北崇文书局本、《说文解字》汲古阁本等皆作“窾”，无有作□者。因此，王氏疏文只是依照一定的篆隶对应关系将正文之“窾”中的构件“出”改为“士”，这种做法似乎不太恰当。

汉字在历史发展过程中，有时由于义同形近或其他原因，导致两字在隶定后同形。我们在对字形辨析时，应该对它们的历史演变过程进行追溯。

3. 厈（斥）

该书既有【排斥】义之“斥”，也有【崖岸】义之“厈”。“斥”字见《广雅·卷三上》“厈、𢴁，推也”条，古今逸史本作厈、益雅堂丛书作厈、明正德皇甫录世业堂刻本作厈。卷五“指，斥也”条。清嘉庆刻本作厈，《畿辅丛书》作斥。卷九：“厈、沼，池也”条，《丛书集成初编》作厈。【崖岸】义之“厈”见卷九下：“厈，厓也”条，《畿辅丛书》作厈。该书除了极个别地方【排斥】义作斥外，大多数还是作“厈”，这就导致两字混同。作者按：两字篆形是有很大差异的，查《说文》，“斥”字作□，“从广屰声”。“厈”字即“厂”字之籀文，作□。而《汗简》有□字，篆下隶定作“斥”，并云“昌石切”[1]，从金文□、□等字形来看，“厈”“斥”两字在宋时的传抄古文中还是有些区别的。不过从很多训诂实践来看，大都承认了两字已经相混的事实。如《汉语大词典》“厈”下云：“同斥”。并引《谷梁传·僖公五年》：“目晋侯厈杀。”范宁注：“厈，指斥。”[2]《故训汇纂》同。即便这样，两字的构字理据和字形发展演变的脉络当做些梳理。“斥”字《睡虎地秦简》

① 郭忠恕，夏竦：《汗简·古文四声韵》，中华书局 1983 年，第 8 页。

② 罗竹风等：《汉语大词典》，汉语大词典出版社 1993 年，第 918 页。

作，《汉印》作、等形，《古文四声韵》作，金文中有、等形，字多从“广”而不从“厂”，极个别字从“厂”，但“厂”下所从皆为“屰”而不为“干”，与“厈”形有别。、在《金文编》只简单隶定作“庈”，并云“《说文》所无。”说明不承认该字就是“斥”字或“厈”字。不过林义光、高田周忠认为即“斥”字，只是在隶定时从“广”变成了从“厂”[①]，导致与“厈”字混同。“斥”字从“干”见金文，其隶定疑本金文而非《说文》。而“厈”字本作“厂”，后为明其音，更加声符“干”，其隶定与小篆同。总之，两字形虽同，但义不同，构形理据亦有区别。

两字同形的例子还有本卷的“賣”字，见“賣、调、詅、賬、賺，賫也”条。

王氏疏云：

> “賣”音“育”。《说文》：“賣，衒也。”《周官·胥师》：“察其诈伪饰行儥慝者。”郑众注云：“儥，賣也。”“儥”与“賣”同，字或作“鬻”，又作“粥”。

作者按：王氏引《说文》“賣”字字形有误，当作“𧶠”。钱大昭《广雅疏义》：“《说文》：‘𧶠，衒也。从贝𧶠声，读若育。’通作‘粥’。《王制》：‘不粥于市。’旧本‘𧶠’讹‘賣’，今订正。”[②]在钱氏看来，正文中的“賣”字当为讹字，正字当作“𧶠”。“賣”字不是“𧶠”字的隶定，而是“賫”字的隶定，这一看法在学术界还是得到响应的。杨树达《积微居金文说·𠭯鼎再跋》指出：“今隶于从‘网’之字皆书作‘罒’，于是‘買’作‘買’，‘賫’作‘賣’，而‘賣’字乃与此铭之字混淆无别矣。”[③]上文也已提到，构件“出”在隶定过程中往往作“士”，因此，篆文中的自可隶定作“賣”，而《说文》：“从贝𡍬声。𡍬，古文睦，”“睦”下出古文“”，段注云：“按：此从古文目、𡵂声也。”[④]查《𠭯鼎》字形作，其上部与略同，两相比较，即《说文》“目”下之古文，当是之变形，甲骨文、金文中的一些点画在小篆和隶书中往往变成横画，所以也就变成了。下八字形当是下中间瞳子外侧笔画延伸向上而与上面的形结合而成，亦为讹形。从传世文献来看，音“育”之隶定作“賣”在郑注即已出现，而按照隶定原则，字也很难隶定成“賣”字。但以金文字形来看，隶定成“賣”字的可能性还是存在的：依照甲金文点画与篆文中横画的对应关系，可以将隶定作“士”；而将隶定作“罒”，符合“目”字的隶定。这样看来，传世文献将读“育”之字隶定作“賣”，大概本于甲金文，而不是本于《说文》。

我们可以通过字形的历史演变来对相关汉字做出辨正，也可以通过字形推考汉

---

① 李圃等：《古文字诂林》，上海教育出版社2004年，见卷八第289页。

② 徐复：《广雅诂林·前言》，江苏古籍出版社1998年，第210页。

③ 杨树达：《积微居金文说》，上海古籍出版社2007年，第91页。

④ 段玉裁：《说文解字注》，中州古籍出版社2006年，第132页。

字本义，并以此来审视它在《广雅》中的词义。

4.埊。见《广雅·卷二上》"踊、膂、埊、劢、威，力也"条。

王氏疏云：

> 《方言》："垦，力也。"注云："耕垦用力也。""垦"与"埊"同。

作者按：王氏引《方言》正文与注文对"垦"与"力"的字义关系做出疏证，认为"垦"与"力"的关系在于人们在耕垦田地时需要花费体力，将"力"训释为【力气】或【力量】。这一疏证值得商榷。"力"就是【耕垦】的意思。古文字研究者普遍认为"力"最初的意义实际就是一种农具。"力"的甲骨文作[illegible]，金文作[illegible]，徐中舒认为"力象耒形"，戴家祥则认为"耒"是"正面之形"，"力"是"侧面之形"。正因为它是一种农具，所以就有【耕作】义。温少峰、袁庭栋指出："卜辞中的力，就是发土之耒，也有直接用为耕田之义的卜辞。"如"勿乎般从[illegible]力"（《乙》4517），此"力"即"力田之力"。卜辞中又有"爯力"，亦为"举耒而耕之义"，如"不亦爯力"（《厦》18），它如"其力""弗力"，皆为【耕垦】之义。虽然"力"到底为"耜"还是"耒"，学术界存在不同的意见，但其为农具之一种，也可以表示【耕垦】之义，都无异议。至于"力"由【农具】而有【耕垦】之义，再有【力量】之义，主要是"后因耕耘费劲而引申出力量之义，耒力遂分别表示两种意思。"[①]这一词义的发展线索在传世文献可以得到很好的证明。在较早的文献中，"力田"一词主要倾向于【耕作】义。《管子·问》："乡子弟力田为人率者几何人。"[②]《吕氏春秋·士容论》："若民不力田，墨乃家畜。"[③]此"力田"之"力"当作【耕垦】解。《战国策·秦卷》："归而谓父曰：'耕田之利几倍？'曰：'十倍。'……曰：'今力田疾作，不得暖衣余食。今建国立君，泽可以遗世，愿往事之。'不韦鄙耕田珠玉之小赢而图建国立君之大利，自以为计得矣。"[④]《史记·吕不韦列传》同。前后皆言"耕田"，而中言"力田"，是"力田"即"耕田"，不过"力田"与"疾作"连文，"力"亦当有【努力】义。汉后"力"作【努力】义就逐渐开始普遍，出现在一些谚语中，如《史记·佞幸列传》"力田不如逢年，善仕不如遇合。"[⑤]"力"的对象也开始有所扩大，不仅可以"力田"，也可以"力桑"。如《佩文韵府》引《列女传》："力田不如遇丰年，力桑不如见公卿。"[⑥]而至许慎时，"力"之本义则完全

---

① 李圃等：《古文字诂林》，上海教育出版社2004年，见卷十第413—417页。

② 参见网站瀚堂典藏子部，《四部丛刊子部·初编子部·管子·卷第九·问第二十四》。

③ 参见网站瀚堂典藏子部，《四部丛刊子部·初编子部·吕氏春秋·卷第二十六·士容论第六·上农》。

④ 参见网站瀚堂典藏史部，《四部丛刊史部·初编史部·战国策校注·秦卷第三》。

⑤ 参见网站瀚堂典藏史部，《史部集成·二十四史和清史稿·史记·史记三家注·卷一百二十五·佞幸列传第六十五》。

⑥ 参见瀚堂典藏集部，《集部集成·诗文总集·汉唐五代·玉台新咏·南北朝·徐陵辑·清·吴兆宜注·玉台新咏笺注·卷二·傅玄》。

湮没，如《说文》："力，筋也。象人筋之形。治功曰力，能圉大灾。"字义已隐，字形也发生一定的变化，字形理据更是无从附着，其说解也就形义两失。

我们认为，"事实的探求重要，理论的思考也重要，也许更重要。""对基于汉语实际的新理论要宽容，对理论的提出者也要宽容。"[①]在《广雅》研究过程中，我们也尝试从相关的语言事实中归纳现象，为进一步理论探讨做点前期准备。

5. 挻。见《广雅·卷三上》"攋、挻、挺、极、遂、畺、畍、䀯、毕、殄、殚，竟也"条。

王氏疏云：

"攋""挻"者，《方言》："攋、挻，竟也"。"挻"，各本作"挺"，盖因下"挺"字而误，今订正。

作者按：王氏依《方言》校"挺"为"挻"，的确很耐人寻味。一方面这种疏证很值得认真推敲，因为训"挻"为"竟"的书证很难找到，这就意味着这个问题没有得到根本解决。查戴震《方言疏证》在"攋、挻，竟也"条下云：

案："埏"各本讹作"挻"，今订正。《史记·司马相如列传》："上畅九垓，下泝八埏。"《集解》："骃案：《汉书音义》曰：'埏若兖埏，地之八际也。'"颜师古注《汉书》云："埏，本音延，合韵，音弋战反。"《广雅》："攋、挺，竟也。""挺"亦"埏"之讹。"挻"与"挺"皆无"延"音。[②]

依王氏的老师戴氏的说法，《广雅》的"挺"是讹字，《方言》的"挻"仍然还是个讹误。理由有两点：一是从书证来看，"挻"无训"竟"的书证，而"埏"有训"竟"的书证；二是从读音来看，《方言》该条下有"音延"二字，而"挻与挺皆无延音"，因此可以推断旧本应当不作"挺"或"挻"，理由似乎非常充分。另一方面，王氏并没采纳老师的观点，而认为就是"挻"字，似乎另有隐情，我们试做推测。查《文选·长笛赋》："丸挻雕琢，刻镂钻笮。"李善注云：

如淳曰："挻，击也，舒连切，一作埏。"《老子》曰："埏埴以为器。"河上公注曰："埏，和也。埴，土也。和土为食饮之器也。"《淮南子》曰："陶人克埏埴。"许重曰："埏，抒也。"[③]

---

① 蒋冀骋：《三十年来汉语言文字学研究的回顾与反思》，《湖南师范大学社会科学学报》2009 年第 4 期，第 123 页。

② 参见网站瀚堂典藏经部，《经部集成·小学类·训诂·方言类·方言疏证·方言疏证·輶轩使者绝代语释别国方言第十三》。

③ 参见网站瀚堂典藏集部，《集部集成·集部专题文献·文选·南北朝萧统编·唐李善注·文选·卷第十八·赋壬·音乐下·长笛赋·马季长》。

这个注说明两个问题：一是“挻”与“埏”在此处有异文，有异文就意味着可以通用，依王氏《广雅》疏证体例，两字通用，不烦改校。二是虽然两字通用，但通用时与本词条的【竟】义没有什么关联。这似乎又不太符合现代的训诂条例，不过，这符合《广雅》的训释原则。我们姑且称作“假借展转训释”，即以假借为桥梁经过辗转方式来训释相关词语。

在《广雅》一书中，这种训释方式还有其他的例子，如《广雅・卷三上》：“序、使、第、佴、秩、斑、㘴、笵、巠、第，次也”条。

王氏于“使”下疏云：

《说文》：“使，次也。”

作者按：“次”当作“佽”。段从“佽”，并注云：“按：上解蒙递训。此解蒙便利之训。”[1]“佽”在《说文》中有两义：“佽，便利也。从人次声。《诗》曰：‘决拾既佽。’一曰递也。”《说文》“佽”“佴”“使”并列，“佴”“使”下皆云：“佽也。”所谓“上解蒙递训”，指的是“佴”训“一曰递也。”所谓“此解蒙便利之训”，说的是“使”训“便利”。查各文献之书证，“次”无【便利】义，“使”无【比次】义。“使”为【便利】义时，与“佽”义同。而“佽”作【比次】义解时，可与“次”通。《康熙字典》：“比也。《诗・小雅》：‘决拾既佽。’注：‘利也，谓相次，然后射。’郑笺：‘谓指相次比也。’”[2]这与上面“挻”“埏”“竟”之间的关系正同。

字形可以反映字义，字义反过来也可以反映汉字的结构。

6.悲。见《广雅・卷三上》“悲、怒、悢、惆，怅也”条。

王氏疏云：

《方言》：“悲、怒，怅也。”郭璞注云：“谓惋惆也。”

作者按：查《康熙字典》《故训汇纂》《汉语大字典》等工具书，皆将“悲”字列于“艸”部，值得商榷。

《方言笺疏》于该条下云：

“悲”，各本作“菲”，宋本作“悲”，《广雅》：“悲、怒，怅也。”曹宪音“翡”，又“芳尾反”，与宋本正合，今从宋本。……《述而》篇云：“不愤不启，不悱不发。”《释文》音“芳匪反”，郑注《学记》云：“使之悱悱愤愤，然后启发。”《释文》：“悱，芳鬼反。”“悱”与“悲”声同，义亦相近。《说文》：“怫，郁也。”《汉书・邹阳传》云：“太后怫郁

① 段玉裁：《说文解字注》，中州古籍出版社2006年，第372页。
② 王土然等：《康熙字典》（标点整理本），上海辞书出版社2008年，第25页。

泣血。”颜师古注云：“怫郁，蕴积也，音佛。”“悲”“怫”声之转耳。[①]

以上说解可以得到以下两个信息：一是《方言》中该处有异文，其他各版本作“菲”，而宋本作“悲”。从与“菲”的关系来看，《说文》：“菲，芴也。”段注云：“《释艸》《毛传》皆同。《释艸》又云：‘菲，蒠菜也。’”[②]则“菲”为一种草，与【怅恨】义无关。《方言》《广雅》训“菲”为“怅”，应是假借。在假借字与本字的关系问题上，很多本字往往是在假借字的基础上添加形符而成，这样，之前的假借字便成了后起本字的声符，而后添加的形符便成了本字的形符。因此，“悲”当从“心”“菲”声。二是作【怅恨】义的“悲”，与典籍中的“悱”“怫”音近义同。从它们读音关系来看，应为同源字，从它们的形旁关系来看，应为同义字。“悱”“怫”皆从“心”，“悲”字亦当从“心”，因此该字构件的正确分析应是从“心”“菲”声，而不是从“艸”“悲”声。《康熙字典》《故训汇纂》《汉语大字典》皆列为“艸”部，实际上是将“悲”字分析为从“艸”“悲”声，误。正确的归部当归入“心”部，而不是“艸”部。

二 字音

7. 獿。见《广雅·卷三上》“蹇、妯、獿、骚、狯、躁、烦，扰也”条。

王氏疏云：

> 《说文》：“獿，犬扰扰咳吠也。”《玉篇》云：“犬扰骇也。”《庄子·天道》篇云：“胶胶扰扰乎。”《太元·元攡》云：“死生相摎，万物乃缠。”范望注：“摎，谓相扰也。”并与“獿”声近义同。

作者按：《博雅音》“叔绞”“乎绞”二切，王氏订“叔绞”为“奴绞”。《康熙字典》：“《集韵》《类篇》并丘交切，音敲。《博雅》：‘扰也。’”[③]《汉语大字典》《故训汇纂》皆音nǎo，《汉语大词典》音 xiāo，各家注音存在较大的差异，音义匹配有必要做出辨正。《文选·吴都赋》：“儸譶雜獿。”李善注引《方言》曰：“獿，猥也。奴巧切。”[④]《康熙字典》“摎”下云：“女巧切，铙上声。扰也。与挠同。《扬子·太玄经》：‘死生相摎，万物

① 参见网站瀚堂典藏经部，《经部集成·小学类·训诂·方言类·方言笺疏·輶轩使者绝代语释别国方言笺疏·卷十二》。

② 段玉裁：《说文解字注》，中州古籍出版社 2006 年，第 45 页。

③ 王土然等：《康熙字典》（标点整理本），上海辞书出版社 2008 年，第 671 页。

④ 参见网站瀚堂典藏集部，《集部集成·集部专题文献·文选·南北朝萧统编·唐李善注·文选·卷第五·赋丙·京都下·吴都赋·左太冲》。

乃缠。'注:'死生相摎扰,故万物亦缠绵而成就也。'本从翏,省作摎。"[①]"膠"下云:"《集韵》女巧切,音桡。浨膠,杂乱貌。"[②]"獿"与"膠""摎"音义同,皆【烦乱】之意。蔡梦麒师《广韵校释·三十一巧》"浨"小韵有"獿"字,"事露,又奴巧切"。蔡师校释云:"奴,原讹作好,据《广韵》各本改,其又音正作'奴巧切'。"该韵"獿"小韵正做"奴巧切",义为【扰乱】,与该条词义正同。[③] 则音当为"奴巧切",与《博雅音》首音"奴绞切"正合。《博雅音》立"奴绞切"为首音,《汉语大字典》《故训汇纂》皆音 nǎo,是也。而《康熙字典》将《广雅》"扰也"义置于"丘交切,音敲"音下,《汉语大词典》音 xiāo,皆误。

8.打。见《广雅·卷三上》"担、笞、搥、扑、撘、扚、打、伐,击也"条。

王氏疏云:

> 《众经音义》卷二引《仓颉》篇云:"椎,打也。"王延寿《梦赋》去:"撞纵目,打三颅。"《后汉书·杜笃传》云:"椎鸣镝,钉鹿蠡。""钉"与"打"通。《说文》:"朾,撞也。""朾"与"打"亦声近义同。

作者按:在古代,很多意义相同而读音不同的字,在有些古注和辞书中读音就相同,沈兼士称为"两字义通,音虽睽隔,亦可换读例。"[④]裘锡圭先生称之为"同义换读"[⑤]。蔡梦麒师认为,对这些字应该尊重语言事实,标注原来的读音。[⑥] "打"本从"手""丁"声,音 dǐng 或 děng。因与"挞"义近,读"挞"音,转而为 dǎ。这实际也属于"同义换读"问题,为了尊重语言事实,应该注 dǐng 音。《汉语大词典》于"打"下云:"dǎ。《广韵》:'德冷切,上梗,端。'《广韵》:'都挺切,上迥,端。'《六书故》:'都假切'。"[⑦]《汉语大字典》《故训汇纂》同。"德冷""都挺"二切都切不出 dǎ 音来。查《说文》,该字列于手部新附字下,云:"击也,从手丁声。都挺切。"《康熙字典》:"《唐韵》《集韵》《韵会》并都挺切,音顶。《说文》:'击也。从手丁声。'《谷梁传·宣十八年》:'邾人戕缯子于缯,棁杀也。'注:'谓捶打。音顶。'"又云:"又《六书故》都假切,《韵会》《正韵》都瓦切。《正韵笺》:'打字通音当作都那切,如读都瓦切,不成声矣。'按:'打'与'挞'同义。杨慎曰:'《尚书》"挞"音入声,义转上声。俗用"打"为"挞",然从"挞"转音,亦未合。今读德马切,"笞"上声为正。'"[⑧]又"朾"下云:"《五音集韵》:'都冷切,击

---

① 王土然等:《康熙字典》(标点整理本),上海辞书出版社 2008 年,第 396 页。

② 同上书,第 960 页。

③ 蔡梦麒:《广韵校释》,岳麓书社 2007 年,第 659 页。

④ 沈兼士:《吴着经籍旧音辨证发墨》,载《沈兼士学术论文集》,中华书局 1986 年,第 226 页。

⑤ 裘锡圭:《文字学概要》,中华书局 1988 年,第 219 页。

⑥ 蔡梦麒:《字际关系与历史汉字的今读审订》,《古汉语研究》2010 年第 3 期,第 19 页。

⑦ 罗竹风等:《汉语大词典》,汉语大词典出版社 1993 年,第 309 页。

⑧ 王土然等:《康熙字典》(标点整理本),上海辞书出版社 2008 年,第 364 页。

也。'又《类篇》:'都挺切,音顶。棓也。'"[①]湖南邵阳方言仍然保留这种中古音读,如"我一锤(拳)打死你。""我一打锤(拳)来。""我一栗暴子打死你。""我一棍棍打死你。""打"字有两种读音,调值与"德冷切"的"等"和"都挺切"的"顶"的现代汉语普通话大致相当,调类对应于现代汉语的去声。

三 字义

《广雅》是一部雅书,雅书主要关注的是词语的训释问题。因此,我们在此对部分汉字的释义情况也做点梳理,一是增补书证,二是归纳释义条例。

王氏疏证《广雅》,实际是在建立一个较完备的语料库。当前很多数据库搜集的范围更广泛,途径更多样,速度更快捷。利用这些数据库来疏证某些词语,在书证方面可以做得比王氏更精当,当然也可以补充或纠正王氏的某些观点。

9.鲁。见《广雅·卷三上》"材、宝、纶、理、鲁、牖、命、裕,道也"条。

王氏疏云:

> 诸书无训"鲁"为"道"者。《说文》:"鲁,钝词也",引《论语》:"参也鲁。"盖《广雅》本训"鲁"为"钝",在下文"钝也"一条内,后人传写误入此条耳。

作者按:王说误。"鲁"可以训为"道",它们都有【陈述】义。《汉语大词典》"鲁"下云:

陈述。《史记·周本纪》:"周公受禾东土,鲁天子之命。"裴骃《集解》引徐广曰:"《尚书·序》云'旅天子之命'。"按:今本《书·微子之命》:"周公既得命禾,旅天子之命,作《嘉禾》。"孔传:"已得唐叔之禾,遂陈成王归禾之命,而推美成王。"[②]

经言"旅天子之命",传言"陈成王归禾之命","旅"的异文为"鲁","旅"为"陈",即"鲁"为"陈",所以"鲁"有【陈述】义。《汉语大词典》"道"下云:"说;讲述。《诗·鄘风·墙有茨》:'中冓之言,不可道也。'"[③]"道"亦有【陈述】义。因此,"鲁"可以训为"道"。

从雅书的训释条例来看,最后一词为训释词,而它前面的所有词均为被释词。训释词是用来训释前面所有词的,这是学术界的一般结论。但是我们综合相关训诂材料,重新梳理被释词与训释词的相互关系时,发现情况要比这复杂得多。

10.孝。见《广雅·卷三上》"傅、諈、即、因、度、集、从、围、酉、归、孝,就也"条。

王氏疏云:

---

① 王土然等:《康熙字典》(标点整理本),上海辞书出版社2008年,第456页。

② 罗竹风等:《汉语大词典》,汉语大词典出版社1993年,第1206页。

③ 同上书,第1064页。

《孝经正义》引《孝经·援神契》云:"天子行孝曰就,言德被天下,泽及万物,始终成就,荣其祖考也。""孝""就"声亦相近。

作者按:所谓被释词和训释词的地位,是由该词在词条中所处的位置决定的,在前的称被释词,最后一词则称训释词。而训释与被训释的问题,则要做深入考察:训释词在该词条中的义项当是当时最常用的义项,而被释词所用的义项当是当时不常用的义项。以此为基础,我们再来看"孝"和"就"的关系,《礼记注疏·祭统》正义引《援神契》云:"天子之孝曰就,诸侯曰度,大夫曰誉,士曰究,庶人曰畜。分之则五,捴之曰畜。"[①]这一引文既可与王氏疏文互证,也可以得到更多的信息:"就"只用在特定的人群中——天子,用在特定的时代——汉以前。而"孝"的使用适用所有人,使用的时代也具有延续性,在魏以前甚至到现在,【子承老】义上使用最频繁的还是"孝"字。因此,在这里并不是以"就"释"孝",而是以"孝"释"就"。

在本条中,还有一个"围"字,也属于相同情况。

"围"字王氏疏云:

各本讹作[illegible]。《方言》《玉篇》并云:"围,就也。"今据以订正。"围",犹"帀"也。《周官·典瑞》注云:"一帀为一就。"是其义也。

作者按:作为【周匝】义,在"围"和"匝"两词中都是常用义项,而"就"作为【周匝】义,则很不常用。因此,这应当也是以"围"释"就"。

本条中,还有一个字就是"度"字,与"孝"与"就"的关系又有点不同。

"度"字王氏无释,钱大昭《广雅疏义》云:

《孝经·援神契》:"度、就皆孝也。"故此"度""孝"皆为"就"。[②]

作者按:按之以钱氏疏文和《礼记注疏·祭统》正义引文,该义项的常用词都是"孝",而非常用词则是"度"和"就",也就是说,是以"孝"释"度"和"就",本词条中,"度"和"就"都处于受"孝"训释的地位,由于牵就"傅""誰""即""因"等字,"就"就处于了训释词的地位,而"度"和"孝"处于被释词的地位。

(肖峰:湖南师范大学中国语言文学博士后流动站,410081,长沙;
蒋冀骋:湖南师范大学文学院,410081,长沙)

① 阮元:《十三经注疏》,中华书局1980年,第1603页。

② 徐复:《广雅诂林·前言》,江苏古籍出版社1998年,第194页。

论《川音》在汉字研究方面的价值

韩 小 荆

提要 厚大师的《西川经音》与《郭迻经音》《玄应音义》《慧琳音义》《可洪音义》等一样，都属于佛经音义类著作，以校勘、辨析手写佛经中的讹俗字为主要目的。可惜该书今已失传，对它的研究也基本处于空白状态。值得庆幸的是，《可洪音义》中对此书有大量引用，多达 780 余条；此外，《龙龛手镜》中也有引用。笔者通过辑佚、整理和研究这些佚文，发现它在佛经校勘、文献语言研究以及大型字书编纂等方面都有重要价值，本文主要探讨该书在汉字研究方面的意义。

关键词 佛经音义 川音 厚大师 汉字研究

《西川经音》(简称《川音》)是一部以校勘手写佛经中的错讹、辨析其中的疑难俗字为主要目的的佛经音义类著作。作者厚大师，历代僧传失载，生平事迹无考，其生活年代当在中晚唐时期，因为较早的佛经音义如《郭迻经音》《玄应音义》《慧琳音义》中对其没有提及，仅五代释可洪《大藏经音随函录后序》的随文注释中提到其人其书，现引录如下：

> 窃见藏经音决，作者实多，而无远虑之耽，但畅一隅之要……或有署其卷目，亦不双彰，唯标误错之形，余则都无一二(西川厚大师《经音》是也，从《十诵律》借得此本校勘，兼有未详之字，并不载卷中，此实不可也。洪则并著册内，遇不错处则正之)……智则智矣，阙也阙焉。家用则不无，通方则未妙。何者？互有有无之字，罔测何经；各书书错之文，宁知畔岸。①

该书今已失传，值得庆幸的是，释可洪《新集藏经音义随函录》(简称《可洪音义》)中对其有大量引用，多达 780 余条，本文所用《川音》，全部出自《可洪音义》对此书的引用资料。《可洪音义》一般称其为《川音》或者《西川经音》，偶尔称为"西川厚大师《经音》""厚大师《经音》""西川厚大师""西川"，此类称呼各发现 1 例。此外，《龙龛手

① [五代]释可洪《新集藏经音义随函录》(简称《可洪音义》)，东洋佛典研究会编《高丽大藏经》(第 37—38 册)，韩国东洋出版社 1971—1975 年，第 38 册，第 1041 页。

镜》中对此书也有提及，称为《西川经音》，笔者仅发现 1 例，转录如下：

《龙龛手镜·米部》："粄：《西川经音》云别本是麨字，《香严》音于句反。"①

《龙龛手镜》还引用《西川随函》2 例、《西川篇》1 例、《川篇》1 例，但这些条目在《可洪音义》所引《川音》中都没有提及，不知道是否出自《川音》，姑且转录如下，以备参考：

《龙龛手镜·光部》："炳：《西川随函》音丙，光也。"(180)

《龙龛手镜·瓦部》："[illegible]([illegible])、[illegible]，二新藏；[illegible]([illegible])，旧藏；[illegible]([illegible])：《江西随函》古获反，瓦器也。《西川随函》合作甖，乌耕反，亦瓦器也。在《道地经》。四。"(316)

《龙龛手镜·食部》："饆：音亦，出《西川篇》。"(503)

《龙龛手镜·口部》："吪：《川篇》各何反。"(270)

从可洪《大藏经音随函录后序》中对《川音》的描述及评判，以及《可洪音义》中对《川音》的实际引用情况来看，《川音》的体例大致如下：以某一部藏经为底本，按佛经的收藏顺序，将每部经逐卷录出其中需要解释的错字或疑难字，然后注音，间或释义，有时指出其版本异文，或者指明其正字，释语简短。每卷中摘录的字头按其在经文中出现的先后次序排列，一般只摘录一个字作为字头，而不像《玄应音义》《慧琳音义》或者《可洪音义》，通常摘录前后相连的两个字作为词目。正如可洪所言，《川音》的字头因为没有"双彰"，给后代参阅者带来诸多不便，因为无法判断其所录错字难字在经文中的具体位置，以及和其他藏经版本的异文对应关系，致使后人难免有时张冠李戴，多所误会，此乃《川音》体例不周之过。

尽管《川音》的编纂体例未能尽善尽美，但它在佛经校勘、文献语言研究、大型字书编纂等方面的价值却不容小觑。限于篇幅，本文主要探讨该书在字书编纂和汉字研究方面的意义。

---

① [辽]释行均《龙龛手镜》，中华书局 1985 年，第 305 页。按，此条在《可洪音义》卷 17《舍利弗问经音义》中也有引用："饭秋，宜作糗，丘九反。《上方》作饼。又《川音》云：勘别本作麨，尺沼反。"大正藏翻刻高丽藏本《舍利弗问经》作"饭粄"："舍利弗白佛言：云何世尊，为诸比丘所说戒律，或开或闭。如为忽起长者设供，断诸比丘，不听朝食。如为社人请，复听食饭粄鱼肉。如为频富村人请，复不听食饭，但食薄粥。如为频婆娑罗王请，复听饱食饭食。如为阐陀师利请，复听多家数数食，皆不得饱。诸如此语，后世比丘、比丘尼、优婆塞、优婆夷，云何奉持。"校勘记曰：宋、元、明本作"麨饭糗"，宫本作"麨饭粄"。"粄""秋""粄""粄"皆一字之变。《汉语大字典》据《龙龛手镜》收"粄"字，楷定为"粄"，未释义。既然《川音》说"别本作麨"，那么"粄"跟"麨"的意思应该接近。"麨"即"糗也"，《宋本玉篇·麦部》："麵，充小切，糗也。麨，同上。""糗"是炒熟的米麦，也泛指干粮，那么"粄"也应该指这类食品。

《川音》所释对象是中古时期的抄本佛经，而这个时期也是俗字异体流行的高峰期，该书以佛经原文用字为字头，如实地反映了当时抄本佛经的文字使用面貌，是研究这个时期俗字异写的绝好材料，主要表现为：有助于释读字韵书中的疑难字，有助于纠正字韵书中的音释之误，有助于追溯字韵书中俗字异体的来源，有助于完善异体字研究，有助于完善同形字研究，可以丰富汉字研究的字形资料，有助于总结汉字书写变异的规律。下文即就这些方面初步介绍一下《川音》的价值。

一　有助于释读字韵书中的疑难字

自《说文解字》《玉篇》《切韵》等字韵书问世之后，后代多所修订，每次修订都不免增字增义，尤其是《宋本玉篇》和《集韵》，搜集了很多有音无义或者音义费解的疑难字，这些字很多来自佛经。更有专门收罗佛经难字的大型字书《龙龛手镜》，大量的字头下有音无释，甚至音释全无，只出示该字头的佛经异文。后出字韵书如《类篇》《改并四声篇海》《五音集韵》《篇海类编》《字汇》《字汇补》《正字通》乃至《康熙字典》以及当代所编的《中文大辞典》《汉语大字典》《中华字海》等，对固有难题大都陈陈相因，释读无由。《川音》是一部编纂时代较早、以校勘佛经中的错别字、释读佛经中的疑难字为主要目的的佛经音义著作，借助此书，我们可以为后代字韵书中的部分疑难字作出令人满意的解释。例如：

【⿴囗壴】

《改并四声篇海·口部》引《搜真玉镜》："⿴囗壴，王危切。"①

《字汇部·口部》："⿴囗壴，王危切，音围。义未详。"②

按，《汉语大字典》和《中华字海》皆据《四声篇海》收"⿴囗壴"字而未释义。今考《川音》有"**⿴囗韦**"字，见《可洪音义》卷29《广弘明集音义》卷10："合圍，韦、胃二音。《川音》作**⿴囗韦**。"丽藏本《广弘明集》卷10《周天元立有上事者对卫元嵩》作"合圍"："天子不合圍，诸侯不掩群。""合圍"指四面包圍，语出《礼记·王制》。《川音》"**⿴囗韦**"乃"圍"字异写，"違"俗书写作"⿺辶韦"③，字形讹变情形类似，可资比勘。《搜真玉镜》"⿴囗壴"字当是"**⿴囗韦**"的进一步讹变，二字皆是"圍"字异写。

① ［金］韩孝彦、韩道昭《改并五音类聚四声篇海》，《续修四库全书》影印本，上海古籍出版社1995—2002年，第499页。

② ［清］吴任臣《字汇补》，上海辞书出版社1991年，第32页。

③ 参见韩小荆《〈可洪音义〉研究·异体字表》"違"字条，巴蜀书社2009年，第721页。

【駈】

《集韵·焮韵》居焮切："駈，车中马。"[1]

按，"駈"字前无所承，《汉语大字典》和《中华字海》据《集韵》收此音义，也释为"车中马"。那么，何谓"车中马"呢？后代编者皆不知所云，只能生搬照抄。所幸《川音》中有此字，可为我们进一步理解其音义提供线索。《可洪音义》卷7《陁罗尼集经音义》卷10："駈苏，上丘愚反，正作駆，《七佛呪经》作駆字也。《川音》音靳，非也。"

"駈"出自《陀罗尼集经》卷10《功德天法·功德天欢喜印第十一》，为译音用字，今大正藏本亦作"駈苏"："支不帝梨那(一)阿支不帝梨那(二)弥耆帝梨那(三)乌苏帝梨那(四)若副多帝梨那(五)駈苏帝梨那(六)莎诃(七)。"校勘记曰：甲本作"駆苏"。又考《陀罗尼杂集》卷2作"驅苏"："支不帝梨那(一)阿支不帝梨那(二)弥耆帝梨那(三)乌苏帝梨那(四)若副多帝梨那(五)驅苏帝梨那(六)莎呵。"又《七佛八菩萨所说大陀罗尼神咒经》卷2作"驅稣"："支不帝梨那，阿支不帝梨那，弥阇帝梨那，乌稣帝梨那，若副多帝梨那，驅稣帝梨那，莎呵。"综上，可洪认为正作"駆苏"，是也。"駆"同"驅"，经中"駈"乃"駆"字讹误，《川音》音"靳"，明显不合译音，故可洪非之。

不过，《集韵》"駈"音"居焮切"，正好与《川音》音"靳"同音，众所周知，古代辞书作者经常用正字作直音字为俗字异体注音，那么"駈"和"靳"有没有这种关系呢？今考《左传·定公九年》"吾从子，如骖之靳"杜预注："靳，车中马也。"孔颖达疏："古人车驾四马，夹辕二马谓之服，两首齐，其外二马谓之骖，首差退。《说文》云：靳，当膺也。则靳是当胸之皮也。骖马首，当服马之胸，胸上有靳。"[2]由此可见，"靳"本义是服马当胸的皮革，因而用作服马的代称，此即"车中马"也。所以，根据《川音》"音靳"的直音提示，再结合《集韵》"车中马"的释义，我们得以查明"駈"原来就是"靳"的换形旁异体字。

当然，如果《川音》"駈"字注音出自厚大师的杜撰，那么《集韵》的音释应该本自《川音》，《集韵》编者根据古代辞书作者经常用正字作直音字为俗字异体注音的规律，把"駈"看作"靳"的异体字，直接按"靳"的音义作注，当然这样处理是错误的。不过，如果《川音》的注音前有所承，那么应该和《集韵》的音释是一脉相承的。

至于《宋本玉篇·马部》："駈，音釁，马重。"[3]音义与《川音》《集韵》皆不同。《字汇》上承《玉篇》，《马部》曰："駈，许刃切，音釁，马重也。"[4]《正字通·马部》："駈，讹

① [宋]丁度等编《集韵》，上海古籍出版社1985年影印述古堂影宋钞本，第545页。
② 《左传正义》，[清]阮元校刻《十三经注疏》本，中华书局1980年，第2144页。
③ [宋]陈彭年等重修《宋本玉篇》，中国书店1983年影印清张氏泽存堂刻本，第426页。
④ [明]梅膺祚《字汇》，上海辞书出版社1991年，第1169页。

字，旧注音釁，马重，泥。”[①](1311)《正字通》说“斲”是讹字，盖嫌其来历不明，但《正字通》并没有指明正字，故《宋本玉篇》“斲”字当另有传承，俟再考。

二 有助于纠正字韵书中的音释之误

对于抄本佛经中出现的疑难杂字，《川音》或者其他佛经音义书的音释并不总是正确，而后代字书又传承其误，以致以讹传讹，无法是正。所幸通过辑佚《川音》，我们找到了这些字的产生背景，从而可以纠正《川音》及后代字韵书之误。例如：

【崸】

《龙龛手镜·山部》：“崸，音煑。”(75)

按，《改并四声篇海》《新校经史海篇直音》所引《龙龛手镜》皆同。《字汇补·山部》：“崸，支暑切，音煑。山崸也。”(56)《字汇补》训为“山崸”实乃望形生义。旧版《汉语大字典·山部》：“崸，《龙龛手鉴》音煮。山名。”此亦属臆测。抄本古籍字形讹混情况良多，及至刻本，因仍未改者、回改失误者亦普遍存在。所以，“崸”字到底是何字异写，或者是否为新造俗字，都得从其文献出处考察。所幸《川音》收有此字，让我们有迹可循。今考《可洪音义》卷二十九《广弘明集音义》卷十七：“崤县，上户交、户高二反，山名，在弘农。或作嵃，音豪，山名，在黾池。正作崤也。详文意，崤县在甘棠左侧，但今改名耳。《川音》作崸，音煑，非也。据此字即是崤字悮矣。”据《川音》可知，“崸”出自《广弘明集》，今考赵城金藏、丽藏本《广弘明集》卷十七《庆舍利感应表》皆作“崤县”，属崤山山脉。下文有“阌乡县”，至今尚在，二县古今相邻，亦可证明作“崤县”是也。“嵃”同“崤”，《集韵·豪韵》乎刀切：“嵃，山名，在弘农。或作崤。”(189)可洪所据底本“崤”字乃“崤”之讹，《龙龛手镜·山部》据《江西随函》收此字形：“崤：《江西随函》音巨支反。”(073)《江西随函》是望形生音，实不可从，当依可洪音户交、户高二反。《字汇·山部》：“崤(嶠)，巨支切。出释典。”此乃承袭前代之误。《川音》所据底本作“崸”，亦“崤”字讹变，厚大师“音煑”，亦属望形生音，《龙龛》承袭《川音》之误，其注音亦不可从。历代字书以讹传讹，致使谬种流传，当据《可洪音义》及正确的佛经版本用字勘正之。

【訨】

《龙龛手镜·言部》：“訨，正，音旨、止二音，訨，讦也，讦发人恶也。”(45)

---

① [明]张自烈、[清]廖文英《正字通》，中国工人出版社1996年，第1311页。

《宋本玉篇·言部》:"訨,诸是切,诈(讦)[①]也。"(172)

《集韵·止韵》渚市切:"訨,讦也。"(322)

按,"訨"字《说文解字》《原本玉篇残卷》《篆隶万象名义》《广韵》等早期字韵书皆未收,当然,更不见于甲金篆隶等古文字字典,《宋本玉篇》乃后增。宋以前古籍中尚未发现用例,宋以后古籍中亦鲜有用例。《正字通》就怀疑它是讹字,《正字通·言部》曰:"訨,古文诗字之讹。诗从之,篆作訨,因篆形误作訨。旧注音止,讦也,非。"(1054)但《正字通》无文献实证,其说难为确诂。

笔者通过《川音》找到了它的原始出处。《可洪音义》卷十七《佛说大爱道比丘尼经音义》卷下:"讪贵,上所奸、所谏二反,谤也。《川音》作訨,音止,非也。"高丽藏、金藏《大爱道比丘尼经》卷二皆作"讪贵":"女人以贫妬富,以贱讪贵,是四十一态。"《玄应音义》卷十六《佛说大爱道比丘尼经音义》卷下亦作"讪贵":"讪贵,所奸反,《论语》:恶居下而讪上。孔安国曰:讪,谤毁也。《苍颉篇》:讪,非也。""讪"字正合经意。《川音》所据底本作"訨",显然是"讪"之讹体。俗书"山"及"山"旁经常讹变成"止",例如《唐张君夫人秦氏墓志》"山"写作"止"[②];《晋爨宝子碑》"岳"讹作"岊"[③],《魏元嵩墓志》讹作"岊"[④],《敦煌俗字典》写作"岊"[⑤];《唐陪戎副尉安度墓志》"岹"写作"岹"[⑥];《可洪音义》中"仙"写作"仩"[⑦],皆可证"讪"手书可以讹作"訨"。厚大师不识讹体,妄生音训,《龙龛》等后代字韵书又承袭其误,以讹传讹,以致贻误后人。

三　有助于追溯字韵书中俗字异体的来源

现存字韵书中的许多俗字异体是不是都有文献来源?如果有,又源自何书?如何生成?这些都是汉字研究者们经常思考的问题。《川音》可以为部分字的来历提供线索,甚至帮助我们进一步完善或者修正后代字韵书的音释。例如:

【罫】

《龙龛手镜·网部》:"罫:旧藏作羅也。"(360)

---

① 诈,四库本作"讦",是也。《韵学集成·支韵》诸氏切"訨"字下引《玉篇》亦曰"讦也"。

② 参见秦公《碑别字新编》"山"字条,文物出版社1985年,第2页。

③ 参见《晋爨宝子碑》拓本,见书画纵横 http://www.8mhh.com/2009/0523/1312_1.html。

④ 参见秦公《碑别字新编》"岳"字条,文物出版社1985年,第59页。

⑤ 参见黄征《敦煌俗字典》"岳"字条,上海教育出版社2005年,第527页。

⑥ 参见秦公《碑别字新编》"岹"字条,文物出版社1985年,第58页。

⑦ 参见韩小荆《〈可洪音义〉研究·异体字表》"僊"字条,巴蜀书社2009年,第739页。

《改并四声篇海·网部》引《龙龛手镜》:“⿱罒紂,旧藏作羅字。”(394)

按,《汉语大字典·网部》据《四声篇海》收“⿱罒紂”字,并曰:“⿱罒紂”,同“羅”。其实前代字书注释仅仅表明“⿱罒紂”“羅”二字是异文关系,未必就是异体字。“⿱罒紂”字前无所承,何书所出,何音何义,还有待商榷。所幸《川音》录有此字:《可洪音义》卷二十九《弘明集音义》卷十一:“䍦发,上力支反,髤[①]䍦,妇人所戴者也。又接䍦,白冒(帽)也[②];又覆食巾也。《川音》作⿱罒紂字替之,音尉,非。”由此可知,该字出自《弘明集》,今丽藏本《弘明集》卷十一《僧䂖僧迁法服法支鸠摩耆婆等求止恒标罢道奏》作“罹”:“故尧放许由于箕山,陵让干木于魏国,高祖纵四皓于终南,叔度辞蒲轮于汉世,晋国载逵(逵)被褐于剡县,谢敷罹发于若耶[③],盖以适贤之性为得贤也。”大正藏校勘记曰:宋、元本作“䍦”;明本作“羅”;宫本作“䍦”。又考《弘明集》卷11《姚主与僧迁等书》:“法师等虽潜心法门,亦毗世宣教,纵不能导物化时,勉人为治,而远美辞世之许由,近高散发于谢敷。若九河横流,人尽为鱼,法师等虽毗世宣教,亦安施乎。”参之“散发于谢敷”,上文当以作“谢敷䍦发于若耶”为是,“䍦”为披发、以发覆头义。“䍦”俗作“䍦”,“罹”为借字。李小荣《弘明集校笺》本亦取“䍦”字。[④]《川音》所据底本作“⿱罒紂”,厚大师“音尉”,盖以其同“罻”。《说文解字·网部》:“罻,捕鸟网也。”《广韵·未韵》于胃切:“罻,罻网。”“罻”甚乖文意,实不可取。“⿱罒紂”盖“羅”字转讹,“羅”则又是“罹”字之误,“罹”假借作“䍦”。综上所述,有赖《川音》,我们终于弄清了“⿱罒紂”字的来龙去脉,后代字书简单地把它认同为“羅”的异体字,其实值得商榷。

【⿰車區】

《龙龛手镜·车部》:“⿰車區,旧藏作轉。”(83)

《字汇补·车部》:“⿰車區,知犬切,音轉。见释典。”(219)

按,旧版《汉语大字典·车部》据《龙龛手镜》和《字汇补》收“⿰車區”字而未释义;新版《汉语大字典·车部》则据邓福禄、韩小荆《字典考正》认为“⿰車區”同“驅”;《中华字海·车部》则据《龙龛手镜》认定“⿰車區”同“轉”,其实《龙龛手镜》的注释只能表明二字是异文关系。那么,此字正字到底为何?还得从其出处考察。《川音》更早收录此字,出自《续高僧传》,《可洪音义》卷二十八《续高僧传音义》卷三十:“驅轉革,上丘禺反;中知兖反;下

① 髤,诸字韵书未收,同“幂”“羃”。《宋本玉篇·网部》:“䍦,力之切,羃䍦也。”《篇海类编·器用类·网部》:“䍦,力之切,音离。羃䍦,妇人所戴。”(217)

② 《龙龛手镜·网部》:“䍦:音离。接䍦,白帽也。”(360)

③ 《祖庭事苑》卷4:“会稽谢敷,字庆绪,隐于若耶山。”

④ 李小荣《弘明集校笺》,上海古籍出版社2013年,第618页。

古厄反，改也。驅属上句，《川音》作軀，彼悮。”丽藏本《续高僧传》卷三十《论》作“驅轉革”：“呗匿之作，沿世相驅，轉革旧章，多弘新势。”郭绍林点校本亦作“驅轉革”[①]。《可洪音义》认为《川音》“軀”字与“驅”互为异文，若如此，则“軀”很可能是“驅”受“轉”字影响发生偏旁类化而产生的换旁俗字。但是，若根据《龙龛手镜》释文，“軀”应该是“轉”的版本异文。若如此，则“軀”应该是下文“轉”字受上文“驅”字影响发生偏旁类化而形成的换旁俗字。窃以为《龙龛手镜》此字应该直接收自某部藏经，通过《川音》，我们可以确定“軀”的具体出处；通过《龙龛手镜》，我们可以确认其异文对应关系，两者结合，我们可以明了其产生过程及具体所指，应该是“轉”字讹误。而可洪所见藏经中并未出现此字，仅据《川音》，无法准确判断此字与其他藏经的异文对应关系，故可洪之说多半出于猜测，实不可从。

【嶉】

《龙龛手镜·女部》：“嶉，旧藏作崔。”(281)

《集韵·灰韵》仓回切：“嶉，女字。”(110)

按，“嶉”应该出自佛经，《龙龛手镜》仅指明其旧藏异文作“崔”，未予音释，至《集韵》才生出“女字”的释义，《篇海类编》则曰：“嶉，仓回切，音崔，女字。”[②]此乃综合了《龙龛手镜》和《集韵》的音释。我们有幸通过《川音》发现到了“嶉”的具体出处，见《可洪音义》卷七《佛说月光童子经音义》：“摧折，上自回反，挫也，《川音》作嶉，非。”高丽藏本《佛说月光童子经》作“摧折”：“山崩地裂，树木摧折。”与可洪所用底本相同，而《川音》所用底本作“嶉”，《龙龛手镜》所据旧藏作“崔”。由经意可知，正当作“摧”，“崔”乃其音误，或者讹省；“嶉”应该也是“摧”字讹变。或许有人怀疑“嶉”也可能是“摧”的音误字，但就目前材料来看，此字最早出自《川音》，之前的各类字韵书中都无记载，传统汉籍中亦无用例，应该就是某部佛经的俗字讹体，有幸被《川音》《龙龛手镜》所著录，后代字韵书编纂者因不知其产生背景，仅据字形臆测其音义。今《汉语大字典》《中华字海》分别据《集韵》《篇海类编》收此字，释为女子人名用字，窃以为不妥，当据《可洪音义》及正确的佛经版本用字勘正其义。

四　有助于完善同形字研究

所谓同形字，就是字形相同而音义无关的字。历代文字使用过程中，同形字多有

① 郭绍林点校本《续高僧传》，中华书局2014年，第1264页。

② [明]宋濂《篇海类编》，《续修四库全书》影印本，上海古籍出版社1995—2002年，第665页。

产生，典籍文献中有大量实例，而现行的字典辞书却未必都有著录。阅读古籍时同形字很容易引起误解，所以应该引起充分注意，今后编纂大型字书时也应该尽量多加收录，甚至可以考虑编纂一部同形字字典，对此类字进行穷尽式网罗。《川音》中就著录了很多在佛经文献中出现的同形字，而且是后代字韵书及当代大型字词书所未收录的，对今后的同形字研究及著录很有参考价值。例如：

【⿰氵適】

《可洪音义》卷二十八《辩正论音义》卷二："瑕讁，上音遐，下知革反。下《川音》作⿰氵適，以玷字替之，非也。"

按，丽藏本《辩正论》卷二作"瑕讁"："善行者无辙迹，善言者无瑕讁，善计者不用筹策，善闭无关键。""讁"同"謫"，"瑕讁(讁)"比喻人的缺点、过错，又如《道行般若经序》："幸我同好，饰其瑕讁也。"《川音》"⿰氵適"字盖"讁"之讹体，厚大师以"玷"字替之虽然亦合文意，但有违不可随意更改原文之校勘原则，故以"讁"字替之更优。字韵书中对"⿰氵適"字早有收录，不过是作为"滴"的俗字出现的，《宋本玉篇·水部》："滴：都历切，水滴也。⿰氵適，同上。"(346)《集韵·锡韵》："滴，或从適。"(750)《中文大辞典》《汉语大词典》等都是据《玉篇》或者《集韵》收录"⿰氵適"，注曰同"滴"，未列及"讁"的讹字"⿰氵適"，以后修订当据《川音》补足。

【⿰月主】

《可洪音义》卷二十一《道地经音义》："在**胫**，户定反，《川音》作⿰月主，彼悮。"

按，丽藏本《地道经·五种成败章》作"在脛"："五种著阴根，一种著指节约，一种在脛，一种在膝头，一种在足蹲。""**胫**"乃"脛"字异写。《川音》所据底本作"⿰月主"，此字前无所承，《龙龛手镜·肉部》："⿰月主，俗，竹主反。"(411)未释义。《集韵·噳韵》重主切："⿰身主、⿰月主：身直皃。或从肉。"(336)《字典考正》认为"⿰月主""⿰身主"皆即"扗(柱)"的换旁俗字。然而《道地经》中所说的是人体部位名称，目前字书或古籍中有关"⿰月主"字的各种解释显然都不合经意，此"⿰月主"字应该是"脛"的讹字，后出字典当据《川音》增补此同形字。

【饋(馈)】

《可洪音义》卷二十七《续高僧传音义》卷六："匱餧，奴罪反，饿也，正作馁。《川音》作饋，非也。"

按，丽藏本《续高僧传》卷六《释真玉传》作"匱馁"："若恒预听，终作法师，不忧匱馁矣。"大正藏校勘记曰宫本"馁"作"饋"，与《川音》底本同。《慧琳音义》卷九十二作"匱餧"："匱餧，上逵位反，《毛诗传》云：匱，竭也。郑注《礼记》云：匱，乏也。《说文》从匚、贵声。下奴猥反，郑注《论语》云：餧，饿也。《苍颉篇》云：饥也。《说文》从食、委声也。""匮餧"指缺粮饥饿，又如《隶释·汉司隶校尉杨孟文石门颂》："稼苗夭残，终年不登，匮餧之患，卑者楚恶，尊者弗安，愁苦之难，焉可具言？""馁"同"餧"，《五经文字》卷下《食部》："餧，奴罪反，饥也，经典相承别作馁，为饥馁字，以此字为餧饲之餧。"《川音》"饋"字乃"馁(餧)"字受上文"匮"字影响而产生的偏旁类化讹字，偶与馈赠之"饋"同形，不可不辨。

【嗐】

《可洪音义》卷二十《舍利弗阿毗昙论音义》卷十三："咽塞，上乌结反，或作噎也。《川音》作嗐，许戒反，非也。"

按，"咽"乃"咽"字俗体。以今丽藏本《舍利弗阿毗昙论》卷十五观之，"嗐""咽"二字分属"呼呷(嗐)""咽塞"二句："气逆，呼呷，咽塞，謦欬，呕吐。"大正藏校勘记曰："呷"，宋、元、明、宫本作"嗐"。如此看来，"嗐"与"咽"并不构成异文关系。且《舍利弗阿毗昙论》卷十六亦曰："呼嗐痛，謦欬病，呕吐病。"大正藏校勘记曰："嗐"，宋、元、明本作"呷"。此亦可证"嗐"与"咽"并不对应。大概可洪所据藏经底本同丽藏本，亦作"呼呷，咽塞"，可洪未明《川音》"嗐"字具体出处，对其与其他藏经异文对应关系的描述纯属猜测，这也是《川音》自身体例缺陷给研读者造成不便之过。

那么，"呼嗐"是什么意思呢？"嗐"字《说文》未收，《篆隶万象名义》亦无，《宋本玉篇·口部》曰："嗐，胡戛切，大开口。又胡盖切。"(107)《集韵·泰韵》下盖切："嗐，大开口；一曰声也。"(520)又《鎋韵》下瞎切："嗐，大开口。"(697)《正字通·口部》："嗐，俗字，音辖，大开口。又音害，义同，并非。"(162)总之，现存字韵书"嗐"字释义于《舍利弗阿毗昙论》文意皆不切合。考《玄应音义》卷十七《舍利弗阿毗昙论音义》卷十三亦作"呼呷"："呼呷，呼甲反，《说文》：呷，吸也。""呼呷"指呼吸，"呼嗐"应该与"呼呷"同义异形，"嗐"当为"呷"之换声旁俗字，指大口吸气。后出大型字典辞书如《中文大辞典》《汉语大字典》等"嗐"字下皆无此音义项，当据佛经用例或《川音》增补。

不过，《川音》"嗐"字音许戒反，现存字韵书皆无此音，又考《玄应音义》卷十四《四分律音义》卷三十二："齘齿，下介反，《说文》：齿相切也。《三苍》：鸣齿也。律文作嗐，未详字出。"[①]此"嗐"字盖"齘"之后出俗体，玄应读音"下介反"，与厚大师注音"许戒反"仅清浊之别。在《舍利弗阿毗昙论》中，若厚大师亦以"嗐"同"齘"，则不合文意，当取"呷"字为正。

---

① 大正藏本《四分律》卷三十二："又见诸妓人所执乐器纵横狼藉，更相荷枕，头发蓬乱，却卧鼾睡，齘齿寱语。"

五　可以丰富汉字研究的字形资料

《川音》还保存了一些现存字典辞书所没有收录的俗字异体，可以为今后编纂大型字书或新建大型字库提供字料。例如：

【⿰金庭】

《可洪音义》卷二十一《出曜经音义》卷一："求锭，音庭，庭燎，庭火也，正作庭也。又《川音》作⿰金庭。又音定，非义也。"

按，今丽藏本《出曜经》卷一作"求锭"："何憙何笑，念常炽然，深蔽幽冥，而不求锭?"可洪认为此"锭"同"庭燎"之"庭"，《玄应音义》卷十《大庄严经论音义》卷十三："庭燎，力烧反。《周礼》：供坟烛庭燎。郑玄曰：坟，大也。树于门外曰大烛，门内曰庭燎，天子百，公五十，侯伯子三十也。论文作烶、锭二形，下作镣，并非也。"又《慧琳音义》卷十九《大哀经音义》卷一："庭燎，下历吊反。《礼》曰：邦之大事，供燌烛庭燎。郑众曰：燎，火烛也，以麻为之，树于门外曰大烛，于门内曰庭燎，皆所以照象为明也。又曰：门燎，地烛也。经文从金作锭，非也。郭注《尔雅》云：锭，锄属也。《广雅》曰：锭谓之槈，即农具也，甚乖经意。""锭"是"庭"的后起俗字。《川音》作"⿰金庭"，也是"庭"的后起增旁俗字，此字其他字韵书未收，后出大型字书可据《川音》增补。

【⿰忄存】

《可洪音义》卷二十八《十门辩惑论音义》卷下："可恠，古拜反。《川音》作⿰忄存。"

按，丽藏本《十门辩惑论》卷下作"怪"："若疑而叙意，异三子而何伤。若谤以为睽，载一车而可怪。"可洪所据底本作"恠"，《宋本玉篇·心部》："恠"，"怪"的俗字。《川音》所据底本作"⿰忄存"，则又是"恠"字转讹。此形体其他字典辞书未见，今后编纂字书或建字库可据《川音》收录。

【⿰金穿】

《可洪音义》卷三十《南海寄归传音义》卷四："穿安，上音川，通也。《川音》作⿰金穿。"

按，丽藏本《南海寄归内法传》卷四有"⿰金字"字："西方所持锡杖，头上唯有一股铁捲，可容三二寸，安其⿰金字管，长四五指。其竿用木，麤细随时，高与肩齐，下安铁纂，可二寸许。其镮或圆或偏，屈各合中，间可容大指，或六或八，穿安股上，铜铁任情。"大正藏校勘记曰："⿰金字"，宋、元、明本作"錞"。《川音》"⿰金穿"字，当与"⿰金字"字互为异文，二字皆"錞"之讹变，而非如可洪所言，与"穿"字对应。"錞"即鐏，指锡杖柄末的平底金属套，《说文·金部》："錞，矛戟柲下铜鐏也。""⿰金穿""⿰金字"二字形尚未见录于其他字典辞书,后出字书、字库可据《川音》及佛经增补。

六 有助于总结汉字书写变异规律

《川音》搜集了中古时期抄本佛经中丰富的讹字异写,其中所蕴涵的字形变化,对于我们研究汉字书写变异规律很有参考价值,因为这些规律反过来可以帮助我们识别讹字,校勘古籍,所以值得全面总结。以下是笔者选集的《川音》中的部分案例。

【疥→瘃→⿸疒彖】

《可洪音义》卷二十二《旧杂譬喻经音义》卷下:"瘃厉,上知主反,寒疮也。下郎太反,疥疮也,正作疠、癞二形。《川音》作⿸疒彖,许秽反,困也,非用。下又力世反,非也。"

按,今丽藏本康僧会译《旧杂譬喻经》卷下作"疥癞":"寿终之后,当弃天座、七宝殿馆、浴池园果、自然饮食、众伎女乐,更当下生于拘夷那竭国疥癞母猪腹中作子。"明本鸠摩罗什译《众经撰杂譬喻》卷一亦作"疥癞":"自知福尽,下生世间贫穷家,与疥癞母猪作子,愁忧不乐。"可洪所据底本作"瘃厉",可洪认为"瘃"是"瘃"字异写,《说文·疒部》:"瘃,中寒肿核。"段玉裁注:"肿核者,肿而肉中鞕如果中有核也。"《广韵·烛韵》:"瘃,寒疮也。"虽然"瘃"字亦合经意,但"瘃厉"一词佛经罕见,而"疥疠"更常用,故"瘃"当是"疥"字之讹。《川音》所据底本作"⿸疒彖",厚大师以其为"⿸疒彖"字异写,《广韵·废韵》许秽切:"⿸疒彖,困极也。""⿸疒彖"明显不合经意,当亦"疥"字讹变,厚大师失校。盖"疥"俗书作"⿸疒尒"[①],讹作"瘃",与"瘃"之手写体形似相乱;进而讹作"⿸疒彖",与"⿸疒彖"之异写无别。此条较好地体现了"疥"的手书讹变趋势,以及它与哪些字形容易相混,可为今后古籍阅读和校勘提供参考。

【纕→纕→綡】

《可洪音义》卷十八《善现律毗婆沙音义》卷十二:"荫纕,上于今反,下奴郎反,正作阴囊也,如《鬼问目连经》中广说也。又息羊反,说文云马腹带也;又《川音》作缘,音崔,非此二呼也,笔受者谬用矣。"

按,高丽藏《善见律毗婆沙》卷十二作"阴囊":"阴囊缸句者,此人是村中官长,不善判事,以此果报,死入地狱,从地狱出,受身阴大如缸。何以故?若人有罪,辄受人财货,覆藏其咎,若无物者,开露其罪,故受此形。""囊",俗作"纕",如《可洪音义》卷十八《善现律毗婆沙音义》卷十五:"枕纕,上之审反,下乃郎反。""纕"即"纕"字异写。

① 参见韩小荆《〈可洪音义〉研究·异体字表》"疥"字条,巴蜀书社2009年,第516页。

“纕”手写常讹作“纕”，与“纕”字异写同形，如此例“荫纕”，又如《可洪音义》卷十八《善现律毗婆沙音义》卷十四：“钵纕，奴郎反，帒也，正作囊也。”又同卷：“隐纕，奴郎反，袋也。”“纕”又进而讹作“缞”，与“缞”字异写同形。《川音》就把其所据底本中的“缞”字认作“缞”，音“崔”，大谬。其实“缞”乃“纕”字辗转讹变的结果。“囊”讹作“衰”①，亦可资比勘。又如“讓”异写作“譲”②、“攘”异写作“攘”“攘”③、“壤”异写作“壊”④等，皆可供比较。

【装→榱→榵】

《可洪音义》卷二十一《贤愚经音义》卷十三：“榵驾，上侧床反，榵束也，结裹也，正作装也。《川音》作榱，音衰，非也。又阻亮反，行装结束。”

按，今丽藏本《贤愚经》卷八作“装驾”：“日到装驾，辞别趣道。”“装驾”即打点行装，整备车驾的意思，正合经意。《川音》所据底本“装”作“榱”，《川音》音“衰”，“衰”是“衰”字异写，可见厚大师以“榱”为“榱”字，但“榱驾”明显不合佛经用词通例，故可洪非之。“榱”其实乃“装”字讹变，“装”字俗书常写作“装”⑤，《龙龛手镜·手部》：“装：俗，庄、壮二音，正作装字”(207)可为证。“装”进而讹作“榱”⑥、“榱”⑦等形体，可洪所据底本作“榵”，乃是“榱”字又讹。

综上所述，《川音》可资于汉字研究者良多，限于篇幅，本文仅举数例，使读者可以管窥其价值。

参考书目

[1]梁春胜：《楷书部件演变研究》，线装书局 2012 年。
[2]张涌泉：《汉语俗字研究》，岳麓书社 1995 年。
[3]郑贤章：《郭迻经音研究》，湖南师范大学出版社 2010 年。

（韩小荆：武汉大学文学院，430072，武汉）

① 参见韩小荆《〈可洪音义〉研究·异体字表》“囊”字条，巴蜀书社 2009 年，第 599 页。
② 同上“讓”字条，第 652 页。
③ 同上“攘”字条，第 652 页。
④ 同上“壤”字条，第 652 页。
⑤ 同上“装”字条，第 837 页。
⑥ 同上。
⑦ 同上。

廖平六书观变迁考*

刘晔

提要 廖平的六书理论见于《六书说》和《六书旧义》两篇中，然而其中的观点却有诸多变化。本文对比了两文的六书观并考察了廖平的治学理念，认为治学思想的转变是致使其六书理论变化的重要原因。《六书旧义》是廖氏于特定历史时期今文经学思想与政治主张相融合的产物，体现出其小学研究的独特价值。

关键词 廖平 《六书说》 《六书旧义》 六书观 治学思想

一 缘起

近人胡朴安先生在《中国文字学史》有两条注释，一条云："廖登廷，清四川井研人，著有《六书说》。"①另一条对"廖平之《六书旧义》"②作注云："廖平，字季平，四川井研人，清末今文学家。著有《六译馆丛书》。民国六年卒。"③似以为是不同之人。笔者考《廖季平年谱》，记曰："先生讳登廷……继改讳平字季平。"④又记廖氏卒于民国二十一年(1932)。由是可知胡氏疏误之处。胡氏之说影响后人，王初庆先生也有此误会。⑤笔者妄揣固陋，认为盖由于《六书说》与《六书旧义》两篇歧见显然，且署名不同⑥，又

---

* 本文得到天津市哲学社会科学规划项目"汉字六书学史研究"(编号：TJZW15-007)的资助。

① 胡朴安：《中国文字学史》，下册，上海科学技术文献出版社2014年，第455页。笔者注：本文凡出自同一参考文献的注释，皆于首次注全信息，之后则只注文献名称及引文页码。

② 胡朴安：《中国文字学史》，第412页。

③ 同上书，第431页。

④ 廖宗泽编：《六译先生年谱》，载《廖季平年谱》，巴蜀书社1985年，第1页。

⑤ 王初庆先生认为"清·廖平《六书说》"主张六书始于造字之初；又说"近人廖平《六书旧义》"主张六书始于仓颉而定于周。见《汉字结构析论》，中华书局2010年，第41页。

⑥ 笔者注：《六书说》署名廖登廷，而作《旧义》则署"井研廖平撰"。分见于丁福保：《说文解字诂林·前编中·六书总论》，中华书局1988年，第452页上栏；《续修四库全书》，经部，第228册，上海古籍出版社2001年，第129页下栏。以下注释中凡出自二书者分别注为《六书说》《旧义》。

因《六书说》一文不曾公开刊刻[①],遂有上述误解。

廖平不仅是清末民初的今文经学大家,其小学根底也颇为深厚。丁福保于《说文解字诂林》中收廖氏《六书说》《六书旧义》二篇,胡朴安先生作《中国文字学史》也都有涉及,足见其在中国文字学史上不可小视的地位。然而,学界对廖平文字学理论的研究成果却不多见。笔者所见有黄开国(1991)《廖平的小学研究和成就》、郑立艳(2013)《〈六书旧义〉研究》、何添《王筠说文六书相兼说研究》中提及廖氏关于兼书的论断[②],上述皆以《六书旧义》为主要研究对象,而对廖平早年之作《六书说》涉及极少,更不见对廖氏六书观点变化及原因探讨之类的文章。鉴于此,本文将对比廖氏两文中六书理论的变化,探究其中的深层原因。

二 《六书说》:一篇小学家的心得之作

(一)撰作目的

廖平初入尊经书院时,谨遵张之洞制定的"小学必先求诸段注《说文》"[③]之宗旨,即作《六书说》一文[④],意在以评点段说而阐发己意。另有《形声类》一册,亦多言段氏之不足。舒大刚(2010)指出《六书说》是廖平读《说文》之心得,[⑤]因其为书院"颖异之士"中的特出之作,而被收入书院内部刊刻的《蜀绣集》中。[⑥] 光绪七年(1881 年),廖平又作《释字小笺》,而因"为人所窃去,后拟补缀成书,一为《六书说》,…… 似未果作。"[⑦]或据上述因由,《六书说》的受关注度远不及《六书旧义》。然而,《六书说》是廖平小学生涯的起点,能够充分反映其早期的六书观,对于探究其六书理论的转变有重要意义。

(二)《六书说》说"六书"

说《六书说》似习作之性质,亦可从其行文之缺省得见。该文仅着力论述象形、指

---

① 笔者注:《六书说》于 1878 年冬刊于《蜀绣集》中,是尊经书院诸生三年以来的课艺之作,未公开发行。今于《廖平全集》卷十一《集外文》中刊载。见廖幼平编:《廖季平年谱》,第 19 页;舒大刚,杨世文主编:《廖平全集》卷十一,上海古籍出版社 2015 年。

② 黄文见《西南师范大学学报》(哲学社会科学版)1991 年第 2 期;郑文见陕西师范大学 2013 年硕士学位论文;何添《王筠说文六书相兼说研究》,吉林文史出版社 2000 年。

③ [清]张之洞:《创建尊经书院记》,载《张之洞全集》,第 12 册,河北人民出版社 1998 年,第 10076 页。

④ 《六译先生年谱》,第 17—18 页。

⑤ 舒大刚:《经学大师廖平评传》,《宜宾学院学报》2010 年 10 卷 1 期,第 12 页。

⑥ 吴龙灿:《廖平和王闿运学术异同考》,《宜宾学院学报》2012 年 12 卷 11 期,第 18 页。

⑦ 《六译先生年谱》,第 23—24 页。

事、转注和假借四门，而对于会意、形声二者，则因与段氏同，故从略。廖平赞同“四体二用”说，但关于六书次第及各分书，则与段氏有不同见解。

歧见之一：论六书次第承班氏，以形先于事，意先于声为序。

歧见之二：驳段氏以虚实分象形、指事，认为“六书之分在制字之时，不在用字之后，如用字则实可作虚，虚可作实，不可诘究矣。”[①]因此若如段氏因字可以移用而视象形为指事，则“追论其本，则又不得没其象形之实”，[②]所以，不能因是否有功用而混淆象形与指事。

歧见之三：论转注反对戴、段互训说和朱骏声引申说，力倡徐锴部首说，认为转注之旨在于“网罗诸字，使之分别部居”。[③] 反对将引申从假借中分立出来，主张假借即“凡字之非本义者即为假借，初无有义无义之别。”[④]由此，其以“依声托事”分假借为二：有声无义者为“依声”类；有声有义者为“托事”类。承用朱说分假借为“四源十二例”[⑤]。

要言之，《六书说》大体继承清代小学家论列六书的思路，从许说出发，探讨《说文》六书之义，持论与乾嘉大儒同多异少，并无怪诞之论。

三 《六书旧义》：六书理论的迥异之变

（一）撰作目的

《六书旧义》晚于《六书说》十年，成于廖平三十五岁时。廖平对该篇撰作之意说得清楚：

> 今以班《志》说为主，取其先出，文义较明，郑、许二家文异义同，坿解之，以明其渊源。
>
> 班志前四书者名“象”，此说最古，得真实义。郑、许意虽相同，但名目改易，遂启后来异说，使班氏最初之意反不明，故当急明班说以救之。[⑥]

廖氏意欲挽救班《志》中六书的“最初之意”，急明六书“最古”的“真实义”。此篇

① 《六书说》，载丁福保：《说文解字诂林·前编中·六书总论》，中华书局1988年，第452页下栏。

② 《六书说》，第452页下栏。

③ 《六书说》，第454页下栏。

④ 《六书说》，第455页下栏。

⑤ 笔者注：廖氏文中有“假之原有三”，内容与朱骏声三原十二例全同，盖此处“四源”当为“三原”之误。见《六书说》，第456页。

⑥ 廖平：《六书旧义》，《续修四库全书》，经部，第228册，上海古籍出版社2001年，第129页下栏。凡出自该文的引文只注篇名及页码。

乃为申班氏六书古义而作,古义即旧义,这就是该篇名为“旧义”之由。

此外,据廖平弟子蒙文通作传云:“蜀地旧无知许氏《说文》者,独先生偶得之败簏中而好之,以故为文骥所嗟异。故先生后亦为《六书旧义》,申班氏四象说,以扶许义,有由然也。”[①]此语表明该篇另一目的盖为廖氏于故里推广小学,以助力扭转蜀地学风。

(二)六书理论的转变

《六书说》与《六书旧义》虽有不同的写作目的,但后者既以申班说“以扶许义”,于理则不应与《六书说》有大变,而对比两文却见诸多显著不同。以下将从六书名目、六书旨意及行文风格等方面依次阐述。

1.六书名目之变

班氏前四书皆以“象”为首,整齐划一,廖氏由此破题,探求六书最初之意,颠覆郑、许之说。其曰:

> 三家四书名目,上字有变改,下字皆从同,可见改者随文便称,不改者实义所关也。……班氏只以“形、事、意、声”为名,上同名“象”,可知当就下字立说,上四字或同或异所不拘也。[②]
>
> 后二门……不言象注、象借也,……乃用字非造字。[③]

廖氏将六书诸多歧出之解归咎于对郑、许之说的改动,致使单就上字穿凿,而不求下字实义。他认为班氏名目有“二善”:以“象”字统前四书,可破“后来拘于上四字之说”[④];转注、假借二书不以“象”字命名,则能以用字之法自别于前四书。因此要推见六书原始之义,须遵班氏名目。

2.六书旨意之变

(1)象形皆实字,象事为六书之大门

《六书旧义》认为象形“皆如作画”,“单物单形,更无别意”,故“皆实字”。象事则“面目仍为象形,实义则专在事。”[⑤]所谓“专在事”是指“有功用”,所谓“闻其字即能动作”[⑥],有功用、能动作相对于实物而言即为虚,所以说象事在半实半虚之间。这与

① 蒙文通:《廖季平先生传》,载《廖季平年谱》,第98页。

② 《六书旧义》,第129页下栏。

③ 《六书旧义》,第130页下栏。

④ 同上。

⑤ 《六书旧义》,第130页上栏。

⑥ 《六书旧义》,第136页下栏。

《六书说》认为"无论虚实，皆象形"[①]的观点不同，《六书旧义》中的象事是从《六书说》的象形一书分立出来的。《六书旧义》还颠覆了许慎关于形、事二书与"文""字"的关系。文中说："旧说以形、事为独体，会意为合体，此误也。不论合、独，但实物便为象形，……但是事便是象事。……有此事物，独体能象则独体象之，不能则合体象之，非合象便不为形、事也。"[②]廖氏认为"象事为六书之大门，字最繁多，特因误以入于形、意，遂觉本门少耳。"[③]而批评朱骏声、王筠由于不知应就"事"字立意，致使所列130字中仅有不过10字为指事，其余皆为形、意之变例，这一说法也与许慎之意相背离。

总言之，廖氏是以字的形义关系为标准为象形、象事分类，而不论字形的结构。他在《六书旧义》序中说："予丙子(1876年)为《说文》之学者数月后遂泛滥无功。辛巳(1881年)冬作《转注叚借考》，颇与时论不同。丙戌(1886年)春间，乃知形、事之分。"[④]可见，廖氏为辨明形、事之分，历经10年之久，足见其参悟二者之谨慎。但即便如此，他也并未如其所说明确二者之区别。比如，他将"牟"字列为象形中的加象例，而又同时出现在象事一门的"就物生事例"即是明证。其实，从其将记识类指事字纳入象形变例的变化即可见廖氏对二者界限认识的游移。

(2)化多成少为会意

《六书旧义》中的会意观可见四点变化：

其一，源于古之转注。他说："(笔者注：转注)通行既久，其法愈巧，乃以数字形容一字者造为一字，遂有象意之名，所谓会合见意也。""比类合义即建类一首之变文，以见指挥即同意相受之变文。"[⑤]此意表明象意生于古之转注。

其二，会意之法是使文章简练精巧的方法。文中说："用一二字而所包甚广，须数十字乃能注释，非此一二字则必繁言乃明。此亦会意之意，文所以日巧也。"[⑥]相较于《六书说》将会意之"会"释为"会合"，在《六书旧义》中廖氏将"会合"进一步解释为"化多为少"的"融合"之义。我们认为，"会合"与"融合"并非同义。"会合"强调"二字皆联属成文"[⑦]，故其义必为二字加合而成；而"融合"则强调"化多为少"，是对数字旨意

① 《六书说》，第452页下栏。
② 《六书旧义》，第139页上栏。
③ 同上书，第137页上栏。
④ 廖平：《六书旧义·自识》，载《六译馆丛书》，第30册，成都存古书局，中华民国十年。
⑤ 《六书旧义》，第131页。
⑥ 同上书，第138页下栏。
⑦ [清]段玉裁：《说文解字注》，浙江古籍出版社2006年，第755页下栏。

的归纳和提炼，而非简单的字义加合，故其义较“会合”之义更为抽象虚渺。

其三，不以合体、兼声者论会意。廖平明言：“会意为合体，此误也。”“象意之字亦多独体造字。”[①]还指出象意、象声“各立门户”，并无兼书。他把许氏会意兼声字视作“晚俗字”，应列为俗体重文一类。

其四，象意字“不易造作”，书目极少，前人皆误。许慎以会意次于形声之后，足以表明会意有较强的成字能力，因而会意数量也多，而廖氏则反其道而论。追寻其理则在于，他不以字形结构之独体、合体为判定会意的标准，而是以字义来源为判，因此将前人纳入会意者多视作形、事二门，从而剔除在外，故其言会意书目少。

总观前四象之论述，有一共同点：强调以形象为据的古说。他说：“承用既久，实字每流为虚字，恐承讹踵误之音、义，反足以乱四书，不若据形为主者之得其实。然今之讲音、义，究必归合于形象，虽以音、义为主，仍以形象为据。”[②]这正是廖平打破传统文、字与前四书关系的根本原因，由此才有其对前四书的分类及义界突破传统的诸多观点。

（3）象声与字母实同

廖平认为造字之主梵文、佉庐文及中国文字其初皆为字母。[③] 他说：“拼音但用耳听，即所谓象声，后来乃加偏旁，详其门类，今所谓象声字是也。盖未有文字之先，皆以耳治，故专用字母。”[④]廖平正确阐述了形声字的发展过程，但将形声字的声符与字母文字的拼音相比附，与语言文字发展的事实并不相合。汉字兼用意符、音符和记号三类符号来记录语词，而字母文字则只用音符记录语词，二者是截然不同的两种文字体系。语言先于文字，故文字出现之前，以“耳治”是人类社会的共性，但不能以此作为六书之前的汉字是字母的理据。因此，将汉字的六书与西洋字母相比附确有不当。

（4）假借分类的变化

假借一书的变化主要在于将《六书说》中“托事”，即有声有义一类剔除出来，认为“假借之字必以借声者为准，借声而义不可通。”[⑤]将词义引申当作假借是古人的普遍认识，廖氏观点的转变体现了他对假借性质的透彻认识。廖氏将词义引申排除在假

---

① 《六书旧义》，第 139 页上栏。

② 同上书，第 132 页上栏。

③ 廖平《文字源流考》（三十论），载《廖平选集》下册，巴蜀书社 1998 年，第 581 页。

④ 同上书，第 582—583 页。

⑤ 《六书旧义》，第 145 页下栏。

借之外，分假借为正、变二例。正例即“真虚而不能造之字”①，也就是本无其字，借同声之字一类，体现了假借“专为无字而设”②的性质。变例有三：本有本字而用替字，即后世所谓通假现象，廖氏称之为“代用例”；假义行而本义废者；本义为假义所夺，而本字后造者等。廖氏明确区分了假借、引申与通假三者，谨守假借“专为无字而设”这一性质，凡使用新字皆须考证其代用之来源，体现了其治学的严谨态度。但同时也应看到，虽然廖氏特别强调假借字是“必以借声为准，借声而义不可通”的用字现象，但他还是未能彻底区别假借与引申。比如，他把“才”字的“始”义当作是假借义，而实际上，“始”义是从“草木初生”义引申泛化而来的。

此外，《六书旧义》打破了《六书说》中先“原”后“例”的逻辑，完全采用训诂分类，列举假借在文献中的十六种情况③，但这种演绎的分类思想似难以穷尽假借在训诂方面的各种表现。

(5)转注新解

《六书旧义》的转注说全然不同于《六书说》。第一，廖平于《六书说》中就《说文》转注义例而发论；而在《六书旧义》中却反复申明：“不当就《说文》求之。”④“若株守《说文》以言转、叚，不足以尽其变。”⑤这一转变表明廖氏对转注涉及的对象从《说文》扩大至其外。

第二，在《六书旧义》中，廖平从班《志》的六书名称断定转注、假借二门为对立的用字法，故求转注之义可从假借定义入手。他将二者定义进行对比，反推出转注的形式——骈字连语。文中说：“所谓建类一首也，合二字以见义；所谓同意相受也，考老叠韵而意相同，今故以双声叠韵为正例。”⑥进而得出转注即“以文字连文见义”⑦，这包括二字连文的文字形式，双声叠韵的语音形式以及义同义近的字义内涵。由此，廖氏指出转注的三个特征——“驭繁”；“异名同实”；“文也”。⑧

所谓“驭繁”，是指由于转注是二字连语形式，文意由连语表示，故不必求单字之

---

① 《六书旧义》，第 146 页下栏。

② 同上书，第 146 页上栏。

③ 笔者注：廖平所列“假借十六例”题文不相合，表中只有十五例，而非十六例。《六书说》中所谓“四原十二例”，实际也只有“三原十二例”，合计十五例。笔者据此揣测，二文当皆为十五例。廖氏两文皆有误。

④ 《六书旧义》，第 130 页下栏。

⑤ 同上书，第 134 页上栏。

⑥ 同上书，第 142 页上栏。

⑦ 同上书，第 142 页下栏。

⑧ 同上书，第 134 页。

义,因此可用意之简驭文之繁,以免“字字求意而文意不明”[①],这是从读经角度阐明转注的训诂之用。

所谓“异名同实”即是数文一义。“实”即字之大义,“名”即表义之字。这是对戴、段、王三人转注说的继承,将转注拓宽至训诂领域。

转注为“文”的特质体现在数字形容一义,于文章形式上有“取华赡、齐章句”[②]的修辞功用,能够表现辞章“尚词藻”的文学色彩,所以“转注为词翰之要秘。……今之作时文者,专以替代字见宏富,……甚或一篇之中,至数十百字,推其用字之法,皆为转注。”[③]。这表明廖氏对转注之用的认识不止训诂一门,还涉及文章的遣词用字,甚至修辞。

要之,廖平的转注观可概括为两点变化:一是对转注是用字法的理解从《六书说》中用以网罗文字,使之从分部别居的字书之中拓展至读诗文、明训诂、作辞章的纯用字领域。二是认为转注与训诂的关系并非如前贤所言为一物,所谓“转注以训诂为一门”[④],即表明训诂是转注的一种表现,而转注中还包括修辞。因此,他为转注设置的七个变例中,有五个都与文章修辞密切相关。如:緟言足句例包括同义词并列连用[⑤]及同语反复,目的在于让表义更加清楚准确,实则涉及修辞因素。变文协韵例,即变换文字以协韵。这是促成诗词歌赋抑扬顿挫、声韵跌宕之美的重要手段。而互文足意例则更显修辞之意。互文本就既是训诂术语,又是修辞术语。杨树达《中国修辞学》称之为“互备”[⑥],这与廖氏所云“彼此相助,其意乃足”[⑦]之义异词同旨。可见,廖氏对转注的分类虽皆出于释读古书条例这一训诂学角度,但它们都可视作修辞格或修辞方法。古学始终把修辞与训诂、文法混为一体,我们有理由认为廖平的转注论中的确包含古人文章的修辞方法。

《六书旧义》体现出廖平六书观的变化,如其在该文序中所言,该篇是“援因旧藁”而成。从致力于《说文》之学、精研段注而作《六书说》,到纂《形声类》一册,再到“颇与时论不同”[⑧]之《转注叚借考》一篇,最后方参悟形、事之分,廖平研治六书的历程兼具继承与颠覆,终得其所谓“六书旧义”,该篇可谓廖平历经十年对六书理论重新检讨的结晶。

---

① 《六书旧义》,第 134 页上栏。
② 同上书,第 134 页下栏。
③ 同上书,第 143 页下栏。
④ 同上书,第 145 页上栏。
⑤ 唐松波、黄建霖主编:《汉语修辞格大辞典》,中国国际广播出版社 1989 年,第 314 页。
⑥ 杨树达:《中国修辞学》,科学出版社 1954 年,第 101 页。
⑦ 《六书旧义》,第 145 页上栏。
⑧ 廖平:《六书旧义·自识》。

3.行文风格之变

《六书旧义》在行文风格上也与《六书说》有所不同。《六书旧义》成文之时，廖氏已在今文经学方面颇有建树。[①] 因此将专求大义的治经方法融入字学著述中想必也是自然之事。廖氏经学著述重视发凡起例，善用“推比”之法，这在《六书说》中罕见，而于《六书旧义》中却表现突出。文章开篇《总论六书名义》以24个独立小段呈现，阐明著作之旨、六书大意等问题，即有发凡起例之风。行文中多用推类之法，将转注与假借喻为用财之名、饥饱之感；以经书中的事例作喻为六书作证，如以《公羊传》“六鹢退飞过宋都”[②]推类形、事之别；以谥法模拟会意之法；以“范金合土，取肖形模”[③]说明会意字多为独体，不必合体；以“《公羊》所谓耳治”[④]模拟象声实为字母，等等。《六书旧义》甚至以义理阐发代替考据，比如论“转注”古义，在无法求得二字连文之例时，便以“《谷梁》《公羊》为卜商之转语，意义甚合，亦无一实证。……叚借二字亦无连文之实证，何以不疑而独疑转注乎”[⑤]作为推脱。这种方法与以考据为灵魂的乾嘉小学显然是格格不入的。于此可见，《六书旧义》是一篇融经学思想和治经方法于六书理论的独特之作。

四　廖平六书理论转变原因蠡测

我们认为治学思想的转变是廖平六书观产生诸多变化的重要原因。廖平尝言：“为学须善变，十年一大变，三年一小变……若三年不变已属庸才，十年不变斯为弃才矣！”[⑥]自入尊经书院以后，其治学理念有过两次重大转向。这在《初程》一书中有详细记载，其云：

> 予幼笃好宋五子书八家文，丙子(1876年)从事训诂文字之学，用功甚勤，博览考据诸书。冬闲偶读唐宋人文，不觉嫌其空滑无实，不如训诂书字字有意。盖聪明心思于此一变矣。[⑦]

此转变源于廖氏坎坷的求学、考试经历，文字训诂之学所起的决定性作用，以及

① 笔者注：据《六译先生年谱》记载，光绪十二年丙戌(1886年)，即《旧义》成书同年，廖平著成《公羊解诂商榷》二卷，《公羊解诂再续十论》，作《十八经注疏》凡例，刻《今古学考》等。

② 《六书旧义》，第137页上栏。

③ 同上书，第139页上栏。

④ 同上书，第141页上栏。

⑤ 同上书，第143页上栏。

⑥ 蒙默：《廖季平先生小传》，载《中国现代学术经典·廖平蒙文通卷》，河北教育出版社1996年，第7页。

⑦ 廖平：《经学初程》，载《六译馆丛书》，第30册，第12页上栏。

在此过程中感受到的考据之学的实境新界，而这与尊经书院的创办目的关系密切。张之洞创办尊经书院是为了“绍先哲，起蜀学”，为蜀地培养“通博之士、致用之材”。[①]而“凡为士，必知经学、小学。”[②]为此，他制定了十八条学规，其中第四条指出治《说文》要“知六书义例之区分、篆隶递变之次第、经传文字通借之常例、古今音韵之异同。”[③]他要求诸生“小学必先求诸段注《说文》。”[④]不仅如此，此时书院主讲的治学主张也对廖平极有影响。《六译先生年谱》1878年记载刊刻《蜀绣集》一事，特别提及“所刊皆二钱之教，识者称为江浙派。”[⑤]“二钱”指钱保塘、钱保宣二人，是当时书院的主讲。我们揣测此处“江浙派”盖属吴派的治学之风，主张笃信师法、嗜博嗜古。正因如此，廖平在江浙派二钱的调教之下，自然不免受其影响，治《说文》谨遵许慎原意，见段氏不从许说之处，当然要加以驳斥。加之，廖氏治学“专从思字用功”[⑥]，因此尊许说又不泥于其中，其论六书次第则弃许从班。总之，此时尊经书院中江浙派学风占据主流，因此廖氏对六书的阐论是力守乾嘉考据之风的，尤其表现出尊经信古而不泥古的求实求是作风，其观点在汉学主张之内，并无标新立异之说当是必然。

廖平治学理念的第二次转变是由博览考据转向微言大义。其自言道：

> 庚辰（1880年）以后，厌弃破碎，专事求大义，以视考据诸书，则又以为糟粕而无精华，枝叶而非根本。取庄子、管、列、墨读之，则乃喜其义实，是心思聪明至此又一变矣。初学看考据书，当以自验，倘未变移性情，其功犹甚浅也。[⑦]

又言：

> 小学既通，则当习经。盖小学为经学梯航，……若沉浸于中则终身以小道自域，殊嫌狭隘。故经学自小学始，不当以小学止也。[⑧]

廖平治学理念之第二变的根本原因在于其对小学与经学关系的深刻认识。他认为“如段氏《说文》，王氏《经传释词》《经义述闻》，即使全通其说，不过资谈柄，绣盘帨，故决然舍去，别求所以安身立命之术。”[⑨]此“安身立命之术”即专求大义之经学。

---

① 《创建尊经书院记》，第10074页。

② 同上书，第10075页。

③ 《经学初程》，第12页上栏。

④ 《创建尊经书院记》，第10076页。

⑤ 《六译先生年谱》，第19页。

⑥ 廖幼平：《我的父亲廖平》，载《蜀学》，第六辑2011年，第295页。

⑦ 《经学初程》，第12页下栏。

⑧ 同上书，第4页下栏。

⑨ 向楚：《廖平》，载《廖季平年谱》，第109—110页。

而廖平个人治学转向的原因也与尊经书院的学术转向有着密不可分的关系。1879年王闿运主掌尊经书院，学风则由江浙派变为湖湘派。出任院长后，王闿运便重整学院规矩，《湘绮楼日记》在1879年2月3日有“定书院条规章程”①的记载。王氏欲借此削弱二钱，为推行自己的湘学打下基础，而这与张之洞建院之初力图培养通博的朴学大师则判然有别。王氏曾作《释蒙》篇，主张：“先通文理，乃后说经。文通而经通，章句之学精，然后可言训诂义理。”②又作《释贲》篇，表明“治经以识字为贵，非识《说文解字》之文字为贵”③的主张。这些都更加坚定了廖氏弃小学之狭隘，转求微言大义的决心。1879年廖平已有志于《公羊春秋》。1880年开始厌弃破碎，专求大义，“专治《谷梁春秋》，纂《谷梁先师遗说考》四卷。”④1881年2月“始注《谷梁春秋》。”⑤而《经话甲编》记载，他在1881年“著《转注说》⑥，旬月专精，五花八门，头头是道。”⑦此论与《六书旧义》自序称《转注叚借考》“颇与时论不同”一语异词同旨。1882年《六译先生年谱》记载：“去年至今与华阳赵浚、孔昭以小学相切磋。”⑧而同时期，即1881年11月25日，王闿运返湘，由二钱之钱保宣代讲席，直至1883年，王闿运才第三次入川。由此可知，廖平在这两年间依然致力于小学研究，这大概也是妥协于钱氏主讲期间的书院学风，但他对小学破碎之弊的看法依旧，甚至愈加显著。1883年廖平欲作《语上篇》矫时流株守小学之弊，可见其治学旨趣及思想已明显由考据训诂转向微言大义。1884年修订之前所注《谷梁春秋》的旧稿，成《谷梁春秋经传古义疏》十一卷。同年，始治《公羊》。一年后，汇编今文经学诸书。1886年《六书旧义》著成，而同年亦有《今古学考》之经学大作问世。10月作《十八经注疏》凡例，望将来以此书成蜀学。

上述梳理可以看出，廖平的今文经学著述的数量远远超过小学之作，这足以证明他是在共治小学与经学的过程中完成由“措意其小”的小学训诂之事向沉浸于“识其大”的经术研究这一转变的。在此过程中，他逐渐形成融经学与小学于一身的六书理

① [清]王闿运著，马积高主编，吴容甫点校：《湘绮楼日记》，岳麓书社1997年，第738页。

② 赵所生，薛正兴主编：《中国历代书院志》，第16册，江苏教育出版社1995年，第12页下栏。

③ 《中国历代书院志》，第16册，第17页下栏。

④ 《廖季平年谱》，第22页。

⑤ 《六译先生年谱》，第20—23页。

⑥ 笔者注：《六书旧义》序记“辛巳冬，作《转注叚借考》。”《六译先生年谱》与之同。可知《转注说》与《转注叚借考》为一书。

⑦ 廖平：《经话甲编》，卷二，载《六译馆丛书》，第32册，第4—5页。

⑧ 《六译先生年谱》，第24—25页。

论，这就不难解释其在《六书旧义》中表现出的“微言大义”，推演比附，而忽视详尽的考据等特点了。

五　结语

从《六书说》到《六书旧义》，我们看到了廖平六书观的变化与其治学思想转变之间的密切关系。从早年慕求汉学而对《说文》六书理论加以阐述，形成彰显乾嘉考据之风的六书观，到弃汉学之破碎，转求今文经学大义的同时探求六书旧义，阐明蕴含经学理念的六书思想，廖平六书观的变迁使我们得以窥见学术思潮对六书理论研究的影响。这正是廖平的六书理论在六书学史上的价值所在。

（刘晔：天津理工大学汉语言文化学院，300384，天津）

从《燕说》看冀东方言词用字变化*

张素凤

提要 《燕说》是清代京东硕儒史梦兰撰写的一部专门训释乐亭一带方言俚语的著作。本文对《燕说》中进入共同语的方言词用字情况进行全面整理，运用汉字职用学理论对每个字进行字用定性，比较冀东方言词用字与共同语规范用字的异同，总结出共同语用字的如下规律：本字、笔画比较少的字、形声结构的字、字形构意明晰的字、传承历史悠久的字，在汉字使用竞争中占有优势。

关键词 《燕说》 本字 借字 方言

史梦兰是清代中后期京东硕儒，有"京东第一才子"之称。他是地域性文化传统赓续的代表人物，他曾主持编纂了最完善的地方志著作《永平府志》，编修《迁安县志》《抚宁县志》《乐亭县志》，并整理、刊刻了大量乡邦文献；他历经四十年，遍访永平府区域，选编《永平诗存》，保存了清代冀东一地的文脉。

《燕说》是他撰写的一部专门训释乐亭一带方言俚语的著作，他在自序中说："吾乡为幽燕旧壤，辅弼王畿，土风所操，岂烦象译。然辨物称名之际、传声写貌之间，往往有荛童灶妾习其语而学士大夫不能举其字者，余心歉焉。居平涉猎群书，凡遇载籍中有与乡音里谚、瑈语卮辞相发明者，辄截小赫蹏记之。积久成编，厘为四卷。或据前言，或参臆见。古今不无异字，秦越亦有同音。以雅诂俗，以彼证此。斯真韩非子所谓郢书而燕说者矣，因名之《燕说》云。"

河北乐亭一带的方言，属于北方方言，是普通话的基础方言，它的许多词汇成为共同语词汇。本文拟对《燕说》中进入共同语的方言俚语及其用字情况进行全面整理，并运用汉字职用学理论对每个字进行字用定性，总结冀东方言词的用字变化规律，分析通用字的特点及生僻字的成因。

根据通用字是否为《燕说》所说之字，可以分为以下两个部分。

* 本文为国家社科基金重大项目"'古今字'资料库及相关专题研究"（13&ZD129）阶段性成果。

一 通用字是《燕说》之字

《燕说》常常列出一个方言俚语词的几种不同书写形式。进入共同语词汇的方言俚语词,其书写形式也日渐统一、规范,最终其中一种形式因使用频率最高而成为通用字。《燕说》之字成为通用字的,有的是与音义相切合的本字,有的是与意义不能切合的借字。

(一)通用字是本字

《燕说》往往列出一个词语的多种书写形式。成为通用字的本字,与其他《燕说》之字的关系包括:异构字关系、古本字与重造本字关系、源本字与分化本字关系、本字与借字关系。

1. 异构本字关系

通用本字与其异构字相比,有的结构模式相同,有的结构模式不同。

(1)同为形声结构

同为形声结构的异构本字,有的是示音构件不同,有的是表义构件不同,有的是示音构件、表义构件都不同,还有的是构件位置不同。

①示音构件不同

以汤除毛曰煺。煺与熍同,通回切,音推;《集韵》:“以汤除毛。”或作㷟。(297页①)

“煺”“熍”“㷟”表义构件相同,示音构件不同,都是记录“以汤除毛”语词的本字。后来“煺”成为通用字,“熍”与“㷟”成为生僻字。显然,“煺”的示音构件“退”与“煺”完全同音,且笔画较少,因此使用频率较高,成为通用字。同样,

焐——熩(偎暖)　扛——掆(擔荷)　錨——鍿(船上铁锚)

吻——呡(口边)　掏——搯(取出)　奶——嬭、妳(乳)

鍘——鏩(切草)　堵——堵(填塞)　胰——胰(猪脂中坚者)

擦——攃(来往相摩)　嗅——嘼、嚊(鼻就物)

糨——糡(麪浆)　鏵——鋘(耕田两刃臿)　鋦——[illegible](以铁缚物)

糊——粰(粥稠)

以上各组异构字都是示音构件不同。后来前边的字成为通用字,后面的字成为

① 引自[清]史梦兰:《史梦兰集(第二册)·燕说》[A](石向骞点校),天津古籍出版社 2015 年,第 222 页。

生僻字。这是因为，“焐”“扛”“錨”“吻”“掏”“胰”“鍘”“堵”“胰”“擦”“嗅”与异构字相比，不仅笔画较少，而且示音功能更强，因此成为通用字。“糨”“鏵”“鍋”“糊”与其异构字相比，虽然笔画较多，但其示音构件读音与整字读音更为接近，示音功能更强，因而成为通用字。

有的示音构件不同的异构字，分别成为记录不同语词的通用字。如：

唾人曰啡。坏、配二音；《广韵》：“出唾声。”或作呸。呸音丕，相争之声；俗字。（348页）

“啡”“呸”都是用来记录“唾人”义的本字，后来“呸”成为通用字，而“啡”则主要用来记录外来词“咖啡”。

②表义构件不同

击刺曰戳。戳，敕角切；《广韵》：“刺也。”《五灯会元》有“曾把虚空一戳破”句。俗作戳。（288页）

“戳”和“戳”是记录“击刺”义的异构本字，表义构件不同。“戈”表示“击刺”所用工具，“攴”突出“击刺”的动作性特点。后来“戳”成为通用字。

衣裆曰絞。絞，叉去声；《篇海》：“衣裆也。”通作衩。《博雅》：“裥、袺、衽谓之褛衩。”（330页）

“絞”和“衩”是异构本字，示音构件“叉”同时具有表义功能。表义构件“衣”比“糸”与“衣裆”的关系更为密切，因此“衩”成为通用字。同样，

燎——繚（火烧物）　瞟——覫（目略一过）　瞅——覩（闷视）

爬——跁（匍匐）　拌——秚（以物相和合）　璺——罋（器破有痕）

睬——倸（理会）　鏝——槾（涂泥器）

紕——皷、攱（缯破或器破而未离）

以上各组异构形声字，表义构件不同。“燎”“瞟”“瞅”“爬”“拌”“璺”的表义构件笔画比较少，成为通用字。“睬”“鏝”“紕”的表义构件笔画比较多，但因为其表义构件的意义与整字意义关系更为具体、明确，即表义功能更强，因此成为通用字。

③表义构件、示音构件都不同

杖曰拐。拐与枴同，亦作柺；老人杖也。《五代史》：“后汉遣王峻奉表契丹，耶律赐一木拐。峻持归，卤望见避道。”（323页）

“拐”与“枴”“柺”相比，表义构件和示音构件都不同。后来笔画比较少的“拐”字成为通用字，而“枴”“柺”成为生僻字。

“掂”与“敁”的表义构件、示音构件都不同，虽然“掂”比“敁”笔画多，但在表达“以

手量轻重”的意义时,“扌”构件比“支”构件的表义功能更强,“店”构件比“占”构件的示音功能更强,因此“掂”成为通用字。

④构件位置不同

插地起土器曰鍫。鍫,千遥切,亦书作锹。扬子《方言》:“畚,鍫也。江淮南楚间谓之臿。”(316页)

“鍫”“鍬(锹)”构件相同,位置不同,后来左右结构的“鍬(锹)”成为通用字。同样,揪——揫,吣——吢,左右结构的“揪”“吣”成为通用字,而上下结构的“鍫”“揫”“吢”都成为生僻字。

(2)同为会意结构

以勺取水曰舀。舀,以沼切,遥上声;《说文》:“抒臼也。”挹彼注此谓之舀。舀亦作抗。(296页)

“舀”和“抗”都是会意字。“舀”虽然比“抗”笔画多,但其构意更为明确,两个构件的位置也与字形构意相吻合,而“抗”的字形构意不是很明确。因此,“舀”成为通用字。

手持物以对人曰仅。仅同付。(302页)

“仅”和“付”是记录“手持物以对人”的异构本字。因“仅”不只用来记录该词,还是“奴”的古文字形,后来又成为“僅”的简化形式,因此职能相对单一的“付”成为通用字。

(3)结构模式不同

有的通用字与其异构字的结构模式不同。如:

①会意字成为通用字

閂——櫰(关门机)　　尖——櫼(尖锐)

显然,会意结构的“閂”“尖”字不仅笔画少,而且构意也非常明确具体,因此成为通用字。

②形声字成为通用字

糙——簌(米粗)　　　　擦——拲、攃(来往相摩)

鏵——茉、鋘(耕田两刃臿)　　奶——囡、孏、妳(乳)

以上各组异构字,有的是形声结构,有的是会意结构,最后成为通用字的都是构意比较明确的形声字。

2.古本字与重造本字关系

《燕说》所列出的本字,有的是出现较早的古本字,有的是出现较晚的重造本字。

可以分为两种情况：

(1)重造本字成为通用字

物久色败曰黴。黴音眉；《説文》："物中久雨青黑。"《博雅》："败也。"《古雋略》"黄梅雨之梅當为黴。因雨当梅熟之时，遂讹为梅雨"，《臞仙肘后经》"芒种逢丙入黴，小暑逢未出黴"，用此字。又通作霉。(362页)

"黴"是"物久色败"义的本字，后来重造"霉"字不仅笔画少，而且表义和示音功能更强，因此成为通用字。同样，

孚——孵(抱卵)　　　穵——挖(手探穴)　　　幫幇——帮(履墻)

齅——嗅(鼻就物)

以上各组字，前边是古本字，后边是重造本字。"孵""挖"通过增加表义构件使字形构意更明确。"幫"因字形表义功能比"幇"强而首先成为通用字，汉字简化时，又被示音功能更强、笔画更少的的"帮"字替代。"齅"在汉字简化时被笔画更少的"嗅"替代。

(2)古本字成为通用字

大言曰啁嘈，音同唐。《玉篇》："妄语也。"《广韵》："啁嘈，大言。"(256页)

"唐""嘈"都用来记录"大言"，是古本字与重造本字的关系。后来古本字"唐"成为通用字。同样，

嗾——啾、嗟(使犬声)　　　薅——茠、抹(拔草)

"嗾""薅"出现得比较早，属于古本字。后边的重造本字虽然笔画比较少，但其字形构意并没有更明确，因此在竞争中被淘汰。可见，传承性更强也是成为通用字的重要因素。

3.源本字与分化本字关系

《燕说》所列的本字，是源本字与分化本字的关系。可以分为两种情况：

(1)源本字成为通用字

① 源本字兼记派生词

奔赴曰逩。逩，奔去声。(351页)

"奔"的本义是"奔跑"，"逩"的本义是"奔赴"，二者有同源关系，即在"奔赴"义上，"奔"是源本字，"逩"是分化本字。后来源本字"奔"兼用，成为记录派生词的通用字。

卷丝为纬曰繸。繸音岁；《类篇》："卷丝为纬也。"案，今俗作穗，误。(332页)

"穗"的本义应为"谷穗"，因线穗与谷穗外形相似，因此本义为"卷丝为纬"(即线

穗)的“繐”是“穗”的同源分化字。后来源本字“穗”兼用来记录“卷丝为纬”,并成为记录该词的通用字。同样,

湯——鍚(以热水加热) 首——頧(初生子) 山——梫(屋壁)

螺——腡(指纹) 落——鉻(剃发) 駕——犌(具舟)

康——濂(不坚实) 康——軆(物大而无当)

以上各组字所记录的本词都具有同源关系,前边的字是源本字,后边的字是分化本字。后来源本字不仅用来记录源词,也兼用记录派生词,即成为记录派生词的通用字。

②源本字记录源词

事物散乱曰零落。“零”亦作“菱”。菱角最易落,故谚曰“七菱八落”。前人有对以“十榛九空”者,工切无比。(262 页)

据上述分析,“零”“菱”具有同源关系。“零”的意义是“事物散乱”,菱角最易落因此称作“菱”,可见“菱”是“零”的分化字,因此用“菱”记录“事物散乱”属于同源借用。后来源本字“零”成为通用字,而“菱”不再记录该意义。同样,蜑(蛋)——彈(禽卵),夠(够)——彀(满,满足),具有同源关系。记录源词的不仅有源本字,有时也借用分化本字,后来源本字成为通用字,分化本字不再记录源词。

(2)分化本字成为通用字

① 分化本字记录派生词

几案曰棹。案,棹同桌,又直角切;《正字通》:“倚卓也。”杨亿《谈苑》:“咸平、景德中,主家造檀香倚卓。”(327 页)

“卓”“棹”具有同源关系。“卓”是源本字,“棹”是用来记录派生词(义为“高的几案”)的分化本字。后来“棹(桌)”成为记录该词的通用字,源本字“卓”不再用来记录该词。同样

困——睏(渴睡) 斯——撕(以手裂物) 刢利——伶利(敏爽)

以上各组字所记录的本词有同源关系,源本字和分化本字都曾用来记录派生词,后来只用分化本字记录派生词,而源本字不再承担该职能。

② 分化本字兼用记录源词

“賺”的本义是“得利”,“赚”的本义是“以诈伪取人财物”,二者具有同源关系。后来分化本字“赚”兼用来记录源词“得利”义,并成为通用字,因此“賺”成为生僻字。

以上三种字际关系实质都是本字与本字的关系,其中一个本字成为通用字后,另一个本字如果不承担别的职能,大都成为生僻字。

4. 本字与借字关系

短矮曰矬。矬，七禾切。《北史·宋世景传》："道屿从孙孝王，形貌矬陋，而好臧否人物。"通作遳。《唐书·王伾传》："形容遳陋。"（255 页）

"矬"是记录"短矮"义的本字，"遳"的本义为"徐行貌"，因此用来记录"短矮"义是借字。本字"矬"成为记录该语词的通用字，借字"遳"不再用来记录该词。

振物去尘垢曰抖擞。或作抖薮。按，《公羊》疏："无垢加功曰漱，若里语曰'斗漱'。""斗漱"即抖擞意。（267 页）

"抖擞"是用来记录"振物去尘垢"的本字，"斗"和"漱""薮"都是借音字。本字"抖擞"成为通用字后，借字"斗""漱""薮"都不再用来记录该词，但仍保持其本用功能。

牙垢曰牙矢。矢，俗作屎。（341 页）

"屎"是与音义相切合的本字，"矢"是为了避免粗俗而借用的同音字。本字"屎"成为通用字后，借字"矢"不再用来记录该词。同样，

找——划（补不足）　　攛——竄（诱人）　　抠——挎（以指深入）

抻——申（展物令长）　　榫——筍（削木相入）　　癟——鼈（物干枯而缩）

赔——備（失利）　　賬——帳（计簿）

襤褸——藍縷（衣敝）　　嗩吶——唆哪、鎖（吶）（大喇叭）

窟竉——庫露（孔穴）　　累贅——磊谆（事物烦积）

堵、塿——豉（填塞）　　擱、掿——阁（庋置）

拌、秚——扮坋（以物相和合）　　掏、搯——仐（取出）

以上各组字，破折号前边的是本字，后边的是同音借字。其中一个本字成为通用字，别的本字成为生僻字，而同音借字则因有其他记录职能而依然常用。其中"窟竉"的通用写法作"窟窿"，本字"竉"字成为生僻字。

（二）借字成为通用字

有些通用字是借音字。通用字与其他《燕说》之字的关系有：

1. 借字与本字关系

并力曰勠。勠音六；《说文》："并力也。"通作戮。（293 页）

"戮"的本义是杀戮，用来记录"并力"义是借用。"戮"代替本字"勠"成为记录"并力"的通用字后，"勠"成为生僻字。

石读为旦。凡官府粮册及民间谷米账，皆以石音担。云有点为山石，音同十；无点为斗石，音同旦。考之字书，无音旦者。《汉书》："无儋石之储。"儋音旦。今以石作儋，汉人不应叠音矣。然相沿已久，必有所自来也。（323 页）

“石”的本义是“山石”,用来记录“容量单位”属于借用。“石”字代替本字“儋”成为记录“容量单位”的通用字后,“儋”字成为生僻字。同样,

很——哏(甚)　　索——搽、攋(以手扪物)

盘——蹩(屈足坐)　　草——騲(牝驴)

奚——謑(辱詈)　　藺——躏(手足跰胝)

乜——瞀(眼小一缝)　　暴——皺、皫、皱(皮起)

央——詇、呹(托人)　　胡同——衚衕、衚衕(巷道)

以上各组字,前边的都是同音借字,后边的都是与所记录语词音义相切合的本字。借字与本字相比,字形比较简单,容易书写,因此成为通用字。后边的本字大都因丧失职能而成为生僻字。

2. 借字与借字关系

以虚语搪塞人曰支吾,本作枝梧。《史记·项羽传》:“诸将慑服,莫敢枝梧。”如淳曰:“梧音悟。枝梧,犹枝捍也。”瓒曰:“小柱为枝,邪柱为梧。今屋梧邪柱是也。”按,《史记》“枝梧”乃“支持”意,与今人以搪塞为枝梧者,音同而义异矣。(273 页)

“支吾”“枝梧”用来记录“以虚语搪塞人”都是借用,后来以“支吾”作为通用字。

彼此相谓曰我们、你们。按,字书“们”音闷;们浑,肥满貌。宜用“每”字为是。(368 页)

“们”“每”用作人称代词复数形式的词缀,属于借用,后来以“们”称为规范通用字。同样,

邋遢——儠偈(不整洁)　　什麽——拾没(疑问代词)

这——者(近指代词)　　骨碌——骨鹿(旋转)

以上各组字都是借音字,前边的字成为通用字;后边的字往往保持其本用功能或其他借用功能,因此大都仍然常用。

二　通用字是《燕说》未说之字

《燕说》之字,没有成为通用字,或者说通用字是《燕说》未说之字。根据通用字的性质又可分为以下两类:

(一)通用字是本字

通用字是本字的,根据《燕说》之字的字用性质,可以分为以下几种情况:

1.《燕说》之字是本字

通用字与《燕说》之字都是本字。其本字关系包括以下几种具体情况：

(1)异构本字关系

通用字与《燕说》之字都是记录同一个语词的本字，两个本字是同词异构关系。如：

手满持曰搤。搤音厄。《说文》："捉也。"《史记·封禅书》注："满手曰搤。"或作搹。(285页)

"搤"与"搹"都是记录"手满持"的本字，通用字"扼"与"搤""搹"是异构关系。

平木曰鉋。《释名》：鉋鐁，言鐁弥之使平也。元稹诗："巨础荆山采，方椽郢匠鉋。"鉋音庖。而《集韵》有皮教一切，云治木具、搔马器皆谓之鉋。此盖以动静异义用，以鐁刷正读平声，指其物乃转读为去声耳。(316页)

"鉋"是记录"平木"的本字，通用字"刨"与之是异构字关系。同样，

抿——脗(合唇)　　棂——⿵门靈(门上窗)

焊——銲、釬(锢金器)　　幌——⿰方晃、⿰方帝(酒家望子)

蹦——⿺走朋、鬅(跳行)　　焙——⿰火背、⿰亻蕉、煏(物以火焙干)

以上各组字，前边的字是通用字，后边的字是《燕说》之字。它们之间或者表义构件不同，或者示音构件不同，或者表义构件、示音构件都不同，或者结构模式不同，都是同词异构本字。

(2)同源本字

身体疼曰痠。音酸；《广韵》："痠痛也。"(352页)

"痠"与"酸"有同源关系，"酸"是源本字，"痠"是分化本字，即"身体疼"的专用本字。源本字"酸"兼用记录派生词，替代分化本字成为记录派生词的通用字。

词不屈曰謽。謽音绛；《集韵》："词不屈也。"(306页)

"謽"的本义是"词不屈"，"犟"的本义应为"执拗，倔强"，二者有同源引申关系。源本字"犟"成为记录"词不屈"义的通用字。同样，

苗——媌(人物之长)　　乏——疺(疲困)

嗡——聬(耳中作声)

以上各例，《燕说》之字"媌""疺""聬"都是分化本字，源本字"苗""乏""嗡"兼用来记录派生词，替代分化本字成为记录派生词的通用字。

以上两种字际关系中，通用字和《燕说》之字都是记录同一语词的本字，因为通用

字承担了相关记录职能，《燕说》之字大都因丧失职能而成为生僻字。笔者注意到，这些通用字在史梦兰生活的时代已经通用，但不知《燕说》作者为何没有说这些字。

2.《燕说》之字是借字

有的通用字是本字，而《燕说》之字是同音借字。如：

> 人性轻俏曰鲫溜，又曰鲫令。卢仝《送伯龄过江》诗“不唧溜钝汉”，刘贡父引之作“即溜”。《五灯会元》作“唧嚠”。《宋景文笔记》：“反切语本出俚俗常言，如‘就’曰‘鲫溜’，‘精’曰‘鲫令’之类。”《容斋三笔》作“即零”。《武林旧事》有善杂剧人，号“唧伶头”。按，此则鲫溜、唧溜、即溜、唧嚠、鲫令、即零、唧伶，用字各异，可见音发字无一定也。(254 页)

以上形容人性轻俏的词有多种写法，“鲫溜”“鲫令”“唧溜”“即溜”“唧嚠”“即零”“唧伶”，都是同音借字，本字当为“机灵”。

> 卧曰踼。踼音傥；《集韵》：“申足伏卧也。”按，赵瓯北《檐曝杂记》云“俗语卧曰党”，疑误。(349 页)

“踼”“党”用来记录“卧”都是同音借用，本字当为“躺”。同样，

豁——火(唇缺)　　劃——華(物半破)

矯——撟(正曲)　　玩——頑(嬉游)

蛐蛐——趨趨(促织)　　餄餎——河洛(以铁床压面成条)

哆嗦——㑳倲、纛簌、獨速(体惊战)

以上各例，前边的通用字都是本字，后边的《燕说》之字都是借音字。这些本字大都比借音字笔画繁复，却在用字竞争中取胜而成为通用字，也说明本字在使用中更占优势。

3.《燕说》之字有本字也有借字

> 以羽毛布帛去尘曰担。担音亶，与笪同；《广雅》：“击也。”《玉篇》：“拂也。”俗以通担负之担，谬。《礼·内则》：“桃曰胆之。”注：“桃多毛，拭治去毛，令青滑如胆也。”并可与担字通用。(292 页)

“担”是记录“以羽毛布帛去尘”的本字，“笪”是借音字。通用字为“掸”。同样，

筷——箸、快(箸)　　腼腆——靦覥、眠娗、緬靦(愧赧)

前边的“筷”“腼腆”是通用本字。后边的是《燕说》之字，其中“箸”“靦覥”是本字，“快”“眠娗”“緬靦”是借音字。显然，通用字的字形构意更为明晰，字形也相对简单。

(二)通用字是借字

通用字是借音字的，根据《燕说》之字的性质可分为以下几种情况：

1.《燕说》之字是本字。

挥斥曰揈。揈，音轰。《集韵》"挥也。"或作拘。(281 页)

"揈"与"拘"是"挥斥"的异构本字。这两个本字都没有通用，而本义是"群车声"的"轰"字，成为记录该词的通用字。同样，

扇——搧、挻(以掌击人)　　冲——揨、敦、撴(触突人)

害(羞)——詃(羞)(惭耻)　　磕碰——搕搕(物相击)

前边的通用字都是借音字，后边的《燕说》之字都是本字。"扇""冲""害"字形明显比本字笔画少，便于书写。

2.《燕说》之字有本字有借字。

骂人曰謈。謈，婆去声。《集韵》："燕代谓喜言人恶为謈。"按，今俗有"波口大骂"之语。(306 页)

补绽曰补靪。靪音顶。《集韵》："《博雅》：补也。"或借作顶。元杨瑀《山居新话》："头绣上有补顶，可谓至贫。"(335 页)

显然，"謈"和"靪"是本字，"波"和"顶"是借字，通用字分别是"破"和"丁"。通用字的特点是笔画少，书写简便。

3.《燕说》之字是借字。

身前探曰钦。李翊《俗呼小録》："按谓之钦。钦，去声。"王琚《射经》："钦身微曲，注目视的。"又："开弓发矢，要钦身弝外，分明认帖。"(277 页)

"钦"本义是"打哈欠"，用来记录"身前探"属于同音借用。通用字"欠"也是借字，笔画比"钦"少。

可见，成为通用字的借字大都具有笔画少、便于书写的优势。

三　结语

从以上分析可以看出，进入共同语的冀东方言俚语词，其多种书写形式中哪一个能够最终成为通用形式，是由以下因素决定的：

1.本字优于借字：本字形体与其音义相切合，符合汉字规律，易成为通用字。

2.笔画比较少：汉字是书写工具，书写越便捷，越容易成为通用字，因此成为通用字的借字大都具有笔画少的特点。

3.形声结构占优势：形声字从音、义两个角度表现字形构意，理据比较明晰，因此形声结构的字容易成为通用字，形声化成为汉字发展的总体趋势。

4. 字形构意明晰：构件表义或示音功能越强，字形构意越明晰，越易成为通用字。

5. 传承历史悠久：历史越悠久的字，竞争中越有优势，越易成为通用字。

相反，有的字不具有上述优势而逐渐被别的字取代，如果没有同时承担别的职能，就会因使用频率极低而成为生僻字。《燕说》中没有成为通用字的本字，大都成了生僻字。

（张素凤：郑州大学文学院，450001，郑州）

汉字构形理据与国际汉语词汇教学*

徐 福 坤

提要 词汇教学研究的语素化和语素教学研究的历时化要求汉字构形理据在国际汉语词汇教学与研究中发挥更大的作用。分析汉字构形理据有助于同音语素的判定、多义语素的识别和近义语素的辨析。以语素为中介,将汉字构形理据与国际汉语词汇教学有机结合,能够帮助学习者"知其然"更能"知其所以然",增强他们进一步学习汉语的动机和能力。

关键词 汉字 构形理据 语素 国际汉语词汇教学

近年来,汉语国际教育事业取得了很大发展,然而词汇教学却一直被视为汉语教学与研究的薄弱环节。[①] 为了改变词汇教学相对落后的状况,学术界进行了多种探索,"语素教学"的提出与应用就是国际汉语词汇教学研究的一个重要方向。吕文华认为,语素教学除了有助于汉字的认记、消除错别字以外,其主要作用是可以大大提高学生学习词汇、掌握词汇、扩大词汇以及正确运用词汇的能力。[②] 杨晓黎从历时层面将现代汉语语素划分为传承语素和后起语素,确立了新的语素分类标准。[③] 传承语素研究使国际汉语教学界呼吁已久却难以贯彻的"语素教学"法有了更为科学合理的解释和易于实施的途径。不过,上述研究对汉字构形理据和语素本义之间的关系、汉字构形理据在语素语义演变中的作用等内容重视不够。同时,汉字与现代汉语传承语素并不是一一对应的,二者之间存在的复杂关系也要求我们对汉字构形理据和语素本义进行更为深入的认识。

汉字构形理据是汉字"因义构形"的依据和规律。从发生学的角度来看,世界上

---

* 基金项目:安徽大学汉字发展与应用研究中心招标项目(SK2017A0028);安徽省社科规划项目(AHSKQ2016D115)。

① 参见胡明扬:《对外汉语教学中词汇教学的若干问题》,《语言文字应用》1997年第1期,第12页。陆俭明:《词汇教学与词汇研究之管见》,《江苏大学学报》(社会科学版)2007年第3期,第12页。

② 吕文华:《建立语素教学的构想》,载《第六届国际汉语教学讨论会论文选》,北京大学出版社2000年,第307—314页。

③ 杨晓黎:《传承语素:汉语语素分析的新视角》,《安徽大学学报》(哲社版)2012年第2期,第56页。

的文字可以划分为两种不同的类型:表音文字和表意文字。表音文字的形体构造主要依赖于语言的声音,表意文字的形体构造主要依赖于语言的意义。心理学实验[①]表明,汉字识别中存在直接的形义通道,以义为本、"见字知义"是古代汉字向现代汉字发展过程中一直保留的重要特征。王宁认为,现代汉字的部件组合绝大部分具有理据,组合过程具有一定的规律性。[②] 张和生以《汉语水平词汇与汉字等级大纲》中2098个形声字为研究范围,选取可以统摄10字以上的51个部首及其下辖的1781个形声字为研究对象,进行了汉字理据度分析,研究结果表明,现代汉字的理据度接近0.8。[③] 以语素作为中介,将汉字构形理据与国际汉语词汇教学有机结合,能够帮助学习者"知其然"更能"知其所以然",增强他们进一步学习汉语的动机和能力。

在国际汉语教学中,当学生的词汇积累达到一定程度之后,他们经常会提出这样的问题:

1."鲜花"的"花"和"花钱"的"花"为什么不同?

2."水管"的"管"和"看管"的"管"是不是一样?

3."学习"的"习"和"习惯"的"习"为什么不同?

4."就业"的"就"和副词"就"有什么关系?

5."逐步"和"逐渐"的用法是否一致?"保护"和"爱护"有何异同?

这些问题反映出学生已经具有了一定的语素意识,基于同一语素(汉字形体)构成的"词族"开始成为他们学习的重点和难点。解决这些问题需要对同音语素、多义语素、近义语素和虚语素的产生过程和形成理据做出详细地考察,考察的首要环节就是要正确分析语素字的构形理据及其语义衍生过程。

一 汉字构形理据与同音语素的判定

汉语语素和词语的不断发展与汉语音节有限性之间的矛盾,造成了现代汉语中存在大量的同音语素和同音词。一个汉字形体可以表示两个以上的语素或词语,常

---

① 参见陈宝国、彭聃龄:《汉字识别中形音义激活时间进程的研究(Ⅰ)》,《心理学报》2001年第1期,第1页。陈宝国、王立新、彭聃龄:《汉字识别中形音义激活时间进程的研究(Ⅱ)》,《心理学报》2003年第5期,第576页。

② 王宁:《汉字构形理据与现代汉字部件拆分》,《语文建设》1997年第3期,第4页。

③ 张和生:《基于二语教学的汉字构形理据量化研究》,《北京师范大学学报》(社会科学版)2011年第6期,第51页。

常给外国学生造成一定的困惑。通过对汉字构形理据的分析,学习者能够加深对同音语素分化的认识。比如,“花”为后起字,本是“华”的俗体。小篆书写形体为[illegible],会意字,从艸,从𠌶,表示花朵。“鲜花”的“花”体现的正是语素字的本义,而“花钱”的“花”属于假借字,意为“耗费”,与“花”的原始形体及语素字的本义没有任何语义联系。类似的例子还有“美”,在“美景”一词中体现的是语素的引申义“形貌美”,在“美国”一词中只是表示对“American”音译的简称,与“美”的本义和引申义都没有任何语义联系。同音语素是外国学生习得汉语的一个难点,同一汉字形体表示的不同义项需要第二语言学习者分别识记。

“水管”的“管”和“看管”的“管”则属于另外一种情况。“管”的小篆形体为[illegible],从竹,官声,本义为“长圆而中空的竹管”。“管”在“水管”一词中体现的意义显然是从语素字的本义引申而来,表示“管状物”;而在“看管”一词中表示“管理”,“管理”和“竹管”之间看起来没有任何语义联系。因此,“管”在现代汉语中通常被称作同音语素。[①] 不过,通过梳理“管”的引申义列(竹管→管状的乐器→钥匙→管理),我们可以看出“管理”和“竹管”之间存在的语义联系。根据王宁先生的研究,古代的“钥匙”与“管状的乐器”在形状上类似,因此“管状的乐器→钥匙”属于状所引申;而掌管“钥匙”和具有“管理”权力之间存在一定的因果关系,所以“钥匙→管理”属于理性引申。[②] 许多教材和词典将“管”视为同音语素,是因为义项“钥匙”在现代汉语中的消失造成了“竹管”与“管理”之间语义联系的中断。不过,《现代汉语词典》(第6版)对部分同形同音条目的分合做了调整,表示“管状物”和“管理”的相关义项同属于一个单字条目。吕叔湘先生指出,辨认语素跟读没读过古书有关系,读过点古书的人在异同问题上倾向于同。[③]《现代汉语词典》对“管”的语素性质认识的变化,反映了当代语言生活研究[④]的不断深入,有助于第二语言学习者了解汉语词义的发展演变及其相互关系。

二　汉字构形理据与多义语素的识别

语素本义在语言使用过程中经常会衍生出新的义项,诸多不同而又存在某种语

① 参见胡裕树:《现代汉语》(重订本),上海教育出版社2011年,第221页。《现代汉语词典》(第5版),商务印书馆2005年,第504页。

② 王宁:《训诂学原理》,中国国际广播出版社1996年,第55—57页。

③ 吕叔湘:《汉语语法分析问题》,商务印书馆1979年,第16页。

④ 李宇明:《语言生活与语言生活研究》,《语言战略研究》2016年第3期,第15页。

义联系的义项共用同一个汉字形体，从而形成了多义语素。“习”在“学习”和“习惯”中体现的不同语义也可以通过分析汉字的构形理据得出结论。“习()”为会意字，从羽从白，本义为“鸟拍翅频频练飞”。比如“鹰乃学习，腐草为萤。”(《礼记·月令》)“练飞”是掌握新知识和新技能的过程，因此，从“习”的本义可以引申出相关的义项——学习、练习。比如“学而时习之，不亦说乎?”(《论语·学而》)同时，“频频练飞”是反复多次的行为。根据行为主义心理学的观点，新的知识和技能常常是通过刺激—反应—强化的模式养成习惯而学会的。所以，从“习”的本义也可以引申为“习惯”。比如“常民溺于习俗，学者沉于所闻。”(《战国策·赵策二》)综上所述，虽然“习”在“学习”和“习惯”中的语义有所不同，但都与该字的本义具有一定的联系，分别由语素本义的不同语义特征引申而来。分析汉字的构形理据，不仅可以深刻认识语素的不同义项，而且能够加强相关义项之间的联系，有助于第二语言学习者理解和扩充汉语词汇。

从汉字的构形理据和本义衍生出的相关义项，也可以不表示实在的意义而只具有一定的语法作用，这就是语素的虚化过程。比如：就()，高也。从京，从尤。本义为“趋向”，即“向一定的目标运行”。随着社会和人类认知的发展，由“趋向”可以引申出不同的语义。如果“运行”接近目标，可以引申为“凑近；靠近”，比如“望之不似人君，就之而不见所畏焉。”(《孟子·梁惠王上》)如果“运行”到达目标，可以引申为“完成”，比如“事必不就，功必不立。”(《荀子·富国》)。如果到达目标之后继续“运行”，可以引申为“到；开始从事”，比如，“席，小卿次上卿，大夫次小卿，士、庶子以次就位于下。”(《礼记·燕义》)又如“就业”。

“就”由动语素向副语素虚化的过程是：1. 伴随义的突显化。“向目标运行”的结果是离目标越来越近，“距离近”作为“趋向”的一个附带义素在副语素中突显为“核心义素”。2. 隐喻映射。“距离近”由“行动域”映射到“时间域”，副语素“就”具有两种语义：如果事情还未发生，“就”表示动作发生的时间同现在之间的“距离近”，意为“表示在很短的时间以内”。比如，“白赉光跳起来道：‘咱今日结拜了，明日就去拿他，也得些银子使。’”(《金瓶梅》第一回)如果事情已经发生，“就”表示动作发生的时间同过去某一时间之间的“距离近”，意为“表示事情发生得早或结束得早”。比如，“至于女婿，当时就有二心，转得背，便另搭架子了。”(《初刻拍案惊奇》卷三十八)“距离近”由“行动域”映射到“逻辑事理域”，“就”可以表示“前后事情紧接着”，也可以表示条件和结果的“距离近”。如果条件为真或具有一定的可能性，“就”作为副语素，“表示在某种条件或情况下自然怎么样”。由此可见，“就业”的“就”和副词“就”意义和词性均有所不同，但在语义上却有一定的联系。

三 汉字构形理据与近义语素的辨析

“逐步”和“逐渐”、“保护”和“爱护”都属于具有某一相同语素的近义词，此类近义词辨析的重点应放在另外一个相异的语素上。对相异语素字构形理据的分析，有利于学习者更好地掌握近义词的意义、搭配和用法。

“逐步”和“逐渐”都表示事物的发展变化缓慢，但二者的侧重点有所不同。这是因为，“步”是会意字，其甲骨文形体()由两只脚的象形符号重叠而成，表示两脚一前一后走路。本义为“步行、行走”，后引申为量词“步”。所以，“逐步”表示事物的发展变化一步一步地进行，侧重于有意识、有计划、有步骤地进行。比如“调查研究工作正在逐步深入”。而“渐()”属于形声字，从水，斩声，本义为水名。水的流动用义素分析法可以表示为[±缓慢][＋自然]。因此，“逐渐”表示行为状态等缓慢、连续地发展变化，又含有符合自然过程的意思。比如“天色逐渐暗下来了”。“爱护”和“保护”都表示使人或物不受损害，但“爱(愛)”的古字写作“㤅”，是形声字，从心，旡声，本义为“喜爱”，可引申为“爱惜”；“保”是会意字，甲骨文形体()像用手抱着孩子，本义为“抱”，可引申为“守卫、保护”。因此，“爱护”的语义重点在“爱惜”，表达的是态度和情感，比如“要爱护公物”。而“保护”的语义重点在“护卫”，除了“爱护”之外，还要有具体的措施和行动，比如“保护妇女儿童的权益”。通过对相异语素汉字形体的分析，近义词的这种区别性特征能够清晰地显现出来。

陆俭明先生认为，汉语词汇研究的困难主要在于两点：一是要求研究者通古今，通文字、音韵和训诂；二是词义本身是个很复杂、很难研究的东西。[①] 但是，汉语国际教育事业的发展要求我们必须直面这两个困难。在词汇研究语素化和语素研究历时化的背景下，汉字构形理据能够在国际汉语词汇教学研究和实践方面发挥更大的作用。

参考文献

[1]［清］段玉裁：《说文解字注》，上海古籍出版社1981年。

[2]王力主编：《王力古汉语字典》，中华书局2000年。

[3]［汉］许慎：《说文解字》，中华书局1963年。

（徐福坤：安徽大学文学院，230039，合肥）

① 陆俭明：《词汇教学与词汇研究之管见》，《江苏大学学报》(社会科学版)2007年第3期，第12页。

学会笔顺就能把汉字写好吗？

周　建　姣

提要　讲究笔顺的首要目的是让字写得快、写得好，但从实际看，很难严格按笔顺规范写。一是因为笔顺规律太复杂，不易记忆。二是不同的人对笔顺有不同的认识。三是日常写行书多，楷书笔顺即渐渐淡忘。但是，即使记住笔顺也不能保证把字写好。中国学生的字写得不好看，最核心的原因是笔顺教学的方向错了，教师不应把笔顺当成僵化的知识点，让学生死记硬背，而应在书法指导和练习中讲笔顺、练笔顺。让学生加强书法练习，这才是把汉字写好的关键。

关键词　汉字　笔顺　书写

国内的小学语文课，一年级学汉字之初老师都非常强调按规范笔顺写字。以我女儿所在的一年级班级为例，他们的语文课，除了课上精讲每一个字的笔顺、用幻灯片演示笔顺、课堂上练习外，课下还用各种方法复习。练字的练习册有两种，都很强调笔顺，考试中也有各种考察笔顺的题型。

然而我发现，有些字孩子还是不按笔顺规范写，如“白”“自”等。“白”字，“丿”我女儿放在第四笔写，即先写完“冃”再写“丿”，最后封底。而且“丿”是从下向上“捅”上去。“的”字里的偏旁“白”笔顺同上。“自”的第五笔则是自下而上写“丿”。而“息”字里的“自”的笔顺却写得规范。此外，带辶的字，孩子先写“辶”。“方”“万”先写“丿”再写“𠃌”。

孩子不按规范笔顺写字，显然不是老师在教学中不讲笔顺，或对笔顺强调不够，究竟是什么原因？而每次我指出孩子的错误笔顺时，她都表示知道规范的笔顺，但就觉得按自己的笔顺才能把字写漂亮。她的回答让我感觉，每个人对汉字的结构都可能有自己的认识。于是我想到，是否允许有些字的某一笔不完全按笔顺规范写？讲究笔顺是为了把字写对，还是为了把字写好？

大部分中国学生字写得不太好，原因是什么呢？为什么花大力气强调笔顺，字还是写得不好看？而写得好看的人，却有很多字不按笔顺写？如果不严格按笔顺规范也能把字写好看，那笔顺的作用究竟是什么？

一 笔顺及其作用

笔顺，指“写字时笔画的先后顺序”。[①] 而所谓笔顺对不对，主要指合不合规范。关于笔顺的规范，原来有《印刷通用汉字字形表》及《现代汉语通用字表》。这两个字表规定了所收汉字的字形结构、笔画和笔顺，但没有一笔一画地列出笔画顺序。到1997年，国家语委和新闻出版署联合发布《现代汉语通用字笔顺规范》，确定了7000个汉字的规范笔顺，一笔一画地列出每字的笔顺。1999年国家语委又发布《GB13000.1字符集汉字笔顺规范》，规定了20902个汉字的笔顺规范。本文所谓的“笔顺规范”主要指这两个“规范”。

此外商务印书馆辞书研究中心编写的《新华写字字典》，列出了3500个一级高频字的笔顺，是按照《现代汉语通用字笔顺规范》逐笔标注的，也是查阅规范笔顺的重要参考。

许风奇先生又指出“笔顺其实是一种习惯”，笔顺是“人们”，主要是“书法家书写经验的总结”。[②] 本文完全同意这一观点，笔顺实际上是一种书写习惯，因此会有个体差异。

那么笔顺的作用何在？《新华写字字典》（第2版）的“代前言”指出，讲究笔顺的主要目的是为了书写时能够顺应手腕的生理机能和汉字的构形原理，使书写顺手、快速，使写出的汉字平衡、稳定、匀称、凝聚。[③] 简单说，讲究笔顺的首要目的是让字写得快速、写得好看。[④] 以上所说的笔顺的作用是合理的。同时也可以看出，规范笔顺的目的是指导我们将字写好。然而现实是，笔顺规范很难记住，几乎没有人能严格按笔顺规范写字。

二 人们不按规范笔顺书写的原因

成人不按规范笔顺书写当属普遍现象，而学生对笔顺似乎也记得不牢。一二年级讲得多，练得多，学生对笔顺有一定掌握，而从三年级开始，老师不再把笔顺作为教

---

① 黄伯荣、廖序东：《现代汉语》（增订五版），高等教育出版社2011年，第153页。

② 许风奇：《关于汉字笔顺的思考》，《语文建设》1995年10月，第8页。

③ 商务印书馆辞书研究中心：《新华写字字典》（第2版），商务印书馆2011年。

④ 张静贤：《现代汉字笔顺论》，《第三届国际汉语教学讨论会论文选》，北京大学出版社1990年，第598页。

学重点，相关练习少了，学生的笔顺也慢慢变得不规范。到了大学，即使是中文系的学生，对很多字的笔顺也拿不准。汉语国际教育专业的研究生，甚至很多汉语老师，给留学生上课时写板书，“倒笔画”的情况也时有发生。

笔顺为什么不容易记住？究其原因大致有三：

1. 笔顺规律太复杂

汉字的笔顺有一些基本规则，如一般说的七条——先横后竖；先撇后捺；从上到下；从左到右；从外到内；先里头后封口；先中间后两头。但“人们在实践中也遇到一些比较特殊的字，用这个基本规则无法解决”。① 例外的字很多，从 20 世纪 60 年代学者就开始讨论这些“特殊”字的笔顺，如文以战（1965）《笔顺的一般规律和特殊写法》、李炳泽（1980）《谈谈汉字的笔顺规则》、张静贤（1990）《现代汉字笔顺论》、傅永和（1992）《汉字的笔顺》等文章，都指出很多不符合基本规则的“特殊”笔顺。有学者甚至提出“‘一个汉字只有一种写字笔顺’的笔顺规范化不可行”。② 直到 21 世纪，学者仍然认为“有一部分字不能用上面的基本规则，有特殊规则”③。“约定俗成的规则往往容易多元化，再加上汉字走向千变万化，手腕的生理机能又有较大的适应性，这就决定了许多字的笔顺不是唯一的。”④“特殊”的情况太多，很多结构相近的字笔顺却不同，自然不容易记住。

2. 不同的人对笔顺或汉字结构有不同的认识

《元代以来六种楷书笔顺文献研究》一文详细比较了《书法三昧》《字汇》《书法离钩》《习字秘诀》《父师善诱法》《习字入门》等写字指导书，发现某些字具有几种不同的笔顺习惯，究其原因，不同书法家对楷书的点画功能、部件的划分方式以及整字结构的不同认识，都会导致多种笔顺。⑤

而从历时来看，某些现代汉字的笔顺规范也在不断变化，如“必”字，从传世文献中该字的运笔走势及笔画间彼此勾连的情况看，到民国时一种流行的笔顺还是——撇、卧钩、左点、上点、右点。而今天《新华写字字典》中，该字的笔顺变成了——小撇、卧钩、上点、大撇、右点。再如“皮”“母”等很多汉字的笔顺都跟从前不同，这也证明，很多字的笔顺并不存在“完全正确”的认识，说到底还是习惯。

---

① 李炳泽：《谈谈汉字的笔顺规则》，《汉语学习》1980 年 10 月，第 46 页。

② 易洪川：《笔顺规范化问题研究》，《语言教学与研究》1999 年第 3 期，第 99 页。

③ 黄伯荣、廖序东：《现代汉语》（增订五版），高等教育出版社 2011 年，第 153 页。

④ 商务印书馆辞书研究中心：《新华写字字典》（第 2 版），商务印书馆 2011 年。

⑤ 王浩宇：《元代以来六种楷书笔顺文献研究》，厦门大学硕士学位论文 2014 年，第 37 页。

海峡两岸现在各自有汉字笔顺的规范——大陆1997年发布了《现代汉语通用字笔顺规范》（本段简称《规范》），台湾1996年公布了《常用国字标准字体笔顺》（本段简称《笔顺》）。《规范》收字7000个，全是新中国成立以来经过整理和简化后的汉字。《笔顺》收字4808个，其中包括一些《规范》未收的旧字形字、繁体字、异体字、罕用字，跟《规范》字形完全相同的汉字中也有一部分的笔顺有差异。高更生指出，二者笔顺完全相同是不可能的，[①]我们认为也不可能有两个书法家把笔顺写得完全一样，或写得和"规范"完全一致。

可见，笔顺是一种书写习惯，在现实中个人很难做到每个字都严格按笔顺规范写。另外，从我女儿的情况看，每个人对汉字可能都有自己的认识，似乎应该允许有些汉字某一笔或某几笔按个人顺手的写法写。

3. 日常写行书多，楷书笔顺渐渐淡忘

高年级学生开始写连笔字，楷书的笔顺慢慢就忘了。很多人认为，中国学生的字普遍写得不好看是不懂笔顺造成的，[②]这是片面的，因为单知道笔顺规范并不能保证把汉字写好。目前会汉字的人中，大概小学语文老师（尤其一年级的）是了解笔顺最准确的人，但他们当中字写得好的似乎不多。一年级学生的笔顺大多也记得很清楚，但大多也写不好字。汉字写不好的原因是多方面的，根本上还要从教学抓起，和练习结合起来。

三　几个建议

笔顺的规范当然需要，它和字义及汉字的结构是结合在一起的，大家应该知道最合理的结构汉字的方法。此外，讲究笔顺也是为了方便检索汉字。现在有些查字的手机APP（如Pleco）是根据笔顺设计检索的，如果不知道笔顺就查不到想查的字。

要想发挥笔顺指导书写的作用，最好和书法练习结合。在练书法中讲笔顺，在练书法中记笔顺，而不是把笔顺变成干巴巴的知识点，让学生硬背下来。

1. 老师应注重讲解部件组合规律及形义关系，避免片面强调笔顺

孩子的语文老师表示一年级时最强调笔顺，大概三年级开始不再过多强调笔顺，主要注重间架结构。低年级时强调笔顺是合理的，因为低年级学的汉字较简单，有

① 高更生：《海峡两岸汉字笔顺的规范》，《语文建设》1999年第3期，第2页。

② 周雅婷：《规范汉字笔顺在小学生正确书写中的作用》，《学园》2014年第29期，第10页。

大量独体字及笔画较少的字。对学生来说,掌握了独体字的笔顺,即大致掌握了合体字各部件的笔顺,也就能较准确地写复杂汉字。但掌握了笔顺,不代表能将汉字写漂亮。

本文认为,一个生字,老师应该从本义讲起,简单讲讲字形从古到今的变化,讲清形义的关系。在讲清结构的基础上,说明笔顺,让学生了解笔顺的整体规则。教师懂一点文字知识难不难?其实有《说文解字》等工具书,再经过一定的培训,小学教师懂一点文字知识也不是做不到。然而目前的教学情况是反过来,单纯强调笔顺,学生死记硬背记住了笔顺,对字还是缺乏整体认识,到了高年级笔顺就慢慢忘了,也就是说低年级费尽工夫记忆和练习笔顺都成了浪费时间。要知道,讲究笔顺的目的不是为了记住笔顺,而是为了让学生把字写好。从大学生书写的情况看(大部分老师的字写得也并不好看),中国学生从小开始学笔顺并没有帮助学生把字写好。花大量时间让学生练笔顺,还不如上书法课。

此外,单纯强调楷书笔顺也有局限,高年级学生为了书写快速要练行书、行草,那又是另外的笔顺了。这也说明,把字写好的秘诀不是在考试题中答对"方"先写哪一笔,"九"先写哪一笔,而是坚持练书法。

2. 加强书法练习

第一,学校要开设足够的书法课。

书法课有两个作用:第一,老师会讲书写时运笔的笔势和笔序,这才真正发挥了笔顺的作用,这比语文老师单一让学生记住笔顺实用;第二,会让学生有更多时间练习。

清唐彪撰写的《父师善诱法·童子学字法》论及儿童学习书法的技巧,指出:"书字下笔有次序,不可紊乱,紊乱则字难工。然其法须幼时讲究,方能记忆。童子入学一二年后,先生将此写成字式,令其取法,习而熟之,则功省而效倍矣。"可见,在写字课或书法课上,笔顺应该是作为写字技法让学生了解。而目前的教学状况好像只强调把笔顺写对,忽视了把字写好,可谓本末倒置。

语文教学及测评中重视笔顺,但老师只告诉学生把字写好很重要,却不说明怎么能把字写好,也不开设足够的书法课练习,结果到了我们阅高考试卷、大学生期末考试卷时,漂亮的书法寥寥无几,连工整的书法都很少。

日本学生(我接触到的都是日本学生,并未看到日本全民的情况,所以这里以日本留学生为例)的汉字普遍写得很漂亮,至少很工整,他们是怎么做到的?一条重要的经验就是得益于日本的书法教育传统。首先,日本学校重视书法课。每个年级都有书法课，我们的一个日本学生说一周大概两节。课余有书法训练班，很多学生参加。民间还有很多书法期刊，每期发布关键词，一个词、一句诗等，刊登好的书法。在此气氛下，学生普遍重视书法练习。

第二，课下还要加强练习。

虽然现在国内也有很多小学生去课外班练书法，但到了中学练得就不多了(主要因为课业繁重，没有时间)。相比起来，日本则有全民练习书法的风气。根据日本经济产业省下属的“自由时间设计协会”发布的《业余生活白皮书》，2000 年到 2008 年日本的年平均“书道人口”为 629 万，占全国总人口的 5%，即 20 个日本人里就有一个练习书法。在日本，关于书法教育，有“四十岁的习字”“年老后的乐趣”等俗语，体现了在日本书法教育不分年龄、应该终身学习的大众认知。①

目前，每年新年，日本各地神社、公民馆、学校都会举行新春试笔大会，普通国民都可以参加，用毛笔书写对新年的愿望。这些一方面促进学生练书法，一方面也说明大家都重视把字写好。我们应借鉴日本这些很好的经验。

3.应推动全社会重视汉字的书写

在日本社会，书法无处不在。大街小巷商家的店名招牌并不是霓虹灯牌，而是墨字书写的匾额；商品包装上使用的不是千篇一律的印刷字体，而是在手写基础上加入设计元素的毛笔书法；毕业典礼上，学生们会得到用毛笔书写的毕业证书；年末之际几乎每个日本人都要为亲朋好友寄去由自己亲手书写的新年贺卡。(贾佳 2016)书法几乎成了教育高素质国民的重要手段，在普及教育、职业教育和艺术教育三个层面广泛地起作用。

日本学生跟我说，日本有句俗话是“字丑心丑”，字写得丑，会被老师批评，会被上司看不起。中国在思想层面也很重视书法。清代唐彪提到：“何士明曰：‘书字乃最切要之务。考试之日，倘字不佳，又兼差错涂抹，纵是锦绣文章，亦不动人爱慕矣。’”至今家长和老师也是这种心声，认为考试时漂亮的书法更有优势，反之“不动人爱慕矣”，只是实际行动上比日本相差甚远。大家希望学生能把字写好，却并不给出实用的指导。很多学校不开书法课，有的学校开了也是点缀性的，更没有像日本那样全民总动员练书法的风气，所以我们整体的书写水平不高。

日本的经验给我们很大的启发，把字写好要靠有效的练习，练是核心，而我们的老方法——靠死记硬背，收效不大。另外像中国中央电视台《中国汉字听写大会》这

---

① 贾佳：《日本的书法教育传统》，《东北亚学刊》2016 年第 2 期。

样的节目，也侧重在鼓励我们多读书，多认字，而没有给出把字写好的指导，要写好还得靠练。我建议学校的书法课要一直开下去，练好了楷书再练行书，一以贯之。学校重视起来，进而推动全社会重视书写，只有全民行动才能逐渐把全民书写水平提高上去。

总结起来，学生字写得不漂亮的原因是几个“不够”：小学老师讲字的方法不够科学，学生的练习不够多，全社会不够重视。要解决这一难题，有效的方法是：讲对，练够，重视起来。

参考文献

[1]黄伯荣、李炜：《现代汉语》，北京大学出版社 2012 年。

[2]黄伯荣、廖序东：《现代汉语》（增订五版），高等教育出版社 2011 年。

[3]傅永和：《汉字的笔顺》，《语文建设》1992 年 5 月。

[4]石井勋：《汉字锤炼心灵》（上、下），《汉字文化》，2005 年第 3 期、第 4 期。

[5]商务印书馆辞书研究中心编：《新华写字字典》（第 2 版），商务印书馆 2011 年。

[6]张静贤：《现代汉字教程》，现代出版社 1992 年。

[7]文以战：《笔顺的一般规律和特殊写法》，《文字改革》1965 年 12 月。

（周建姣：西北大学文学院，710000，西安）

[附录]

征稿体例

1. 提要与关键词

中文提要字数以100—300字为宜。关键词3—5个。

2. 作者信息

用括号附在文章最后的下角。如:(姓名:工作单位,邮编,所在城市)

3. 注释及参考文献

注释号以带圆圈的阿拉伯数字标于右上角(如"①"),每页单独编号,注释内容置于页脚。

参考文献置于文末,以阿拉伯数字外加方括号(如"[1]")标序。

4. 引用专书或论文,请依下列格式:

(1)专书

作者:《书名》(古书的书号与篇、章、卷连用时,中间用间隔号"·"隔开),出版社及出版年份,页码。如:

裘锡圭:《文字学概要》,中华书局1988年,第60页。

裘锡圭:《文字学概要》,中华书局1988年,第60页(或第60—65页)。

(2)文集论文

作者:《论文题名》,载《文集名称》,出版社及出版时间,页码。如:

李学勤:《论史墙盘及其意义》,载《新出青铜器研究》,文物出版社1990年,第73页。

(3)期刊论文

作者:《文章题名》,《期刊名》哪年几期,页码。如:

朱凤瀚:《〈召诰〉、〈洛诰〉、何尊与成周》,《历史研究》2006年第1期,第3页。

5. 选题范围及字数

出土或传世汉字、现代汉字、中国少数民族文字的整理与研究(基础研究或应用研究），文字规范化、标准化建设，汉字教学及与文字有关的计算机信息处理等方面的研究论文或报告。字数一般不限，以论文质量为录用标准。

6. 稿件中的汉字一般使用简化字形（因字形分析或有别义需要的繁体字、异体字除外）。

7. 稿件提供的电子文件要求 Word 格式、PDF 格式各一份。

8. 稿件寄发方式

请按编辑部联系地址寄送稿件纸质版和电子版（发电子邮件）。文中的古文字字形或拓片、图形，请一律使用图片方式（JPG 格式），不使用编码方式造字。

9. 编辑部反馈信息

编辑部自收稿之日起，两个月以邮件或书面方式告知作者是否录用信息。

10. 网络版权事宜

稿件一经录用，文章的光盘版、网络版版权即属本刊所有，编辑部不再另行通知。

11. 本刊联系方式

地址：合肥市蜀山区肥西路 3 号安徽大学文学院《中国文字学报》编辑部

邮政编码：230039

电话：0551－65107802

邮箱：zhgwzxb@163.com.